WuWei ErZhi ZhiMen LaoZi MuQin GuanLi
SiXiang Yu XianDai QiYe GuanLi YanJiu

无为而治之门：老子"母亲管理"思想与现代企业管理研究

卢志民◎著

中国书籍出版社
China Book Press

图书在版编目（CIP）数据

无为而治之门：老子"母亲管理"思想与现代企业管理研究 / 卢志民著 .
-- 北京：中国书籍出版社，2017.9

ISBN 978-7-5068-6454-1

Ⅰ . ①无… Ⅱ . ①卢… Ⅲ . ①老子—管理学—应用—企业管理 Ⅳ . ① F272

中国版本图书馆 CIP 数据核字 (2017) 第 226456 号

无为而治之门：老子"母亲管理"思想与现代企业管理研究

卢志民　著

责任编辑	刘　娜
责任印刷	孙马飞　马　芝
封面设计	田新培
出版发行	中国书籍出版社
地　　址	北京市丰台区三路居路 97 号（邮编：100073）
电　　话	（010）52257143（总编室）　　　（010）52257153（发行部）
电子邮箱	chinabp@vip.sina.com
经　　销	全国新华书店
印　　刷	廊坊市海涛印刷有限公司
开　　本	170 毫米 ×240 毫米　　　1/16
字　　数	266 千字
印　　张	17.25
版　　次	2018 年 1 月第 1 版　　2018 年 1 月第 1 次印刷
书　　号	ISBN 978-7-5068-6454-1
定　　价	60.50 元

序言：管理的最高境界是"无为而治"

华为总裁任正非在"基本法第四稿修改会议上的讲话"时说："管理学上有一个观点：管理控制的最高境界就是不控制也能达到目标。这实际上就是老子所说的那句话：'无为而无不为'。基本法就是为了使公司达到无为而无不为的境界。好像我们什么都没做，公司怎么就前进了？这就是我们管理者的最高境界。谁也不会去管长江水，但它就是奔流到海不复还；华为公司将来也要像长江水一样，不需要管理层成天疲于奔命，就自动、势不可挡地向成功奔去。当然这需要一个过程。为什么成功的外国公司的大老板成天打高尔夫球，而我们的高层领导疲惫不堪？就是因为我们还未达到'无为而无不为'的境界。'无为而无不为'不仅仅是无为而治，它体现的是好像不需要怎么管，但事物都在前进，为什么？这是一种文化氛围在推动前进。"（来源：任正非在基本法第四稿修改会议上的讲话，1997）

历史上各类管理者都在孜孜以求"无为而治"的管理境界，却鲜有人能够真正达到。是不是"无为而治"的管理境界实现起来很难呢？其实不然。老子就曾说过："吾言甚易知、甚易行，天下莫能知、莫能行。"（《老子》第 70 章）老子认为，其实他的观点是很容易理解，很容易实行的，但人们却并不能理解，也不能去实行。为什么会这样呢？我认为，究其原因主要是由于人们对老子"无为而治"思想理解得不够准确，对无为而治管理目标实现的途径和方法不够清晰。这样就导致人们既不知道什么是无为而治，也不知道如何实现无为而治。

本人经过对老子管理思想的长期学习、思考和深入研究，发现在《老子》一书中，老子实际上已经非常明确地阐释了无为而治实现的方法和途径，只是后人没能准确地总结提炼出来而已。本人通过深入分析老子管理思想中不同管理范畴之间的关系，借鉴现代管理学的思想体系，对老子管理思想进行了重新建构，经过系统梳理，提炼出一套完整的老子管理思想体系，从管理的人性假设，到管理原则、管理途径、管理方法手段、管理结果一应俱全。通过对这一体系的分析可以看出，运用这套体系提供的途径和方法，无为而治的管理目标是完全可以实现的，也确实很容易达成。需要注意的是，老子管理思想体系的思维方式与人们习惯性的思维方式是截然不同甚至是相反的，因此要想实现无为而治的管理目标，首先就要改变人们传统"有为"的思维习惯和做法，从独特的"自然人性假设"出发，采取"柔弱""慈爱""节俭""谦下""不争"等系列管理手段，就一定能够实现无为而治的管理目标。由于这套管理思想体系主要是对中国古代母系氏族社会优秀管理思想的继承和发扬，在管理风格上具有明显的"阴性"或"母性"特征，因此将之命名为"老子母亲管理思想"，以便同其他类型的管理思想体系相区分。

老子管理思想是中国古代管理思想中精华之精华，自诞生之日起就受到历代管理者，尤其是国君们的热烈追捧，被奉为"君人南面之术"，是每个有志于成为优秀管理者必读的经典，可以称为是管理学的"圣经"，其"无为而治"的管理境界更成为管理者们普遍追求的理想目标。

进入 21 世纪以来，知识经济日益成为社会生产发展的主导方向，如何建立适合知识经济发展的管理模式，成为理论界共同探讨的话题。现代企业（资本主义工业革命以后的企业）的发展史，大致经历了"以物为本""以资为本"和"以人为本"三个发展阶段。在现代企业的发展初期，谁拥有物质资源，谁就拥有财富，这一时期主要是那些拥有土地、矿山、石油、机器等资源的企业获得了财富的原始积累，是"以物为本"的阶段；第二阶段是"以资为本"的时代，一些先富起来的资本家们，将手中的财富用于再投资，并逐渐掌握了社会的经济命脉，因此谁拥有资本，谁就拥有财富；第三阶段是知识经济的时代，谁拥有尖端知识谁就会拥有财富，而知识是掌握在人的大脑中的，因此可以说谁拥有了优秀的人才，谁就会拥有财富，真正到了"以人为本"的时期。而在"以人为本"时期，对于人的管理，肯定不会同于"以物为本"和"以资为本"时期的管理方式，而应该采取更为柔性的，顺应人性的方式管理。

老子管理思想一向以"柔性"特点著称，主张顺应万物自然本性，以"慈爱""无为""不争"等柔性方式进行管理，正好与知识经济的管理需求相吻合。

21世纪又是"中国的世纪"，随着经济的迅猛发展，中国在国际上的影响将越来越大。近几年，已经有众多中国企业开始到海外投资。企业和资本的输出，必然伴随着管理和文化的输出。但中国在这方面做的却相当欠缺。中国企业急需创建一套适合自己文化和企业发展需要的、具有中国特色的管理理论体系，以摆脱长期以来受西方管理思想束缚的局面，开创现代企业管理理论的"中国时代"。而要建立这一理论体系，对于中国传统管理思想的研究就势在必行。

我的博士生导师黎永泰教授高瞻远瞩，充分认识到进行中国传统管理思想现代研究的必要性，很早就开始进行"中国传统文化与现代管理"的课题研究。本书就是此研究课题的一个子课题。

本人依托前人研究成果，在导师的悉心指导下，对老子管理思想的母亲管理特色、老子母亲管理思想体系建设、老子母亲管理思想的现代应用等方面，进行了较为深入的研究。全书共分十一章：

第一章：绪论。主要对本书的研究背景、研究意义、研究目标与框架、研究的主要内容、研究方法和路线、研究创新点等方面进行了介绍。

第二章：国内外研究综述。分别从老子管理思想的本质概括、人性假设、管理规范、管理思想体系等几个方面，对国内外老子管理思想的研究情况进行综述，系统介绍了老子管理思想研究的历史脉络和研究成果，为本书的深入研究提供了理论前提和基础。

第三章：老子及其管理思想简介。主要对老子本人及其著作《老子》一书的主要内容做了简单介绍。重点介绍了《老子》一书丰富的管理智慧，提出《老子》本质上是一部管理学著作，是专门写给管理者看的。对老子管理思想进行现代研究，对于现代管理借鉴和建设有中国特色的管理思想体系均具有重要的现实意义。

第四章：老子管理思想的"母亲管理"特色。从老子管理思想的历史渊源、文化传承、主要内容、思维方式等几个方面，归纳了老子管理思想的"母亲管理"特色,从而为用"母亲管理"概括老子管理思想本质提供了依据。

第五章:老子母亲管理思想体系重构。以"母亲管理"为核心,对老子管理思想体系进行了重新建构。首先对老子管理思想进行了详细的梳理,得出了"道""德""无为""不争""慈爱""柔弱""知止"等核心管理范畴,并对它们之间的相互关系进行了论证分析,总结出老子管理思想的演进模式,进而以现代企业管理理论为基础,对老子母亲管理思想体系进行了重新建构。

第六章:"道"——老子母亲管理思想的哲学基础。从"道"的一般含义、老子对"道"的特殊表述、老子之"道"的分类,以及老子之"道"在人性假设方面的体现等几个方面进行了阐述。任何一种管理思想,都建立在一定的人性假设基础之上。老子管理思想以"人性自然论"假设为前提,为"无为而治"思想的提出奠定了哲学基础。

第七章:"德"——老子母亲管理思想的管理规范。从"德"的一般概念、老子对"德"的特殊表述、老子之"德"在管理上的具体体现等几个方面进行了论述,对老子母亲管理思想的几个重点规范进行了详细阐述,并最终归结为"慈""俭""不敢为天下先"("三宝")三个核心思想。老子管理思想正是基于这些特殊的管理规范,最终形成了独特的"母亲管理"特色。

第八章:"无为而治"——老子母亲管理思想的管理目标。"无为而治"是老子母亲管理思想的重要标志和特征,是老子母亲管理思想的最终目标。《老子》一书的字里行间,都充满了对这种美好管理境界的描述。本章一方面对这些描述进行了详细梳理;另一方面,根据老子"三宝"思想,用"勇""广""长"(cháng)三个范畴,对这一目标的结果表现加以概括,使老子母亲管理思想的管理目标更加明确和具体。

第九章:老子母亲管理智慧在现代企业管理中的应用。本章主要探讨如何将老子母亲管理思想体系运用于现代企业管理实践。首先要树立"人性自然论"的人性假设,这是运用老子管理思想体系的前提。其次,以"慈""俭""不敢为天下先"为统领,分别从"柔弱""慈爱""清静""无为""节俭""知止""不争"七个方面,对老子母亲管理智慧在现代企业管理中的运用进行了探讨。最后,还对老子母亲管理智慧在现代企业管理应用后,能够产生"安""富""久"的目标结果进行了论证。

第十章:老子母亲管理思想现代应用的辩证思考。首先,从现代自组织理论角度，对老子母亲管理思想现代应用的可行性进行了论证；其次，从老子母亲管理思想本身适用对象、管理风格、方法手段等方面存在的局限性进行探讨，从而指出老子母亲管理思想主要是针对管理者而言的，由于其过分强调柔弱、无为、不争等特点，存在着一定的片面性，需要辩证地加以运用。

第十一章：结论与展望。通过研究，本书得出以下四个结论：第一，老子管理思想具有鲜明的“母亲管理”特色。第二，“人性自然论”是老子母亲管理思想的理论前提和基础。第三，老子母亲管理思想是一个完整的理论体系。第四，老子母亲管理思想可以运用于现代企业管理实践，并能发挥重要指导作用。老子母亲管理思想研究是“中国传统文化与现代管理”研究的一部分，未来中国的管理思想必然是古今中外优秀管理思想的集合，通过管理实践的不断检验提炼，最终形成有中国特色的现代管理思想体系。

对老子管理思想的学习和研究，是一件非常有意义的事，让我个人在生活和工作上均受益匪浅：在生活上，我学会了如何站在一定的高度和人生的另一面辩证地看问题；在工作上，我学会了如何建立和完善管理之“道”，在一定程度上实现管理工作的相对“无为而治”。越是对老子管理思想进行深入学习和研究，越使我对老子及其管理思想充满了敬畏和感激。老子在几千年前即提出了这些深刻而具有一定普遍意义的管理思想和管理方法，实在是每个中国人的骄傲，是每个管理者的福气。

在日常工作和生活中，我经常把自己从老子管理思想上获得的巨大收获与他人分享，并建议身边的朋友有时间读一下《老子》，尤其是有志于从事管理工作的人，如果想在管理上有所成就，一定要读《老子》。很多人跟我说，《老子》一书太过艰涩难懂，很难学习。我想，如果您真想学习老子管理思想，又苦于无从下手，就来读一下我的这本拙作吧。相信通过对它的阅读，能够让您对老子管理思想有一个比较系统的认识和了解，能够带您对老子“无为而治”的管理路径进行思考和探索，能够告诉您如何在现实工作中运用老子管理思想，实现企业或组织的“无为而治”。

是为序。由于本人才疏学浅，有不当处还请大家多多指正。让我们为继承前人优秀管理思想，开创管理思想的中国时代而一起努力。

目　录

第1章　绪论

1.1　选题背景

企业管理是一项实践性很强的社会活动，不同国家、民族，不同文化背景的企业，会形成不同的管理模式，因此才会形成诸如"美国式管理""日本式管理""德国式管理"等概念。中国是一个历史悠久的文明古国，传统文化源远流长，具有鲜明的个性特征，对社会的影响遍布各个角落。中华文化的鲜明个性，必然使身处其中的企业，形成与其他民族风格迥异的企业管理模式。当前，中国现代企业的管理思想大多来源于西方，其所根植的文化与中国文化有较大差异，因而某些在西方行之有效的管理方法和手段，在中国企业应用中发生了严重的"水土不服"，管理效果大打折扣，甚至事与愿违。越来越多的人开始意识到：在中国这样一个拥有悠久历史的文明古国，在管理上完全照搬西方是不行的，必须结合中国的国情，形成一套有中国特色的企业管理理论，才能有效地满足中国现代企业管理的需要。

"人类与管理相伴而生，相伴而行，相伴而终。人类的进步，就是管理的进步。"[①]中国作为一个拥有几千年历史的文明古国，在发展的进程中，积淀了丰富的管理思想和管理智慧。尤其在被称为中国"轴心时代"的春秋战国时期，众多杰出的思想家，为了适应社会发展、竞争的需要，提出了大量优秀的管理思想，形成了儒、墨、道、法、兵等众多管理思想流派。他们的管理思想，经过几千年的实践检验，不断扬弃、相互交融，构成了内容丰富、规模宏大、结构严谨的中国管理思想体系。这些管理思想不仅照耀了中华民族发展的几千年，而且至今仍然闪烁着耀眼的光华。恩格斯曾经指出："在

---

① 黎永泰，黎伟.企业管理的文化阶梯[M]. 成都：四川人民出版社，2002: 1.

希腊哲学的多种多样的形式中，差不多可以找到以后各种观点的胚胎、萌芽。因此，如果理论自然科学要想追溯自己今天的一般原理发生和发展的历史，它也不得不回到古希腊人那里去。"①其实不光自然科学，就连管理科学、社会科学，也需要经常不断地回到人类文明的起点，去吸取营养。在中国，要想找寻中国管理思想之根，建立有中国特色的现代企业管理思想体系，也不得不回溯到中华文明的起点——"春秋战国"时期去汲取营养，以获得源源不断的思想源泉。

在春秋战国时期灿若星辰的众多思想家中，最为显耀的莫过老子，他被世人公认为是"中国第一位伟大的哲学家"（1996，许抗生）。他的思想以超人的智慧、深邃的哲理、精辟的语言、独特的视角，为历代思想家、政治家和军事家所重视。他留存于世的唯一作品《老子》一书，从一开始就被看作是一部管理之作，被西汉史学家班固称为"君人南面之术"（《汉书·艺文志》），为历代管理者所推崇。中国古代历史上，汉高祖刘邦、汉惠帝刘盈、汉文帝刘恒、汉景帝刘启、唐太宗李世民、唐玄宗李隆基、宋太祖赵匡胤、宋仁宗赵祯、明太祖朱元璋，以及管仲、张良、陈平、诸葛亮、魏征等众多帝王将相，都十分喜爱老子思想，并运用于社会管理实践，从而成就了一番伟业。唐玄宗李隆基、宋徽宗赵佶、明太祖朱元璋和清世祖康熙还亲自御批《老子》，阐发自己对老子思想的理解。中国古代的几个盛世时期，如"文景之治""贞观之治""开元盛世""康乾盛世"等都是由于统治者人力推行老子"清静无为"思想才形成的。可见，老子管理思想对中国古代社会影响之深、作用之大，是其他古代思想流派所无法比拟的。因此，研究中国管理思想，就必然首先要研究老子管理思想。

老子管理思想不仅在国内影响深远，在国际上也声名显赫。老子学说很早就被翻译到西方，据说最早可以追溯到唐朝时期②。老子思想在西方备受青睐，有消息称《老子》一书在西方的发行量仅次于《圣经》，尤其在德国，几乎家家都有《老子》。西方著名的思想家黑格尔、伏尔泰、歌德、尼采、莱布尼兹等，都承认自己从老子那里受到过极大启发，对老子思想赞不绝口。

---

① 恩格斯. 自然辩证法[M]. 北京：人民出版社，1984：49.
② 陈鼓应.老子今注今译[M]. 北京：商务印书馆，2003：北京商务重排版序.

老子的管理思想，更是被国外管理学家和企业家们奉为圭臬。美国管理学者阿博契特说，老子的管理学是人类管理史上，一直想努力达到的，然而又是可望而不可即的境界。美国把握者公司主席希拉·默丽·贝赛尔在《领导的品质》中，把"圣人为而不恃"作为富有成效的领导者的两个要素之一。德国学者曼弗雷德·马丁和加比·波尔纳在《重塑管理形象》一书中，把老子倡导的管理境界列为最高境界，说老子"是领悟领导真谛的大师"。美国前总统里根，甚至将老子的"治大国若烹小鲜"一句写入国情咨文，作为其治国安邦的指导思想。这些都充分显示了老子管理思想的巨大魅力。

人类社会进入 21 世纪以来，中国在国际上的地位越来越为世人所瞩目，有人甚至提出"21 世纪是中国的世纪"①。经过三十几年的改革开放，中国经济有了长足的发展，"国内生产总值由 1978 年的 3645 亿元迅速跃升至 2007 年的 249530 亿元"，"我国国内生产总值居世界的位次由 1978 年第 10 位上升到目前的第 4 位，仅次于美国、日本和德国"②。到 2015 年底，中国国内生产总值已经跃居世界第二③。但是，与中国经济迅猛发展不相适应的是，中国企业管理理论的发展明显滞后于中国经济发展的步伐，远远不能满足现代企业管理实践的需求。

本人认为，存在这一现象的根本原因，即在于中国企业管理理论界始终没有走出模仿的困局，一直都处在他国管理思想的统治之下。新中国建立之初，我们首先是向苏联学习，后来又向日本学习，最后又向美国学习，始终没有找准自己的定位。

中国改革开放发展到今天，已经到了必须创建中国自己的企业管理思想体系的时候。2004 年，《中外管理》杂志就"中国企业到底应该向谁学习"的问题，曾对企业界人士进行了一次调查，结果将近六成（59.4%）的被调查者都认为中国企业"应走自己的路"，而只有三成左右（33.0%）认为"应该继续学习西方经验"，两者相差悬殊。由此可见，在中国一线企业家心中，创建"管理中国造"的冲动与自信是很强烈的④。

---

① 赵南元. 谈谈中国文化在 21 世纪对全世界的影响[J]. 北京：科学对社会的影响，2007（2）.

② 改革开放 30 年报告之一：大改革 大开放 大发展. [EB/OL]. 北京：国家统计局网站，2008-10-27.

③ 2015 年世界 GDP 排名 中国经济总量在各国中排名第二. [EB/OL]. 北京：排行榜网站，2016-1-19.

④ 邓羊格，杨光. 分享"榜样大餐"[J]. 北京：中外管理，2005（3）.

在本人所做的"中国某集团公司四川成都分公司企业文化调查问卷"中也明确显示，有98%的被调查者认为"有必要"将中国传统管理思想引入现代企业管理，同时有71%的被调查者认为"中国式管理"更容易被中国企业员工所接受。这说明，已经有越来越多的人意识到，要想使中国经济得到持续的发展，中国企业必须拥有自己的管理思想和管理方法。

同时，近年基于国家的"走出去战略"，政府积极引导各类所有制企业有序地到境外投资。近十年来，随着中国资本账户的开放，越来越多企业走出国门寻找亟须的生产要素，越来越多的资产寻求海外市场配置，中国的对外投资总额在 2014 年历史性地首次超过引资总额，突破 1000.00 亿美元，到 2025 年可望达到美国当前 3000.00 亿美元的水平，中国累计对外投资总额将由 6600.00 亿美元提高到 2025 或 2030 年的 3.00 万亿美元[1]。伴随资本输出和企业对外并购，必然是管理的输出。但是到目前为止，中国企业还没有形成一套比较完整的企业管理体系，这就给中国企业对海外分公司的管理造成了一定的困难，也成为某些企业海外并购失败的一个重要原因。由此可见，建立有中国特色的企业管理理论已迫在眉睫。

1.2 研究意义

中国企业要想得到稳步发展，必须建立有中国特色的企业管理理论，这已经成为企业界甚至理论界的共识。而要想建立中国自己的企业管理理论，就必须从中国文化的源头去寻找内核，就必然要对中国"春秋战国时期"的文化进行研究。而对老子管理思想的研究，正是这一研究的开端，其研究意义主要体现在以下两个方面：

第一，研究的理论意义。

老子管理思想是中国传统管理思想的重要组成部分，对中国社会具有深远的影响。当前对老子管理思想的研究虽然不少，但对其本质的研究仍然存在较大分歧，范畴研究比较混乱，体系性研究不强。这些缺陷的存在，很大程度上限制了老子管理思想的现实应用。本书通过对老子管理思想的重新梳

---

① 中国海外投资报告：中企热衷于出海扩大全球规模. [EB/OL]. 北京：网易财经，2015-02-06.

理，尝试用"母亲管理"概念对老子管理思想进行重新概括，并以此为前提，对老子管理思想体系进行重新建构，从而有效地弥补了当前老子管理思想理论研究的不足，有利于开创老子管理思想研究的新局面。同时，对于老子管理思想研究的经验，也可以为中国传统管理思想其他流派的研究提供借鉴，为建构有中国特色的现代企业管理思想体系做出贡献。

第二，研究的实践意义。

老子管理思想在中国历史上曾经创造过辉煌的业绩，中国古代的"文景之治""贞观之治"等盛世时代的形成，都深受老子管理思想的影响。很多现代企业家都非常欣赏老子管理思想，并自觉地将老子管理思想的某些方法、手段应用于现代企业管理实践，也取得了很好的效果。但由于老子管理思想语言晦涩、内容庞杂和思想深邃等特点，对一般管理者而言，理解起来仍然存在很大不便。通过老子管理思想体系的创新研究，可以使老子管理思想变得更加简洁、形象、具体，从而有利于现代企业的学习和应用，对于改善中国现代企业的管理状况、提升管理水平，具有重要指导意义。

1.3　研究目标与框架

本书旨在从老子管理思想的"母亲管理"特色、老子母亲管理思想体系建设、老子母亲管理思想的现代应用等几个方面，对老子管理思想进行深入研究，以期对现代企业管理提供理论的指导和借鉴。本书研究主要分为以下三个部分：

第一部分，老子管理思想的"母亲管理"特色研究。

探索老子管理思想的历史源头，揭示老子管理思想的"母亲管理"特色，探讨用"母亲管理"概括老子管理思想的理论和现实意义。当前，对于老子管理思想本质的概括存在多种说法，但都感觉没有准确地把握住老子管理思想的本质。本人尝试用"母亲管理"概括老子管理思想的本质，与其他几种概括方式相比，既能比较全面体现老子管理思想的基本特色，又能形象地反映出老子管理思想的管理风格，具有明显的优越性。

第二部分，老子"母亲管理"思想体系研究。

通过对老子管理思想的层层梳理，确定老子管理思想的主要范畴，挖掘不同范畴的深层含义，寻找不同范畴之间的内在联系，构建以"母亲管理"为核心，管理假设——管理手段——管理目标相结合的老子管理思想体系。对于老子管理思想的应用，无论古代还是现代，大多都只是对某些管理方法和手段断章取义的零星借鉴，很少有从整体上进行系统应用的，很难使老子管理思想的应用效果得到有效保证。老子母亲管理思想体系的建立，可以使人们更加系统、准确地对老子管理思想予以把握，能够形成各种管理要素的有机整合，从而大大提高老子管理思想现代应用的效果。

第三部分，老子"母亲管理"思想应用研究。

老子管理思想是一门大智慧，古人将其运用于国家和社会管理，取得了良好的管理效果。当代企业家也尝试着将其应用于现代企业管理，并进行了有益的探索。本人基于老子母亲管理思想的自身特色、优缺点分析，对老子母亲管理智慧在现代企业管理应用需要注意的问题及建议，提出了自己的见解。老子母亲管理思想不是放之四海而皆准的真理，也有自己的优势和不足，需要针对不同的企业、不同的发展时期、不同的管理对象，有选择地加以利用，还要与其他管理思想相配合，共同促进企业的健康发展。

1.4 研究内容

第一章：绪论

本章是对全书的整体介绍，主要介绍了本书的研究背景、研究意义、研究目标与框架、研究主要内容、研究方法和路线，以及研究创新点等内容。

第二章：国内外相关理论研究综述

本章分别从老子管理思想的本质概括、人性假设、管理规范和管理思想体系等几个方面，对当前老子管理思想的研究情况进行了综述，介绍老子管理思想研究的历史脉络和研究现状，为本书的深入研究提供了理论前提和基础。

第三章：老子及其管理思想简介

本章主要对老子本人及其著作《老子》一书的主要内容做了简单介绍。重点强调了《老子》一书充满了丰富的管理思想，是一部写给管理者看的管理学著作。对老子管理思想进行研究，具有重要的现实意义。

第四章：老子管理思想的"母亲管理"特色

本章从老子管理思想的历史渊源、文化传承、主要内容、思维方式等几个方面，归纳了老子管理思想的"母亲管理"特色，从而为用"母亲管理"来概括老子管理思想提供了依据。

第五章：老子母亲管理思想体系重构

老子管理思想是一个完整的思想体系，但前人对此的研究并不理想。本章在前文分析的基础上，以"母亲管理"为核心，对老子管理思想体系进行了重新建构。首先对老子管理思想进行了详细的梳理，得出了"道""德""无为""不争""慈爱""柔弱""知止"等管理范畴，并对它们之间的相互关系进行了深入分析，总结出老子管理思想的演进模式，进而以现代企业管理理论体系为基础，对老子母亲管理思想体系进行了重新建构。

第六章："道"——老子母亲管理思想的哲学基础

本章从"道"的一般含义、老子对"道"的特殊表述、老子之"道"的分类，以及老子之"道"在人性假设方面的体现等几个方面进行了阐述。任何一种管理思想，都建立在一定的人性假设基础之上。本书认为，老子管理思想是以"人性自然论"假设为理论基础的，并由此展开了其"无为而治"管理思想体系的建构。

第七章："德"——老子母亲管理思想的管理规范

本章主要从"德"的一般概念、老子对"德"的特殊表述、老子之"德"在管理上的具体体现等几个方面进行了论述，对老子母亲管理思想的几个典型规范进行了详细阐述，并最终归结为"慈""俭""不敢为天下先"（"三宝"）三个核心智慧。"德"是老子之"道"的外在表现，在管理方面体现为众多的管理规范。老子管理思想正是基于这些特殊的管理规范，最终形成了独特的"母亲管理"特色。

第八章："无为而治"——老子母亲管理思想的管理目标

"无为而治"是老子管理思想的重要标志和特征，是老子管理思想的最终目标。但"无为而治"并不是一个虚无的概念，而是拥有很多具体表现。《老子》一书的字里行间，都充满了对这种美好管理境界的描述。本章一方面对这些描述进行了详细梳理；另一方面，根据老子"三宝"思想，用"勇""广""长"（ch ǎ ng）三个范畴对这一目标加以概括，使老子母亲管理思想的管理目标更加明晰。

第九章：老子母亲管理智慧在现代企业管理中的应用

本章主要探讨如何将老子母亲管理思想运用于现代企业管理实践。首先要树立"人性自然论"的人性假设，这是运用老子母亲管理思想的前提。其次，以"慈""俭""不敢为天下先"为统领，分别从"柔弱""慈爱""清静""无为""节俭""知止""不争"七个方面，对老子母亲管理智慧在现代企业管理中的运用方法进行了探讨。最后，对老子母亲管理智慧在现代企业管理运用所能产生的结果进行了论证。

第十章：老子母亲管理思想现代可行性的辩证思考

首先，从现代自组织理论角度，对老子母亲管理的现代可行性进行了论证；其次，从老子母亲管理思想本身适用对象、管理风格、方法手段等方面存在的局限性进行了探讨。从而指出老子母亲管理思想主要是针对管理者而言的，由于过分强调柔弱、无为等的重要，也存在一定片面性，需要辩证地加以运用。

第十一章：结论与展望

通过研究，本书得出以下四条结论：第一，老子管理思想具有鲜明的"母亲管理"特色。第二，"人性白然论"是老子母亲管理思想的主要人性假设。第三，老子母亲管理思想是一个严密的理论体系。第四，老子母亲管理思想可以运用于现代企业管理实践，并能发挥重要指导作用。老子母亲管理思想研究是"中国传统文化与现代管理研究"的一部分，未来中国的现代管理思想必然是古今中外优秀管理思想的集合，通过管理实践的不断检验，最终形成有中国特色的现代管理理论体系。

1.5 研究方法与路线

1.5.1 研究方法

本书的研究主要采用文献法、调查法、归纳法等方法进行研究：

第一，文献法。

本书在写作过程中，借鉴了前人大量的研究成果和史料，从而为"母亲管理"概念的提出，老子母亲管理思想范畴的梳理，老子母亲管理思想体系的建立，以及老子母亲管理思想体系在现代企业管理中的运用等，都提供了巨大帮助。文献研究法贯穿本书研究的始终，是本书采用的最主要研究方法。

第二，调查法。

本书针对中国现代企业对中国传统管理思想的认同度、对有中国特色企业管理思想的需求度等情况进行了初步调查。从而了解到，中国企业对传统管理思想认同度较高，并非常迫切地需要建立一个符合中国企业管理需要的管理思想体系，为本书的写作提供了动力和依据。

第三，归纳法。

本书研究过程中，还大量运用了归纳研究法，如老子管理思想"母亲管理"特色的得出、老子母亲管理思想规范的形成、老子母亲管理智慧的提炼等，都使用了归纳研究法。归纳法使本书对老子管理思想研究的思路更加清晰，是研究得以顺利进行的基础。

第四，实验法。

本书在理论研究的基础上，将研究成果在现代企业管理实践中进行应用和检验。通过实验研究，证明老子母亲管理思想的理论和方法能够在现代企业管理中加以应用，并能起到很好的管理效果。实践证明，"无为而治"的管理目标并非遥不可及，建立现代企业的管理之"道"，就是在"人性自然论"假设的基础上，基于企业管理的实践，建立符合企业发展需要的制度和规范，形成企业良性运转的管理机制，从而实现一定程度的"无为而治"。老子所提倡的"无为而治"在企业管理实践中是完全能够实现的。

1.5.2　研究路线

本书采取层层深入的方式，对老子管理思想展开研究：

首先，对老子管理思想的研究现状进行综述，了解老子管理思想的研究进展和发展状况，为本书的研究提供借鉴和依据。

其次，对老子管理思想的基本内容、个性特征进行探讨，总结出老子管理思想的"母亲管理"特色，为后续研究奠定基础。

再次，对老子管理思想进行重新梳理，找出最能代表老子管理思想的概念范畴，探讨其相互关系，构建出一个以"母亲管理"为核心的老子管理思想体系。

最后，对如何将这一管理思想体系运用于现代企业管理实践进行探讨，并提出自己的对策建议。

本书研究思路可以用下图加以表示：

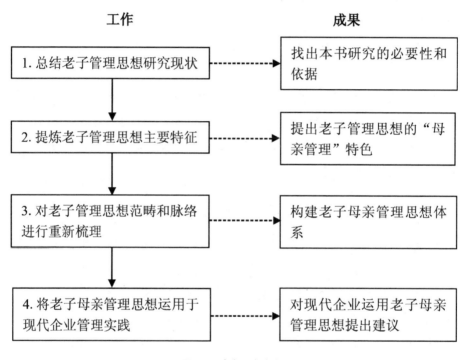

图 1.1　本书研究路线

1.6　研究创新点

第一，归纳出老子管理思想的"母亲管理"特色，用"母亲管理"对老子管理思想进行重新定义。

一部《老子》五千言，引得无数人为之注疏，几乎每个字都可以找出多种解释。当前对于老子管理思想本质的研究也是众说纷纭，主要存在"柔性管理""水性管理""朴治管理"和"道治管理"等几种观点。本书通过对老子管理思想的时代背景、文化传承、思想特色等方面的研究，提出用"母亲管理"来命名老子管理思想，更能全面准确地体现老子管理思想的本质特征，具有一定的优越性。

第二，在"母亲管理"概念的统领下对老子管理思想进行体系重构。

老子管理思想看似零乱，但也存在着严密的逻辑体系，前人对老子管理思想的研究虽多，但体系建设方面却略显不足。本书在"母亲管理"概念的统领下，从老子母亲管理思想的哲学基础、管理规范、管理目标三个方面对老子"母亲管理"思想体系进行了重新梳理和建构，使老子管理思想的体系性更加明显，"母亲管理"特色更加鲜明，便于现代企业学习借鉴。

第三，对老子母亲管理思想在现代企业管理中的应用提出建议。

管理研究重在实践。本书将老子"母亲管理"思想的众多管理范畴归纳为七条基本的管理规范，并逐条对现代企业如何有效运用，提出了指导意见。还针对老子母亲管理思想的自身特点，对现代企业如何辩证地加以借鉴，提出了建议。

第 2 章 国内外研究综述

2.1 老子管理思想研究的历史回顾

2.1.1 国内学者研究情况

2.1.1.1 古代研究情况

老子思想集中体现于《老子》一书中，《老子》在中国古代被奉为经典，又称《道德经》。老子思想一经产生，就受到学者和政治家们的高度重视，被称为"君人南面之术"（《汉书·艺文志》）。历代对《老子》一书的注疏颇多，素有"老子五千言，注者三千家"之说。从历史记载来看，最早对老子思想进行阐述的，当属我国战国时期的法家代表人物韩非子，由于其所处年代与老子最为接近，因此他所著的《解老》《喻老》两篇，遂成为历代研究老子思想的重要材料。接下来对老子思想的研究，历代皆有名之者，如汉代的《河上公注》，魏《王弼注》，唐《成玄英注》、傅奕的《道德经古本篇》，宋代范应元的《老子道德经古本集注》《陈景元注》《王安石注》《苏辙注》，清朝魏源的《老子本义》等。历史上还有五位皇帝亲自为《道德经》作注，分别是梁武帝、唐玄宗、宋徽宗、明太祖和清世祖，足见历代学者、政客对老子思想研究的重视。这些注疏，不仅对《老子》一书进行了释义和训诂工作，也有很多从管理学的角度进行了深入的发掘和阐释。一些政治家还将其管理思想用于指导实践，取得了辉煌的成就。中国古代主要的盛世时期，如汉代的"文景之治""光武中兴"，唐代的"贞观之治""开元盛世"，清代的"康乾盛世"等，都是当权者在老子"清静无为""休养生息"思想的指导下形成的。

2.1.1.2 近现代研究情况

近现代时期，学者们对老子思想研究的热情依然不减，代表作如：马叙伦的《老子校诂》、高亨的《老子注译》、许抗生的《帛书老子注译与研究》、任继愈的《老子新译》、陈鼓应的《老子注译及评价》等，从学术的角度对老子思想进行了深入的剖析。

近年，随着中国经济的发展，国内学者逐渐对老子管理思想的研究产生了浓厚兴趣，研究力作层出不穷，大致可以分为两个阶段：

从改革开放到20世纪90年代末为第一阶段。这一时期由于思想的解放，在全国兴起了一次空前的文化热潮，人们对传统文化的认识开始由全面否定转向辩证吸收，其中一个重要方面就是对传统文化中管理思想的借鉴发挥。这一时期，诞生了大量研究传统管理思想与现代企业管理相结合的著作，形成了一个研究高潮。其中，与老子管理思想有关的作品，即占据了相当大的部分。影响较大的主要有：《道家文化与现代文明》（葛荣晋，1991）、《〈老子〉智慧与经营管理》（张锦明，1991）、《老子与企业管理》（杨先举，1994）、《老子思想与现代领导艺术》（段维龙，1995）、《老子与现代管理》（潘乃樾，中国经济出版社，1996）、《老子与商战权术》（杨灿明，1996）、《〈老子〉中的管理思想研究》（罗晓光、申静，1998）、《老子与现代管理》（熊礼汇、袁振明，1999）等。这一时期的研究一般都是将老子零星的管理思想与现代企业管理进行简单的附会，且缺少必要的实例佐证，某种程度上显得有些孤立和牵强，说服力和实用性都不太明显。

从21世纪初至今为第二阶段。随着改革开放的进一步深入，我国总体经济水平发展不断提升，社会对管理学理论的需求日趋旺盛。伴随大量西方管理思想源源不断地涌入，人们对产生于中国本土的传统管理思想的研究热情也空前高涨，形成了一股席卷全国的"中国式管理"研究热潮。这一时期，几乎对中国古代各家各派的管理思想都进行了充分发掘。其中，尤以对老子及道家管理思想的研究最为突出，研究作品诞生的速度和数量都异常惊人，形成了一种高歌猛进的发展态势。这一时期的研究作品主要有：《无为之道：道家管理》（张金岭、庾光蓉，2002）、《老子详解：老子执政学研究》（杨鹏，2003）、《商战权术·老子》（杨灿明，2003）、《经邦济世之学：老子正意与发挥》（张顺江，2003）、《老子管理学》（杨先举，2005）、《老子领导思想研究》（曾宪年，2005）、《老子人本思想研究》（田云刚、张元洁，2005）、《老子领导学》（曾宪年，2005）、《老子商学院》（王再华、王力，2006）、《老子学院：老子的无为而治》（秦榆，2006）、《老板与老子的对话》（修平，2006）、《老子的财富：经营的高境》（刘世英，2007）、《跟老子学推销》（乔峰，2007）等，以老子管理思想为题材的通俗读物更是不胜枚举。这一时期的研究逐步倾向于细化和深入，更加专注于老子管理思想深层理念和某一具体管理维度的深入研究，思辨性和应用性都有所加强。

2.1.2　海外学者研究情况

老子思想产生于中国，但其影响却遍布全球。据传，早在唐代，《老子》一书就被译成梵文①。目前能找到的《老子》第一个外文译本是 1842 年在巴黎出版的法文译本，名为《老子道德经》，译者是法国人米里安。《老子》第一个德文译本是 1870 年德国人施特劳斯翻译的。《老子》最早的英译本是 1884 年在伦敦出版的鲍尔弗译的《道书》。迄今，《老子》的外文译本究竟有多少，难以说清，据荷兰学者克努特·沃尔夫（Knut Walf）介绍，截至 20 世纪 90 年代，《老子》西文译本总数达到 252 种。在德国，几乎每个家庭都常备一部德文版《老子》。在日本，《老子》更是成为企业家们普遍的案头藏书，被用来指导企业的经营管理。

近年，国外对老子管理思想的研究也有所加强，如美籍华人张绪通的《道学的管理要旨》（四川大学出版社，1992）、意大利籍华人贺荣一的《老子之朴治主义》（百花文艺出版社，1994）等。2009 年 7 月，上海译文出版社又翻译出版了德国人维尔纳·施万费尔德撰写的《以静制动：老子管理学》一书。另外，还有很多国外学者在其作品中经常直接引用老子的某些管理思想，如美国管理学家约翰·海德在《领导之道——新时代的领导职能》一书中，认为"领导之道"就是指老子的"道"，如"清静无为"等。美国的艾博切特在他的《二十二种新管理工具》修订本序中，引用了老子的"善用人者为

---

① 郑涌. 以海德格尔为参照点看老庄[C]. 道家文化研究（第二辑），上海：上海古籍出版社，1992.

之下。是谓不争之德,是谓用人之力。"(第68章,以下引文如出自《老子》,均只注章节)美国管理学家彼德·圣吉尤为推崇老子的领导哲学,在其名著《第五项修炼》中也提出了"无为而治的有机管理"[①]思想。美国出版的《未来的行政首脑》一书,更是把老子的"功成事遂,百姓皆谓我自然"(第17章)奉为成功的行政首脑之圭臬。可见,老子管理思想是没有国界的,老子管理思想是世界管理学的共同营养,老子"无为而治"的管理境界是全球管理者们共同推崇和追求的理想目标。

2.2 当代主要研究成果综述

2.2.1 老子管理思想本质研究

老子管理思想在中国古代即已创造了伟大的盛世奇迹,近年来随着中国经济的发展,人们对老子管理思想的研究再度升温,体现了老子管理思想的生生不息。但由于人们对老子管理思想认识角度和程度的不同,在很多方面都存在着较大分歧,尤其是对老子管理思想本质认识上的巨大差异,给老子管理思想的学习和应用造成了一定障碍。

近年,人们对老子管理思想本质的认识主要存在以下几种观点:

第一,"软性管理"或"柔性管理"。

中国人民大学葛荣晋教授主编的《道家文化与现代文明》(1991)一书,首先将老子管理思想概括为"软性管理"。该书认为:"老子崇尚'柔',说'柔弱胜刚强',崇尚'静',说'清静为天下正',这些'柔''静'等的概念,从企业管理角度看,都是属于软性管理的思想。"[②]之后,他又在"道家哲学智慧与企业柔性管理"一文中,将老子管理思想概括为"柔性管理"。他说:"中国古代的管理模式,可以简要地用'刚柔相济'(或'宽猛相济')来概括。刚性管理是以法家为代表,将'法、术、势'作为管理的主要手段,而柔性管理则是以道家、儒家为代表。道家的柔性管理是以'顺其自然'的

---

① [美]彼得.圣吉.第五项修炼[M]. 上海: 三联出版社, 1994: 333.

② 葛荣晋.道家文化与现代文明[M]. 北京: 中国人民大学出版社, 1991: 137.

'无为而治'为基本特征，虽有其历史局限性，但对于我们建构现代企业的管理思想体系仍有重要的理论价值和现实意义。"[①]虽然"软性管理"和"柔性管理"在名称上有所不同，但都重点强调了老子管理思想崇尚"柔""静""弱"和"无为"等特点。当代学术界对老子管理思想本质的认识，持这种观点的人不在少数。

第二，"水式管理"或"水性管理"。

美籍华人张绪通在《道学的管理要旨》（1992）一书中，把老子及道家管理思想定名为"水式管理"。他说："道学的管理，最简捷的说法是'水式的管理'，也就是把水的特性化为智慧，用在管理方面。"他认为，"水式的管理"概括起来就是："能忍人之所不能忍的气，能受人所不能受的苦，能做人所不能做的事，能成人所不能成的功。"[②]也有学者将老子管理思想命名为"水性管理"。如卞华舵（2007）等认为，"水"的性格是道家"灵"与"柔"精神的生动体现，"水处柔弱，柔能克刚；水处流动，流水不腐；水处卑下，善于迂回，知迂回则无损；水善于忍让，善于融通，善于渗透，在一派柔弱之中，得以流畅，充满活力"，因此老子管理思想又可以被称为"水性管理"。[③]"水式管理"和"水性管理"观点都以老子最为推崇的物质——"水"，来命名老子管理思想，涵盖了老子管理思想中与"水"有关的"柔""弱""处下""不争"等基本特征。

第三，"朴治管理"。

意大利籍华人贺荣一在《老子之朴治主义》（1994）一书中，将老子思想看作是一套具有完整体系的政治哲学学说，并将其定名为"朴治主义"。他说，老子主张"以质朴无文的自然方式治民"，目的就在于改变现实中的穷兵黩武、民不聊生的有为之政，而要求侯王向天地取法对万物任其自然的精神和绝对利他的精神，这样就能做到：以"无事""无为"为治天下之道，以"常使民无知无欲"为治民之道，以舍己为人、爱民如子、以德报怨为待民之道，以处下处后为维护政权之道，以守静、寡欲为修身之道，所以应该

---

① 葛荣晋. 道家哲学智慧与企业柔性管理[J]. 徐州：徐州建筑职业技术学院学报，2004（12）.

② 张绪通. 道学的管理要旨[M]. 成都：四川大学出版社，1992：20.

③ 卞华舵. "水"性管理的六大要素[J]. 北京：现代企业教育，2007（7）.

称为"朴治主义"①。虽然作者是从政治哲学角度来研究老子的，但其"朴治主义"的概括同样具有较强的管理学意义。"朴治主义"体现了老子"返璞归真""清静无为"等管理主张，得到了大陆学者王立家（1998）、胡晓莺（2005）等人的认同。

第四，"道治管理"。

陕西长安大学副教授李刚博士在《道治与自由》一书中，将老子及道家的管理思想概括为"道治"。他认为，"道治"是与儒家"礼治"、法家"法治"相并列的中国古代政治文化类型，虽然"道"是先秦诸子和后代皆用的术语，但以"道"为最根本的范畴，并以"道"本身建构思想体系的，只有道家；其次，"道治"一词古已有之，如《河上公老子注》第二章即有"以道治也"的说法，《王弼老子注》第57章也有"以道治国则国平，以正治国则奇兵起也"的评论。因此，他指出"道治"一词是对道家"清静自治"政治态度和政治行为方式的概括和总结，是以"道法自然"为最高政治价值取向，以清静自治即"无为"为政治行为方式的"道治主义政治文化"的简称②。作者以"道治管理"对老子及道家管理思想进行概括，体现了"道"在老子及道家管理思想中的绝对重要地位。

2.2.2　老子管理思想人性假设研究

人性假设是一种管理思想提出的理论前提，有什么样的人性假设，就有什么样的管理方法和管理手段，从而形成不同的管理风格和管理体系。中国古代管理思想体系的形成也同样基于这样的逻辑演绎，不同管理思想反映出的人性假设也各不相同。

中国古代管理思想中，对社会影响较大的流派主要是儒、法、道三家。在人性假设方面，人们对儒家和法家的认识比较明确，即认为儒家是"性善论"，法家是"性恶论"，而对老子及道家人性假设的认识却存在很大分歧。

当前对老子及道家"人性假设"的认识，主要存在以下几种观点：

---

① 贺荣一. 老子之朴治主义[M]. 北京：百花文艺出版社，1994：10-15.

② 李刚. 道治与自由[M]. 北京：社会科学出版社，2005.

第一，"性善论"。

徐复观在《中国人性论史·先秦篇》一书中，认为老子管理哲学的人性论是"性善论"。他指出，老子认为人是秉承虚无的"德"而生的，生成之后，便成为一定的"形质"，而与"德"有了距离。"德"（即人先天的本性）是纯善的，而由其形成的"形质"，由于"知"和"欲"的作用，与"德"相背离，才变"恶"了。徐复观认为，老子"道"的修养，就是"要使人回归到自己的德上面去"，"要有一种克服'知'与'欲'的工夫"，最终达到"致虚极，守静笃"的境界，以恢复人纯善的本性[①]。

第二，"性本恶论"。

在《中国古代管理思想之今用》一书中，虞祖尧先生认为，老子的人性论应该是"性本恶"的。他说："老子认为人的本性是有欲、有私、贪财货的，特别受不得外界物质享受如五色、五音、五味、田猎和难得之货的刺激，人类社会的一切矛盾和争斗都源于此。依此观之，老子应属于'性本恶'的范畴中的思想家。"同时，他还认为老子"拒绝用仁义、孝慈、隆礼、重法这些管理和教育手段，来矫正人性方面的缺陷"，而希望通过"恢复大道的运行，废除仁义、孝慈、礼法等人为的干扰，净化人的本性，达到'见素抱朴''少私寡欲'的境界"[②]。

第三，"性超善恶论"。

张岱年先生在《哲学史大纲》一书中，认为道家的人性论是"性超善恶论"。他说："战国时道家，亦认为性非善非恶，但其思想又与告子大异，而可以称为性超善恶论。"张岱年先生对道家人性假设的认识有一个过程，首先他认为道家所指的"人性"是自然朴素的，因此可以看作是至善的。他说："道家所认为'性'者，是自然的朴素的，乃所谓'德'之显见"，"此种学说，亦可以说是一种绝对的性善论"。但是，他马上又指出，因为道家非常唾弃进行善恶之分，所以认为道家"性善论"的说法是不恰当的。他说："然道家是唾弃所谓善的，是不赞成作善恶的分别的，所以如将道家之说名为性善论，实不切当。"因此，他最终将道家的人性论归结为"性超善恶论"。他

---

① 徐复观.中国人性史论先秦篇[M]. 上海：三联书店，2001: 300-301.

② 潘承烈，虞祖尧等.中国古代管理思想之今用[M]. 北京：中国人民大学出版社，2001: 7.

说："究竟言之，当说是性超善恶论。"①

第四，"人性自然论"。

朱晓鹏在《智者的沉思：老子哲学思想研究》一书中，认为老子的人性假设是"人性自然论"。他说："在老子那里，所谓人，首先是作为自然存在的人，人归根结底是整个自然界的一部分，人的存在和归宿、人的本质和价值，都在自然之中，而所谓人性也就是人的自然性。"他认为"老子的人生哲学是一种自然主义的人生哲学"，这是因为：首先，"人是自然的产物，人的存在根据就在自然本身之中"，人和万物都是由本体之道"自然而然"地产生的，完全是一个"自然演化的过程"；其次，"老子把'人'与'道'、'天'、'地'并列为宇宙自然中的'四大'之一"，"高度肯定了人在宇宙自然中的地位"，从而"在自然中发现了人的价值归宿"，这就是说"人的存在和归宿、人的本质和价值，都在自然之中"。因此他认为，由于人既是自然的产物，又在自然中找到了自身存在的价值归宿，"人性也就是人的自然性"，就成了一种"必然逻辑地得出的结论"②。

姜国柱和朱葵菊在《中国历史上的人性论》一书中，也有类似观点，认为道家是"自然人性论"。作者认为"老子的人性论与宇宙观是紧密相连的"，"'道'是产生、构成万物的始基"，但"道"产生万物以后又不主宰万物，而是任其自然发展，老子就是"在这种'天道自然无为'宇宙观的基础上建立了自然人性论"③。

2.2.3　老子管理思想范畴研究

《老子》一书虽然只有五千余字，但其中究竟包含了多少概念、范畴，至今也没有人说得清。下面仅对一些主要作品中涉及的老子管理思想范畴，做一简要梳理和归纳。

林语堂在《中国印度之智慧》（中国卷）一书中，在介绍《老子》时，曾提到一些思想范畴。他说："这本书寓意简单，其中十几个思想以洗练精

---

① 张岱年. 中国哲学大纲[M]. 北京：中国社会科学出版社，1982：194、196.

② 朱晓鹏. 智者的沉思：老子哲学思想研究[M]. 杭州：杭州大学出版社，1999：280-282.

③ 姜国柱、朱葵菊. 中国历史上的人性论[M]. 北京：中国社会科学出版社，1989：23.

辟的形式反复重复。简言之，其思想为：生活节奏，世界现象与人类现象的统一，返璞归真的重要性，过分统治和干涉人的俭朴生活的危险，无为即'不作为'教义——最好阐释为'不为'，正好等同于'放任主义'（aissez-faire）一词，灵的普遍影响，谦卑、宁静和平和的教导以及武力、傲慢和骄横的愚蠢。"①

熊礼汇在《老子与现代管理》（学林出版社，1999）的序言中指出："道家的经营管理哲学可用'无为'二字概括。'贵柔''守雌''居后''不争''知足''以因循为用''与时迁移，应物变化'，都是一些具体做法。"②

罗晓光和申静在《〈老子〉中的管理思想》（黑龙江人民出版社，1998）一书中提到了"无为""崇'虚'重'无'""清静""柔弱""处下""不争""无私""谨慎""自知""上善若水"等一些范畴。

朱森溥在《道德经治国方略解析》（四川人民出版社，2004）一书中认为《道德经》主要是治国之术，老子为培养圣君贤相的工作能力作了种种教导，强调治国者要具有"无私""自尊""敢负责任"的品德，并突出"爱民"是治国的第一要务，又强调"谦下""知止知足""守信""宽善"的重要性，还要以"三宝"作为治国者的座右铭，还提出"为无为则无不治"的治国方略，强调以天道原则代替当时的人道。

戴建业在《老子现代版》（上海古籍出版社，2007）一书中，对《老子》书中的几对范畴进行了讨论，如"道与德""自然与造作""无为与有为""拙与巧""弱与强""静与动""进与退""化与隐""治与乱""战与和""修身与养生"等。

很多人对老子管理思想的研究，都是从其概念范畴的研究和分析开始的，但对这些范畴的准确归纳和深层逻辑关系，并未做更加深入的探讨。

2.2.4　老子管理思想体系研究

据说，《老子》一书本来是不分章节的，后人为了阅读方便，人为地划

---

① 林语堂.中国印度之智慧（中国卷）[M].西安：陕西师范大学出版社，2006：13.

② 熊礼汇，袁振明.老子与现代管理[M].上海：学林出版社，1999，丛书总序.

分了章节,有人甚至还在每章前加了标题。从《老子》一书的行文看,其风格更像是采用札记的方式写成的,从表面看,不同章节之间并没有明显的内在联系,因此内容上显得有些杂乱。但是,透过这些看似零乱的文字,我们却可以发现老子思想实际上有一条明显的逻辑主线,并构成一个非常独特的思想体系。正如罗尚贤先生指出的,老子作为"一个'中国历史上的杰出思想家',自有他的思想体系。但是,由于长期褒贬各走极端,争论不休,有人把他当作超时空的神,有人把他当作对社会不负责任的出世隐士,故对其思想体系,未能作深入的研究。"①近年来,虽然对老子管理思想体系的研究有所加强,但真正有突破性进展的并不多见。

以下,仅对当前一些具有体系性研究的作品(主要是管理学方面的研究),做一简要介绍。

第一,张锦明的老子管理思想体系研究。

张锦明的《老子智慧与经营管理》(学林出版社,1991)一书共分八章,分别是"道——论企业精神""上善之人——企业精神的雕塑者""以百姓之心为心——以人促产""无为而治——一种有效的管理模式""善建者不拔——谈创新""知人者智——谈用人""将欲取之必先予之——谈得失""知足常足——谈谋利和有德"。可以看出,作者通过对《老子》一书"道""上善之人""以百姓之心为心""无为而治""善建者不拔""知人者智""将欲取之必先予之""知足常足"等内容的介绍,从现代企业的企业精神、企业领导、企业管理方式、创新、用人、得失、道德等方面进行阐发。内容上虽然比较全面,但不同概念之间的彼此联系和逻辑关系并不强,基本就是简单的列举,体系性略显不足。

表2.1 张锦明《老子智慧与经营管理》中的老子管理思想体系

章节	关键词	具体阐释
1	道	论企业精神
2	上善之人	企业精神的雕塑者
3	以百姓之心为心	以人促产

---

① 罗尚贤. 老子与当代中国人[M]. 广州: 广州出版社,2002: 130.

续表

章节	关键词	具体阐释
4	无为而治	一种有效的管理模式
5	善建者不拔	谈创新
6	知人者智	谈用人
7	将欲取之必先予之	谈得失
8	知足常足	谈谋利和有德

第二，潘乃樾的老子管理思想体系研究。

潘乃樾的《老子与现代管理》（中国经济出版社，1996）一书，是较早对老子管理思想进行体系性研究的作品。作者认为，老子哲学思想体系的核心是"道"，而老子管理哲学思想体系的核心是"自然无为"，并按照这一思路，对老子管理思想体系进行了建构。

全书共分十一章：第一章为"老子及其'道'"，主要介绍老子其人其书、老子之"道"、老子管理思想概貌、老子的人本思想；第二章为"自然无为"，内容包括：道法自然、无为而无不为、历史背景三部分；第三章为"太上，下之有之"，主要包括：中外三个案例、功成事遂，百姓皆谓"我自然"、现实的呼应三部分；第四章为"不言之教"，包括："智者不言"、"其政闷闷，其民淳淳"、身教、"天道无亲"三项内容；第五章为"辩证管理"，主要介绍了老子的矛盾观、管理矛盾和管理的基本矛盾、"图难于其易，为大于其细"和管理重心等内容；第六章为"管理矛盾的相互转化"，包括"反者道之动"、祸福相倚、损益的辩证法、失与得的辩证法、迂直壮老之转化等内容；第七章为"处柔守弱"，包括"弱者道之用"、软性管理胜过硬性管理、"小就是好"与"小国寡民"三部分；第八章为"以奇用兵"，包括以退为进、以己之坚攻彼之瑕、被褐怀玉三部分；第九章为"处下不争"，包括问题的提出、处下、谦退、"上善若水"四部分内容；第十章为"慈、俭"，主要介绍了慈爱、俭啬两部分内容；第十一章为"管理思维"，主要分为静观玄览、自知者明、知足知止、深根固柢与大制不割等几项内容。

从这些章节的编排可以看出，作者试图通过对老子管理思想的梳理，构建出一个以"自然无为"为中心，包括领导学、辩证管理、矛盾管理、组织管理、谋略管理、关系管理等众多内容在内的管理思想体系，应该说对老子管理思想的梳理是比较细致的，内容也比较全面，虽然比前人稍微迈进了一步，但体系性仍然并不明显，没有体现出不同范畴之间的相互联系，只是对老子管理思想的一种重新编排，不具有典型的思想体系特征。

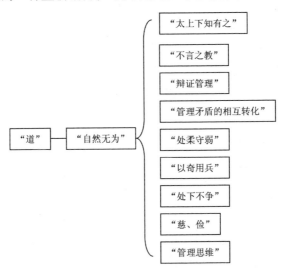

图2.1　潘乃樾《老子与现代管理》中的老子管理思想体系

第三，罗晓光、申静的老子管理思想体系研究。

罗晓光、申静的《〈老子〉中的管理思想》（黑龙江人民出版社，1998）一书共分六个部分：第一部分《老子》中的管理原则"，主要包括"无为""崇'虚'重'无'""清静"；第二部分"《老子》中的管理艺术"，主要包括"柔弱""处下"与"不争""合抱之木生于毫末""多易必多难，图难于其易""大音稀声，大象无形""将欲歙之，必固张之"；第三部分"《老子》中的领导艺术"，主要包括"无私""谨慎""自知""上善若水"的领导品德和"勇于承担责任""满足人们的高层次需要""圣人常善救人，故无弃人""天地不仁，以万物为刍狗"的领导行为与艺术；第四部分"《老子》一书中的竞争战略"，主要包括"为之于未有，治之于未乱""以道佐人主者，不以兵强天下""或下以取，或下而取""和大怨必有余怨"。另外，作者还在第五部分提出了一些从老子的管理思想出发对中国管理问题的思考，在第六部分进一步阐述了《老子》管理思想的实用性。

表 2.2 罗晓光、申静《〈老子〉中的管理思想》中的老子管理思想体系

章节	标题	主要内容
1	《老子》中的管理原则	"无为"崇"虚"重"无""清静"
2	《老子》中的管理艺术	"柔弱""处下"与"不争""合抱之木生于毫末""多易必多难，图难于其易""大音稀声，大象无形""将欲歙之，必固张之"
3	《老子》中的领导艺术	"无私""谨慎""自知""上善若水"的领导品德，"勇于承担责任""满足人们的高层次需要""圣人常善救人故无弃人""天地不仁，以万物为刍狗"的领导行为与艺术
4	《老子》中的竞争战略	"为之于未有，治之于未乱""以道佐人主者，不以兵强天下""或下以取，或下而取""和大怨必有余怨"

作者从现代管理学的角度，将《老子》一书的内容按管理原则、管理艺术、领导艺术、竞争战略几个模块分别加以阐述，相互间有一定的连带关系，体系性已有所显现，但相关模块之间的逻辑关系仍然不是很严谨。

第四，熊礼汇、袁振明的老子管理思想体系研究。

熊礼汇、袁振明的《老子与现代管理》（学林出版社，1999）一书共分12章，标题分别是："乱离时代的理性之光""道——老子哲学的最高范畴""无为而治——管理的最高境界""清静安定——创造企业最佳环境""守柔执中——管理谋略的基石""取与之道——权变术""为大于其细——稳操胜券的妙方""音声相和——谋求组织内部和谐的秘密""察人择人——取得成功的首要因素""见素抱朴——员工教化的目标""巩固权势——国之利器不可示人"，"最高管理者的品格修养"。

表 2.3 熊礼汇、袁振明《老子与现代管理》中的老子管理思想体系

章节	关键词	具体阐释
1		乱离时代的理性之光
2	道	老子哲学的最高范畴
3	无为而治	管理的最高境界
4	清静安定	创造企业最佳环境
5	守柔执中	管理谋略的基石
6	取与之道	权变术
7	为大于其细	稳操胜券的妙方
8	音声相和	谋求组织内部和谐的秘密

章节	关键词	具体阐释
9	察人择人	取得成功的首要因素
10	见素抱朴	员工教化的目标
11	巩固权势	国之利器不可示人
12	最高管理者的品格修养	公正无私、厚道宽容、谦逊处下、自知自省、淡泊自守、诚朴信实

从上表可以看出，作者试图通过一系列关键词的方式，对《老子》全书做提纲挈领地介绍，但各章之间基本上是一种并列关系，仍然只是对老子一些管理智慧的零星发挥，体系性并不明显。

第五，杨先举的老子管理思想体系研究。

杨先举的《老子管理学》(中国人民大学出版社，2005)一书，除"导论"外，共分六篇，分别是："哲文篇""政事篇""智谋篇""创造篇""辩证篇""修身篇"。

"哲文篇"主要包括：道的幽灵与老子的哲理、"究天人之际"、"天人合一"、"太极"与"一"、"阴阳"与"二"、"道可道"与"文化"、"见素抱朴"与企业价值观、其中有物、"自强不息"与"厚德载物"；

"政事篇"主要包括："德""道"的溅落、"无为而治"、上德不德是以有德、无为无欲知常、治大国若烹小鲜、"为无为"与组织建设、百姓皆谓：我自然、始制有名、善用人者为之下、为大于其细；

"智谋篇"主要包括：知与行、老孙之"知"、老孔之"知"、东西方之智、知不知上、知人者智，自知者明、柔论与权谋艺术、柔弱胜刚强与全胜、知雄守雌与攻守燮理、将欲取之，必固予之、以奇用兵、不以兵强天下、"为无为"与不竞争；

"创造篇"主要包括："无"之论、"无"与创造发明、"创，始造之也"、始造，动机之思、始造，思维之思、始造，过程之思、日日新、有室之用与有无相资、知常曰明与全面观察问题、有生于无与破习惯思维、绝仁弃义与怀疑创造、恍惚朦胧与创新、冲气为和与创造技法；

"辩证篇"主要包括：反者道之动与管理悖论、音声相和与管理艺术、守柔曰强与矛盾管理、道天地人与系统管理、知美之美与卓越管理、绝圣弃智与知识管理、绝仁弃义与伦理管理、独立不改与变易管理、重为轻根与比较管理、祸福倚伏与灾难管理、死而不亡与死亡管理；

"修身篇"主要包括：上善若水、死而不亡者寿、敦兮若朴、上德若谷、不敢为天下先、慈故能勇、俭故能广、求廉。

可以看出，在管理思想体系的建构上，也并没有向前走多远。

表2.4　杨先举《老子管理学》中的老子管理思想体系

篇章	篇名	具体内容
1	哲文篇	道的幽灵与老子的哲理、"究天人之际"、"天人合一"、"太极"与"一"、"阴阳"与"二"、"道可道"与"文化"、"见素抱朴"与企业价值观、其中有物、"自强不息"与"厚德载物"
2	政事篇	"德""道"的溅落、"无为而治"、上德不德是以有德、无为无欲知常、治大国若烹小鲜、"为无为"与组织建设、百姓皆谓：我自然、始制有名、善用人者为之下、为大于其细
3	智谋篇	知与行、老孙之"知"、老孔之"知"、东西方之智、知不知上、知人者智，自知者明、柔论与权谋艺术、柔弱胜刚强与全胜、知雄守雌与攻守变理、将欲取之，必固予之、以奇用兵、不以兵强天下、"为无为"与不竞争
4	创造篇	"无"之论、"无"与创造发明、"创，始造之也"、始造，动机之思、始造，思维之思、始造，过程之思、日日新、有室之用与有无相资、知常曰明与全面观察问题、有生于无与破习惯思维、绝仁弃义与怀疑创造、恍惚朦胧与创新、冲气为和与创造技法
5	辩证篇	反者道之动与管理悖论、音声相和与管理艺术、守柔曰强与矛盾管理、道天地人与系统管理、知美之美与卓越管理、绝圣弃智与知识管理、绝仁弃义与伦理管理、独立不改与变易管理、重为轻根与比较管理、祸福倚伏与灾难管理、死而不亡与死亡管理
6	修身篇	上善若水、死而不亡者寿、敦兮若朴、上德若谷、不敢为天下先、慈故能勇、俭故能广、求廉

第六，冯沪祥的老子管理思想体系研究。

台湾学者冯沪祥在《中国传统哲学与现代管理》一书中，对中华民族具代表性的管理学家，如孔子、孟子、老子、庄子、孙子、管子、吴兢等人的著作，根据现代管理哲学的六项问题，即"何谓管理的本质"（what）、"为何要管理"（why）、"何时要管理"（when）、"从何处管理"（where）、"何人能管理"（who）、"如何管理"（how）等，分别加以阐述，形成了独特的管理学架构体系。

在对老子管理思想进行阐述时，冯沪祥认为，按照老子的观点："管理的本质"，"一言以蔽之，就是'无为而无不为'"；"为什么要管理"，老子的回答是:"本来就应顺乎自然,'无需管理'";"何时才需要管理",老子的主张是"回归自然,最好不管理、不干预,清静无为,只有在他认为违反天道、违反公道、违反自然的时候,才需要管理";"从何处管理",老子认为必须做到"返本务本""擅于反省""沟通协调""去甚、去奢、去泰""自我训练"等几个方面;"何人能管理",老子认为一个合格的管理者应当是"不争的人""自然的人""胸襟大的人""博大真人""能够同情的人";"如何管理",老子认为应从以下几个方面着手,即"要谦下"、有"民主风范"、有"开放的胸襟"、做到"有余""力行"。

冯先生从六个维度对老子管理思想进行分析,看似可以形成一个管理体系,但各部分之间的联系仍然比较松散,且没有反映出不同管理范畴之间的内在逻辑关系,不能形成有机地整合,也很难说是一个严密的管理思想体系。

表2.5 冯沪祥《中国传统哲学与现代管理》中的老子管理思想体系

项目	问题	具体回答
1	"何谓管理的本质"(what)	"无为而无不为"
2	"为何要管理"(why)	"本来就应顺乎自然,无需管理"
3	"何时要管理"(when)	"回归自然,最好不管理、不干预,清静无为,只有在他认为违反天道、违反公道、违反自然的时候,才需要管理"
4	"从何处管理"(where)	"返本务本""擅于反省""沟通协调""去甚、去奢、去泰""自我训练"
5	"何人能管理"(who)	"不争的人""自然的人""胸襟大的人""博大真人""能够同情的人"
6	"如何管理"(how)	"要谦下""民主风范""开放的胸襟""有余""力行"

除了以上几位学者的专著论述外,还有一些对老子管理思想某一方面内容的系统研究,如:

田云刚、张元洁的《老子人本思想研究》(中国社会科学出版社,2005)一书认为《老子》是以"道生万物"本体论思想,"有无相生"的辩证法思想,"静观玄览"的认识论思想,"守柔曰强"的人生观思想,"无为而治"的政治主张,以"小国寡民"社会理想组成的思想体系[①];

曾宪年的《老子领导思想研究》(湖南师大出版社,2005)一书认为《老

---

① 田云刚,张元洁. 老子人本思想研究[M]. 北京: 中国社会科学出版社,2005: 13.

子》是一个古老而崭新的领导学话题,从"道可道,非常道"与领导工作规律论、"天大地大人亦大"与领导工作主体论、"涤除玄览"与领导工作认识论、"反者道之动"与领导工作思维论、"治大国若烹小鲜"与领导工作决策论、"无为而无不为"与领导工作方法论、"去甚去奢去泰"与领导工作修养论等几个方面论述了老子思想与领导学之间的关系,体现了老子思想对现代领导活动的重要借鉴意义。

这些研究,从不同角度对老子管理思想某一方面的内容进行了详细阐述,虽然无法窥见老子管理思想体系的全貌,但对老子管理思想的整体研究也具有一定的借鉴意义。

2.3　当前研究的优势与不足

以上,我们对古今中外学者们对老子管理思想的研究情况做了简单介绍。从中可以看出,迄今为止,对老子管理思想的研究无论在数量上还是质量上都是非常可观的,体现了不同时期、不同国度的人们对老子管理思想研究的重视。尤其是改革开放以来,国内外学者对老子管理思想的研究更是取得了突飞猛进的发展,对老子管理思想的研究做出了重要贡献。

2.3.1　研究的优势

总结当前的研究成果,可以看出以下一些优点:

第一,研究范围广。

从研究内容看,当前对老子管理思想的研究涉及范围广,遍布社会管理、企业管理、环境管理、教育管理、军事管理等多个领域,反映了老子管理思想在不同管理领域具有广泛的借鉴意义,对于构建老子管理思想的全面管理理论体系非常有益。

第二,研究范畴多。

《老子》一书虽然仅有五千余言,但思想内涵却相当丰富,即使仅从管理学角度考察,都是一个非常庞杂的系统。当前的研究作品,几乎对老子管理思想的各个范畴都进行了比较深入的探讨,尤其是"柔弱""无为""不争"

这些重点概念，更是不厌其烦地被一次次提起。对这些范畴的深入研究，为老子管理思想的系统性发掘，奠定了坚实的基础。

第三，研究程度深。

除了对老子管理思想进行全面介绍和范畴研究外，一些作品还对老子管理思想的某些专项领域进行了较为深入的探索，如对老子领导思想、人本思想、人性思想等，提出了很多真知灼见，为对老子管理思想进行纵深研究创造了条件。

2.3.2 研究的不足

相对于以上这些优点而言，老子管理思想研究也还存在着一些缺陷和不足，比如：

第一，研究范畴杂乱，容易造成概念混淆。

《老子》一书字数虽然不多，但涉及的概念、范畴却相当丰富，而且即使是同一对象，往往喜欢用各种不同的名词加以描述，如仅仅一个"道"字就有"一""无""母""根""玄牝""众妙之门"等众多称谓。再加上研究者理解和命名方式的不同，使老子管理思想研究的范畴变得异常复杂。如戴建业在《老子现代版》一书中提到的范畴主要有："道与德""自然与造作""无为与有为""拙与巧""弱与强""静与动""进与退""化与隐""治与乱""战与和""修身与养生"等；而罗晓光和申静《〈老子〉中的管理思想》一书却是："无为""崇'虚'重'无'""清静""柔弱""处下""不争""无私""谨慎""自知""上善若水"等；熊礼汇的《老子与现代管理》又成了："无为""贵柔""守雌""居后""不争""知足""以因循为用""与时迁移，应物变化"等。由于名词概念的不统一，让人感觉很庞杂，很容易让人对老子管理思想产生望而生畏的想法。

第二，老子管理思想本质概括不统一，缺乏准确恰当的把握。

我们知道，对于任何事物的了解，只有把握其核心本质，才能起到事半功倍的作用。前人对老子管理思想的研究，在这方面也进行了一些有益的尝试，目前对老子管理思想本质特征，主要提出了"柔性管理""水性管理""朴治管理""道治管理"等几种概括。但这些概括或失之过宽，或失之过窄，都无法比较准确恰当地反映老子管理思想本质（详见本书第 4 章的论述）。

第三，体系性研究不强，内容较为松散。

以往对老子管理思想的研究，多数只是对老子各种管理思想范畴的简单罗列，不同范畴之间缺乏紧密的逻辑关系，因而显得比较松散。《老子》一书在内容上虽然比较零散，但也存在着一个比较严密的逻辑关系体系。目前，虽然有些作品在这方面做了一些有益的尝试，但体系的完整性和严密性还有待加强。系统的力量是巨大的，只有整理出老子管理思想的体系，系统地在现代企业管理中加以应用，才能更好地体现出老子管理思想的现代价值。

第四，实践研究不强，多数是简单的语言说教。

当前对老子管理思想的研究，多数都能回答下面这两个问题：《老子》的思想好不好？好！老子的管理思想能不能应用于现代企业管理实践？能！但对于如何应用、应用效果如何，却很少有人提供深入的思考与实证。因此，很多人看了各种对老子管理思想的研究后，仍然抓不着头脑，不知道如何将老子管理思想在现代企业管理中进行应用。这就给老子管理思想在现代企业管理应用的真实可行性蒙上了一层阴影。

总体而言，当前对老子管理思想的研究，成果是丰硕的，贡献是巨大的。尽管还存在这样那样的不足，但这些研究为后续研究提供了思路和借鉴，也对后人研究提出了更高的要求。本书正是站在这些前人研究的基础上，对这些研究中存在的不足之处提出了一些自己的见解，以期对老子及中国传统管理思想的现代研究做出一些贡献。

第3章 老子及其管理思想简介

3.1 老子与《老子》其书

老子是我国春秋战国时期著名思想家，据《史记》记载，其曾任周朝"柱下史"（管理图书、典籍的官），后因战乱辞官不做，西出函谷关隐居。函谷关守官尹喜久慕老子大名，请求老子做书，遂成五千余言，后人称之为《老子》。唐朝时，老子及其思想受到国君极大推崇，老子其人被奉为太上老君，唐玄宗时其书被尊为《道德经》。

由于年代久远，我们今天关于老子及其著作成因的了解，大多来源于《史记》等史书的记载，很难进行详细考察。至今发现的《老子》最早版本当属1993年湖北荆门郭店楚墓中出土的《老子》竹简，抄写时间大约在战国中晚期。这说明早在此前，《老子》一书已经在社会上广为流传了。其次是长沙马王堆汉墓出土的帛书本，抄写时间大约在汉初。

历史上对《老子》一书的注疏之多，实属罕见，素有"老子五千言，注者三千家"之说。这种说法虽有些夸张，但可见世人对《老子》一书的极大重视。时至今日，这种注疏之风仍然不减，世上流传的注释版本层出不穷、不胜枚举。历史上流传最广的注释版本当属汉代的"河上公本"和魏"王弼本"两种，今人以陈鼓应先生的注释最为权威。

《老子》一书共约五千余字，原本并未分章。后人为学习方便，才把它分成了不同的章节，有分64章的，也有分71章的，以分81章的最为流行。还有人把《老子》一书分为上下两部分，上半部分为37章，主要论"道"，称为"道经"；下半部分44章，主要谈"德"，称为"德经"。历史上也有"德经"在前，"道经"在后的版本。

　　《老子》一书内容非常丰富，是一部名副其实的社会学百科全书。《道德经治国方略解析》的作者朱森溥先生就盛赞其为"言简意赅，应有尽有"。他说：《老子》中，讲政治的有"以正治国"，"其政闷闷，其民淳淳"；讲经济的有"我无事而民自富"，"难得之货，令人行妨"；讲军事的有"以奇用兵"，"抗兵相若，哀者胜矣"；讲哲学的有"道常无为而无不为"，"万物负阴而抱阳，冲气以为和"；讲伦理的有"以其不争，故天下莫能与之争"，"知足不辱，知止不殆"；讲养生的有"盖闻善摄生者，陆行不遇兕虎"，"载营魄抱一，能无离乎"等等①。当然，《老子》是一部高度浓缩的哲学著作，具有非常普遍的指导意义，它的指导作用还不仅仅局限于以上这些方面。

　　但是，本人认为，《老子》一书最为重要的指导意义，还在于管理学方面。因为，《老子》一书，从根本上来说，是一部管理学著作。我们知道，《老子》成书于春秋战国时期，当时战乱频仍，礼崩乐坏，众多思想家为了缓解这种混乱局面，避免生灵遭受涂炭，都纷纷提出了自己的政治主张，史称"百家争鸣"。而这些政治主张，就是各家的国家管理之道。正如司马谈《论六家要旨》所言："夫阴阳、儒、墨、名、法、道德，此务为治者也，直所从言之异路，有省不省耳。"也就是说，各家都是在为君主管理好国家出主意，只是他们立论的路数有所不同，有的说得显明，有的说得不显明而已。这说明，不管是儒家、法家，还是道家等，都是在为"有国者"谋，希望自己的主张能够为国君所接受，对治理国家有所帮助。老子身处其中，当然也逃不出这样的时代背景，尽管他准备西出隐居，但还是为世人留下了《老子》这部独特的管理思想巨著。

　　历史上，曾有人认为《老子》一书的思想是消极避世的，因此多加答伐。但我们对《老子》一书稍加检视即可看出，这种观点是极为偏颇的。在《老子》一书仅仅五千余字中，提到"民"，即有关百姓的，就有 30 次之多；讲到"侯王""人主""天下王"应当如何治国安邦的，就有 12 次；讲到圣人处世、治天下的，有 26 次之多。可见，《老子》无处不在讨论国民天下，实为一部非常入世的书，只不过老子的表述方式与常人有所不同，他更喜欢

---

① 朱森溥. 道德经治国方略解析[M]. 成都：四川人民出版社，2004：2-3.

从相反的方向思考问题，经常语出惊人，给人以振聋发聩之感。

3.2 《老子》是一部写给管理者看的书

凡熟悉《老子》一书的人，一看便知《老子》是一部写给管理者看的书，原因有三：

第一，从《老子》一书行文的语气看，该书显然主要是以管理者，尤其是国君为讲述对象的，而绝非写给普通百姓看的书。

《老子》全书随处可见"圣人""官长""侯王""人主"的字样。如"圣人云：我无为而民自化，我无事而民自朴，我无事而民自富，我无欲而民自朴"（第 57 章）、"朴散则为器，可以为官长"（第 28 章）、"侯王若能守之，万物将自化"（第 32 章）等等，这样的语句俯拾皆是。这里的"圣人"与"民"相对，显然是指"国君"，其他的如"官长""侯王""人主"等，也都是针对统治阶层而言的。

有人认为"故道大，天大，地大，人亦大。域中有四大，而人居其一焉。人法地，地法天，天法道，道法自然"（第 25 章）中的"人"是指普遍意义上的人，借以称老子强调"人本主义"。本人对此有不同看法。本人认为，此处的"人"并不是普遍意义上的人，而也应作"国君"讲。之所以这样说，是有一定根据的。

首先，在《老子》"楚简本""帛书本""河上公本"和"王弼本"中，这句话中的前两个"人"字就均作"王"字。我想这种现象应该并非偶然，也恐非奚侗所说的"古之尊君者妄改之"[①]那么简单。《老子》以上版本因距离该书成书时代较近，应该具有一定的可信度。

其次，古语中即有把"人"当作国君的用法，如《书·吕刑》中"一人有庆，兆民赖之"中的"人"，即为"国君"的意思。据本人考察，《老子》中与"人"有关的称谓主要有四种：（1）"圣人"：专指有道之人，共出现 29 次；（2）"人"：是一般意义上的人，共出现 56 次；（3）"民"：专指被统治者，共出现 33 次；（4）"侯王（王）"：专指统治者，共出现 9 次。老子这

---

① 陈鼓应. 老子今注今译[M]. 北京：商务印书馆，2003：172.

句话中的"人",显然当"国君"理解会更为贴切。因为"道""天""地"相对万物而言,都是管理者,它们效法"自然",采取"无为"的方式管理万物;因此"人"(即"国君")也要像他们一样,效法"自然",采取"无为"的方式治理国家。而如果把此处的"人"当作一般意义上的人(即"老百姓"),因为没有管理权力和责任,也就谈不上采取"自然无为"的方式管理他人了。

而且《老子》中几乎所有管理范畴,也都是针对管理者而言的。比如"无为"。社会上很多人都对这个概念存在疑惑,经常会问:如果大家都"无为",那谁来做事呢?殊不知,这里的"无为",是专指管理者而言的。老子说:"为无为,则无不治"(第3章),还说"爱国治民,能无为乎"(第10章),这里的"治"显然是治理的意思,当然是针对管理者而言的。老子认为,在管理上,管理者应该"无为",而被管理者却应该有为。他说:"我无为而民自化"(第57章),君主是无为的,那么被管理者("民")就会自我发展,这里的"自化"当然是有为的意思。又说:"道常无为,而无不为。侯王若能守之,万物将自化"(第37章),道是无为的,万物是有为的。如果说被管理者也"无为而治",那他去"治"什么呢?这里的"无为"主要是不干涉的意思,就是管理者不过多地干涉被管理者,让被管理者"自为""自化""自富"。

由此可见,《老子》全书就是想告诉统治阶层应该做一个什么样的领导,如何治理好百姓、国家,用汉代史学家班固的话说就是:"君人南面之术"。他说:"道家者流,盖出于史官。历记成败、存亡、祸福、古今之道,然后知秉要执本,清虚以自守,卑弱以自持,此君人南面之术也。"(《汉书·艺文志》)就是说,道家的思想是从历史经验教训中,总结出的成败、存亡、祸福、古今的道理,从而得出要"秉本执要、清虚自守、卑弱自持"的管理主张,是君主治国的重要法则。班固这里说的虽然是道家学派的思想,但最终还是指老子而言,因为道家的思想基本来源于老子,是对老子思想的继承和发扬。既然说道家思想是"君人南面之术",那么《老子》自然就是写给管理者看的书。

第二,《老子》一书存在着大量的管理思想,处处闪烁着管理智慧的火花。

阅读《老子》一书时，我们可以随处看到诸如"以正治国，以奇用兵，以无事取天下""治大国若烹小鲜""不争而善胜""无为而无不为"这样经典的管理格言；也可以看到"后其身而身先，外其身而身存""居善地、心善渊、与善仁，言善信、正善政、事善能、动善时""图难于其易，为大于其细"等领导者的处世及修养方法。

通过认真梳理就会发现，《老子》一书几乎每一章都跟管理有关，就像一位睿智的长者在耐心指导一位年轻管理者，告诉他应该如何去管理、如何提升自己的个人修养，最终实现"无为而治"的管理目标。比如，第 2 章"天下皆知美之为美，斯恶已；皆知善之为善，斯不善已。（故）有无相生，难易相成，长短相形，高下相倾，音声相和，前后相随，恒也。是以圣人处无为之事，行不言之教。万物作而弗（fú）始（sī），生而弗有，为而弗恃，功成而弗居。夫唯弗居，是以不去。"就是告诫管理者要"处无为之事，行不言之教"，而且要"生而弗有，为而弗恃，功成而弗居"，既要"无为"又要"弗居"（不居功），始终低调做人做事，这样才能不会被被统治者所推翻；再如，第 3 章"不尚贤，使民不争。不贵难得之货，使民不为盗。不见可欲，使民心不乱。是以圣人之治，虚其心，实其腹，弱其志，强其骨；常使民无知无欲，使夫智者不敢为也。为无为，则无不治。"这些似乎都是长者的经验之谈，是对青年管理者谆谆的教诲，告诉管理者要"不尚贤""不贵难得之货""不见可欲"等，还要"虚其心，实其腹，弱其志，强其骨……"，要务实而不能务虚，使民心纯朴而不浮躁，这样才能实现大治（"无不治"）。老子总是喜欢用这种比兴的手法，先讲一些普遍的自然规律（"天""道""自然"），然后再引申到管理上，提出其管理理念，这样的例子比比皆是。

老子讲"道"论"德"，就是在为提出自己的管理主张做铺垫。"道"为天下万物之母，"善利万物而不争"；国君也应该像"道"一样，以"慈爱""不争"的方式治理天下；"道"效法自然，清静无为，国君也应该"处无为之事，行不言之教"，"以无事取天下"，这样才能达到"无为而无不为"的管理目标。老子讨论"道、德"的目的就是为了议论人事。由"道"而"德"，由"天事"而至"人事"，是老子逻辑思维的典型特点。老子通过这种方式，提出了一系列著名的管理理念和管理主张，如"柔弱""慈爱""无为""不争"等等，并通过"道""德"将其贯穿起来，形成了独特的管理思想体系。

第三，通过后人对老子管理思想的应用效果检验，也能证明《老子》是一部管理学著作。

在《庄子》一书中，就记载过这样一则故事：老子的弟子庚桑楚，深得老子之道，居住在北方一个叫"畏垒"的山区。弟子中有炫耀才智和标榜仁义的，庚桑楚就让他们离开；只有那些敦厚朴实、任性自得的，方能跟他住在一起，作他的仆从。庚桑楚在畏垒山一居三年，那里连获丰收（《庄子·杂篇·庚桑楚第二十三》）。这则故事的真实性虽然无法考证，但据《史记·老子列传》记载，庚桑楚确有其人，庄子以其人名篇，应该是有一定可靠性的。这则故事告诉我们，管理其实并没有什么难的，只要管理者能够崇尚质朴、顺其自然，对被管理者不做过多的侵扰和干涉，就能取得较好的管理效果。

中国历史上也存在大量利用老子管理思想进行国家管理，而取得成功的真实案例。

西汉初期，朝廷重黄老（黄帝、老子）之学，行无为之治，这是史学家们所公认的。史载，西汉初期的谋臣多信奉老子道学，宰相陈平、曹参及重臣贾谊等都"好黄老之术"。加之当时重道学派如徐少季、盖公、黄子等的大力说教，在皇室中也培养了大量的老子信奉者。其中，汉文帝刘恒及其子汉景帝刘启，就是典型的重道人物。由"与民休养生息"政策而奠定了西汉繁荣基础的"文景之治"，正是出自老子的信徒刘恒、刘启之手。

唐朝统治者尤其尊崇老子及其学说。唐开国皇帝李渊，于武德三年，追尊老子为其李氏宗族的"皇祖"，并在晋州建老子庙。唐太宗李世民，于贞观十一年又宣布："朕之本系，起自柱下"，建老子庙于亳州（《旧唐书·太宗本纪》）。唐玄宗李隆基，称老子为"我烈祖玄元皇帝"，诏令两京和各州设立"玄元皇帝庙"，同时设立"崇玄学"，内容是学习《老子》《庄子》《文子》《列子》（《命两京诸路各轩玄元皇帝庙诏》），把《老子》"列诸经之首"（《尊道德经南华经诏》），他像汉景帝树立老子权威那样，敕令："老子《道德经》，宜令庶士，家藏一本，每年贡举，人量减《尚书》《论语》策一条，准数加《老子》策，俾尊崇道本，宏益化深。"（《命贡举加老子策制》）并且还亲撰《老子道德经注》。唐代对老子的推崇可以说到了登峰造极的地步。

清顺治皇帝也曾亲自注释老子，在政策上贯彻老子"无为而治"的思想，认为"取于民重，则民贫"，"治国之道，清静无为"，康熙还颁布"永不加赋"的诏令，对农村轻徭薄赋，给工商业一定的发展空间，奠定了"康乾盛世"的基础。

以上中国历史上几个最为辉煌的盛世年代，某种程度上都与老子的管理思想有关，足见老子管理思想对中国古代社会发展的影响之大。难怪南怀瑾先生在《老子他说》中说："细读中国几千年的历史，会发现一个秘密：每一个朝代，在其鼎盛的时候，在政事的处理上，都有一个共同的秘诀，简言之，就是'内用黄老，外示儒术'。"[①]王德清教授在《中国管理思想史》中也说："纵观中国几千年的管理史，我们不难发现，自汉唐开始至宋元明清各时期的鼎盛阶段，管理上都是'内用黄老，外用儒术'，即儒术是招牌，道家的管理思想则是实际的领导原则。"[②]可见，老子和道家思想表面上虽然没有成为中国封建社会的正统思想，但其实际作用却是非常巨大的。

由以上分析可知，《老子》确实是一部写给国君或管理者看的书，是一部管理学著作，它的思想在古代即已被诸多盛世证明了其显著的管理效果，也必将在现代管理中再次发挥重要的指导作用。

3.3　老子管理思想的现代意义

《老子》一书充满了丰富的管理思想和管理智慧，这一点是毋庸置疑的。我们当今的社会，虽然距离老子的时代有几千年了，但管理上的很多道理却是相通的。老子管理思想不仅可以应用于古代社会，对于现代社会的各项管理也具有很强的指导意义。正如已故著名学者赵靖先生所言："从这一派的代表作《老子》来看，谈论管理的地方是很多的，而且是谈得相当全面的：它既谈到了政治管理、军事管理、社会文化管理，也在一定程度上涉及经济管理；既提出了自己的管理目标，也论述了管理理论和管理方法。而且，它

---

① 南怀瑾. 老子他说[M]. 北京：国际文化出版公司，1994：2.

② 王德清. 中国管理思想史[M]. 重庆：重庆大学出版社，2005：3.

对管理问题的全部论述，是建立在自己的哲学体系的基础上的，是从管理哲学的高度来考察有关管理的各种问题的。"还说："《老子》一书，谈论管理之处主要着眼于政治管理和军事管理，对经济管理只有一些较为零散的观点，但由于它是从一般原理，尤其是从管理哲学的高度探讨政治、军事管理问题，它的许多内容对现代经济管理也是能提供教益或借鉴的。"[①]老子管理思想是中国古代管理思想的精华，在历史上即显示了极强的优越性，我们现在学习和研究老子管理思想，将其管理思想精华应用于现代管理实践，可以使其在现代管理中发挥新的作用。

　　目前，已有许多企业管理者，开始自觉地将老子管理思想应用于现代企业管理实践，并取得了一定的成效。《中国商业评论》上就曾有一篇文章，详细介绍了当前一些深受老子管理思想影响的知名企业家，文章指出：张瑞敏曾谈过无为和有为的关系，他认为无为就是企业的价值观，它是无形的，但非常重要。在这个无形价值观的指导下，可以产生有形的成果，也就是老子所说的"为无为则无不治"。蒙牛集团的牛根生称，他最推崇老子的思想，精神上受老子影响最大。恩威集团的薛永新特别崇尚老子"水的精神"，十分喜欢老子"天下之至柔，驰骋天下之至坚"的说法，还出版了《大道·无为》一书，阐述自己对老子管理思想的见解。万通公司的董事长冯仑也称，万通的价值有两个，一是守正出奇，二是学习。"守正出奇"的提法，正是脱胎于老子的"以正治国，以奇用兵"。冯仑还撰文称："做企业第一是不争，不企图吃掉别人。我们不去寻求垄断的机会……老子说'夫唯不争，故天下莫能与之争'，就是这个道理。"潘石屹在回答网友"中国古代思想家里，谁对你影响最大？"时，便直截了当地回答："老子。"诺基亚总裁奥利拉自称以老子为师，他常引用老子的话是："太上，不知有之。功成事遂，百姓皆谓：我自然。"法国阿尔斯通总裁安南·博格到中国前，就找人教他老子哲学，他说："在中国做生意，要懂老子。"[②]从以上介绍可以看出，老子管理思想受到众多现代企业管理者们的极大推崇。尽管他们对老子管理思想的理

---

① 赵靖.《老子》管理哲学的启示[J]. 北京：经济纵横，1991（3）.

② 中国商业评论."深受老子影响的企业家们".[EB/OL].http：//www.globrand.com/2006/06/16/20060616-141039-1.shtml.

解各有不同，但对老子管理思想的重视程度却是相同的。

从某种意义上说，《老子》就是中国古代一部经典的管理学著作，可以称得上是中国的"管理学圣经"。要想研究中国管理思想，就不可不研究老子；要想成为一名优秀的管理者，就不可不学习老子管理思想。

第4章　老子管理思想的"母亲管理"特色

4.1　前人对老子管理思想本质研究存在的不足

《老子》一书，从诞生之日起就受到历代学者研究的重视，其注疏内容之丰富，在中国古代恐怕很难有出其右者。自古就有"老子五千言，注者三千家"的说法。人们不仅对其文字的注疏存在较大差异，对其管理风格和本质特征的认识也看法不一。

从综述中我们了解到，当代学者对老子管理思想本质的研究已经有了一定成果，目前主要存在"水性管理""柔性管理""朴治管理"和"道治管理"等几种观点。这些观点从不同角度对老子管理思想本质进行了概括，便于对老子管理思想从整体上加以认识，但这些概括都或多或少地存在着一些偏差和不足，主要表现在：

第一，"水性管理""柔性管理""朴治管理"的概括，多侧重于老子管理思想某些重点特征，而不能反映老子管理思想的全貌。"水性管理"和"柔性管理"突出了老子管理思想中"柔弱""谦下""不争"等特点，"朴治管理"侧重于表现老子管理思想中"重实""自然""无为"等特点。但这些特点都不足以体现老子管理思想的全貌。通过对老子管理思想的认真梳理可以看出，老子管理思想是一个非常庞大的思想体系，除上述这些特征外，还有诸如"慈爱""节俭""知止""清静"等众多特征，用以上任何一种观点都不足以完全囊括。

第二，用"道治管理"概括老子管理思想，又存在失之过宽的问题。我们知道，"道"是中国古代最为宽泛的哲学概念，各家各派都讲"道"。如果独用"道治管理"来命名老子或道家一家的管理思想，显然是不太恰当的。熊铁基教授即指出:"'道'字原本并非道家'专利',周秦诸子'道论'之作很多,汉以后的儒者讲'道统'、'原道',也使用这个'道'字。"[1]许建良先生也认为:"以'道'(包括'德')为道家哲学的主要特色的行为,进而概括成'道德'家的做法,形式上似乎存在合理性。但是,实际上包含着一个天大的误解,这是没有认真梳理道家文本本身带来的自然结果。"他进而指出:"以'道'来概括道家思想的特征,不仅没有把握住其思想的根本特征,而且在客观效果上也容易产生与其他学派引起纠葛的一些不必要的误解。换言之,'道''德'不是反映道家思想特质的标志性概念。"[2]熊铁基和许建良两位学者的观点无疑是非常有道理的,用"道治管理"概括老子管理思想,不仅不具有鲜明的典型特征,而且容易产生歧义,也是不恰当的。

由此可见,当前几种对老子管理思想本质的概括,都不能非常准确地对老子管理思想本质进行把握。正是基于这个原因,我尝试用"母亲管理"来概括老子管理思想,为老子管理思想本质的研究提供了一个崭新的视角。

4.2 用"母亲管理"概括老子管理思想本质的尝试

4.2.1 "母亲管理"概念的提出

"母亲管理"概念的提出,得益于我的博士导师黎永泰教授。他在中外管理思想研究上,有很深的造诣,很早就提出过类似概念。在他出版的企业文化管理学著作《企业管理的文化阶梯》一书中,他首次提出了"妈妈理论"和"爸爸理论"的概念[3]。他认为,在企业管理中,始终存在两种风格迥异的管理方式,一种比较慈爱温和,可以概括为"妈妈理论";另一种则比较严厉苛刻,可以用"爸爸理论"来概括。在日常教学中,他还多次提出用"母亲管理"和"父亲管理"来概括中国传统管理思想中"刚性"和"柔性"两

---

[1] 熊铁基. 道家·道教·道学[J].武汉: 华中师范大学学报(人文社会科学版), 2005(1).

[2] 许建良.先秦道家的道德世界[M]. 北京: 中国社会科学出版社, 2006: 3.

[3] 黎永泰, 黎伟.企业管理的文化阶梯[M]. 成都: 四川人民出版社, 2002: 272-273.

种风格不同的管理理论。他认为，社会最基本的单位是家庭，最基本的管理应该是父母管理。在一个家庭中，父亲和母亲对家庭和儿女的管理，具有明显的分工，从而显示出不同的风格特征：父亲更注重宏观，偏重于关心子女的事业和未来，管理风格比较严厉，更加富于理性；母亲则更加注重微观，偏重关心子女的生活和感情，管理风格比较慈爱，更加富于感性。

在世界管理思想史上，也曾有过"软性管理"与"硬性管理"、"男性管理"与"女性管理"的提法。20世纪80年代，由美国斯坦福大学的巴斯卡和哈佛大学的雅索士两位教授合著的《日本企业管理艺术》一书在美国出版。该书用"3S管理模式"和"7S管理模式"来概括美、日两国两种不同的企业管理模式。所谓美国企业管理的"3S管理模式"，指的是在企业管理中的策略、结构、制度。对于这种管理模式，作者称之为"硬性管理"。所谓日本企业管理的"7S管理模式"，是在"3S"的基础上，增加了4个"S"，即人员、技巧、作风、共同的价值观念。作者把增加的这4个"S"叫作"软性管理"，认为这就是企业文化。并说，"软性管理"是日本"7S管理模式"中起关键作用的因素，是使日本企业管理优于美国企业的关键所在。在世界管理史上，这是第一次从理论上将管理划分为"硬性""软性"两大类型，并首先做出"软性管理"优于"硬性管理"的判断。

《日本企业管理艺术》一书的出版，对整个企业管理界有很大震动和影响。不久，有人又将"硬性管理"称为"男性管理"，将"软性管理"称为"女性管理"。因为，男性体现的是力量、刚强、斗争和威慑力量，充满了阳刚之气，与"硬性管理"的特征相吻合；而女性体现的是细腻、温柔，以及较强的观察能力，可称之为阴柔，与"柔性管理"的特征相吻合。而黎永泰教授提出的"母亲管理"和"父亲管理"概念，比"女性管理"和"男性管理"的内涵更加丰富，更加具有管理特质，也更加形象贴切，把这一理论又向前推进了一步。

其实，"父母管理"的提法在我国由来已久。我国古代，政治上即有做"父母官"的说法，军事上讲要"爱兵如子"，教育上讲"师徒如父子"，商业上讲顾客是"衣食父母"等等，无不渗透着浓厚的家庭伦理文化特色。中国古代管理理论多数都是从家庭管理开始，然后再推广到治国安邦的，因此才有"修身、齐家、治国、平天下"的逻辑推导,"治国"便是"齐家"的扩展。中国古代讲以"礼"治国,以"孝"治天下,也是这种思维逻辑的反映。《易经》上讲"一阴一阳之谓道","父亲管理"和"母亲管理"即代表了两种风格相反,而又相辅相成的管理形式,它们是管理中不可分割的两个部分,共同构成了完整的管理之道。

当我在研究老子管理思想过程中,遇到如何对老子管理思想本质进行准确界定时,我的导师黎永泰教授即鼓励我尝试用"母亲管理"来概括老子管理思想。他认为,老子管理思想是对我国远古母系氏族社会管理思想的继承和发扬,具有典型的母系氏族文化特征,是我国母性管理思想的典型代表。他的一番话使我深受启发,在之后的研究中,通过大量的史料分析,和对前人研究成果的借鉴,并同老子管理思想本身加以印证,越来越证明了黎永泰教授对老子管理思想"母亲管理"本质把握的准确性。

4.2.2 用"母亲管理"概括老子管理思想的主要依据

4.2.2.1 老子管理思想是中国母系氏族社会状况的集中反映

老子身为周朝的"柱下史"(注:掌管中央奏章、档案、图书以及地方上报材料的一名御史大夫),掌管着当时的大量图书和文献典籍,在学习和借鉴前人思想上具有独特的便利条件。

在继承内容上,老子管理思想表现出明显的"母系氏族"特色。关于这一点,很多学者都提出过相关论述。著名学者吕思勉先生就曾指出:《老子》"全书之义,女权皆优于男权,与后世贵男贱女者迥别。"①刘尧汉(1985)也明确指出:"道家典籍《老子》保持了原始母系制社会重'母权'即女性或雌性'母''雌''牝'的特点。"②朱晓鹏(1999)也认为,老子的思想受我国远古母系氏族社会思想的影响较大,有着母系氏族的"遗风"。他肯定

---

① 吕思勉.辩梁任公《阴阳五行说之来历》[C]//《古史辨》第五册.上海:上海古籍出版社,1982:369.

② 刘尧汉.彝族文化对国内外宗教、哲学、科学和文学的影响[C]//彝族文化研究文集.昆明:云南人民出版社,1985:65.

地说:"老子道家之学很大一部分就渊源于原始社会母系氏族酋长的政治经验和社会习俗,这种习俗延续数千年形成传统,通过古代的原始宗教文化被伏羲、女娲、神农、黄帝等传说中的帝王所接受,并最终被老子概括、提升为关于自然、社会、政治和人生的一般原则。"①牟钟鉴也说:"老子哲学脱胎于母系氏族的宗教崇拜,特别是女性生殖崇拜。所谓的'道',最初建立在对女性生殖力的认知上,然后将这种女性生殖作用扩而充之,用来观察整个宇宙的创生过程,于是形成了'道'的概念。"②英国著名科学家李约瑟(1990)也一再强调,老子及道家重母性贵柔弱的特点是母权制残余的反映。③张智彦(1996)也认为:"如果我们说儒家思想更多的是继承了父系氏族社会的传统的话,那么老子思想则是更多的继承了母系氏族文化的传统。"④陈鼓应和白奚(2001)在总结前人的观点后指出:"学者们普遍认为,老子的思想同母系氏族社会的原始宗教观念有着密切的渊源关系,崇尚阴柔就体现了老子对上古文化中女性崇拜的继承和哲学提升。"⑤他们认为,母系社会虽然后来被男性中心社会所取代,但集中反映那一时代人类生活的女性崇拜,却作为特定的文化因子或传统,积淀于民族文化的深层结构之中。老子的思想便较多地继承了这一因子,并以哲学思维的方式表现和发扬了这一古老而独特的文化传统⑥。

关于这一点,清代魏源说得更为明确。他认为,《老子》一书体现的主要不是三代文化,而是来源于原始母系氏族文化,他说:"删书断自唐虞,而老子专述皇坟以上。"⑦"三代"主要是指夏、商、周时代,是中国奴隶社会的开始;"唐虞"即唐尧、虞舜,是早于夏朝的尧、舜、禹时期,代表了中国父系氏族社会时代。而"皇坟"中的"皇"即"三皇",是指伏羲、神农、黄帝三位古代传说中的部落首领。而据《庄子·盗跖篇》所述:"神农

① 朱晓鹏.智者的沉思:老子哲学思想研究[M]. 杭州:杭州大学出版社,1999.

② 牟钟鉴.老子的学说[C]//道教通论——兼论道家学说. 济南:齐鲁书社,1993:152.

③ 李约瑟.中国科学技术史(第2卷):科学思想史[M]. 北京:科学出版社,1990:116.

④ 张智彦.老子与中国文化[M]. 贵阳:贵州人民出版社,1996:121.

⑤ 陈鼓应,白奚.老子评传[M]. 南京:南京大学出版社,2001:41.

⑥ 陈鼓应,白奚.老子评传[M]. 南京:南京大学出版社,2001:43.

⑦ [清]魏源.老子本义[M]. 上海:上海书店,1987:3.

之世，卧则居居，起则于于。民知其母，不知其父，与麋鹿共处，耕而食，织而衣，无有相害之心，此美德之隆也"。"民知其母，不知其父"，显然是指母系氏族社会而言，"皇坟以上"的时代，则是指母系氏族社会早期的那段历史。魏源这句话的意思是说：孔子删解《尚书》以"三代"为界，而老子作书的内容还要更早，反映了伏羲、神农、黄帝以前（母系氏族时期）的情况。

母系氏族社会是原始氏族公社的早期形态。当时，男子主要从事打猎和捕鱼，到处奔波，有时很长时间不能回来。妇女主要在住地附近采集天然果实，抚育子女，照管"家务"，对于维系氏族集团起着重要作用，自然成了氏族的中心，承担着氏族集团主持者和领导者的事务。后来，妇女在长期的采集劳动中，发现了野生的稻谷、小麦，并试着种植，开创了原始农业。由于她们从事的劳动有着比较稳定的收成，对生活比较有保障，因而威望更高了。

血缘亲族关系是氏族社会的基础。人类由杂婚过渡到按辈数划分的兄弟姊妹间的血缘群婚，后来，由于发现直系血缘通婚严重影响后代的发育，便慢慢禁止了父母与子女的结合，又慢慢禁止了氏族内兄弟姊妹间的结合。到母系氏族公社时，开始实行"族外婚"。男子参加本氏族的生产劳动，死后要葬到本氏族基地，但婚配都要到外氏族去。一氏族的一群兄弟和另一氏族的一群姊妹交互群婚。因为在氏族内没有婚姻关系，所以氏族成员除了母亲，就是兄弟姊妹，再就是姊妹们的孩子，血统和世系关系只能从母亲方面确认。这种母系血缘关系的纽带和妇女享有的崇高威望，把氏族成员紧紧地联系在一起。在这种婚姻形式下，一女子和很多男子发生关系，生的孩子无法确定谁是他的父亲，但母亲是明确的。久而久之，人们便只知道母亲，不知道父亲，也没有父亲的概念。这是母系氏族社会的典型特点。

老子关于"小国寡民"的描绘，正是对母系氏族这种社会状况的集中反映。他说："小国寡民。使有什伯之器而不用，使民重死而不远徙，虽有舟舆无所乘之，虽有甲兵无所陈之，使民复结绳而用之。甘其食、美其服、安其居、乐其俗。邻国相望，鸡犬之声相闻。民至老死不相往来。"（第80章）在老子的理想国中，这国可望见那国，连鸡犬之声都可相闻，可见这些国家只是在经济上自足、在政治上自治的村落而已。老子所主张的"复结绳而用之"的理想国，因为结绳时代还没有阶级，自然没有国家的组织，也自然没有"劳心者治人，劳力者治于人"的现象。而"使民复结绳而用之"，"民众老死不相往来"，也正好与母系氏族公社的文化状况和"女不嫁男不娶"的婚姻制度相符合。《老子》第 52 章所说："天下有始，以为天下母。既得其母，以知其子。既知其子，复守其母，没身不殆"，更是母系氏族生活的典型写照。

4.2.2.2　老子管理思想是对传统"母性"文化的继承和发扬

老子管理思想并不是天生的，而是对前人思想的继承和发扬。从《老子》一书常常出现的"圣人云""用兵者言""建言有之""古之所谓"等语即可看出，书中吸收和发展了前人的大量思想。《汉书·艺文志》说："道家者流，盖出于史官。历记成败存亡祸福古今之道，然后知秉要执本，清虚以自守，卑弱以自持，此君人南面之术也。"这说明，道家思想主要来源于古代王官之学中的史官对中国远古治理国家的历史经验总结。近人黄钊等人（1991）也指出："《老子》或曰道家思想有着浓厚的理论渊源，它聚古今圣哲于一炉……是对春秋末年以前我们祖先哲学思维的总概括，堪称从上古到春秋末年我国哲学思维发展之集大成。"[①]足见，老子管理思想并非老子一人独创，而是继承和发扬前人众多管理思想的结果。

关于这一点，在黄钊主编的《道家思想史纲》，以及朱晓鹏的《智者的沉思：老子哲学思想研究》等书中，均有比较翔实的阐述。作者们认为，老子的思想很可能对远古的《金人铭》《周易》《尚书》《国语》《左传》等文献，进行了系统的继承和发挥。

以《金人铭》为例，二者在思维方式和基本观点上，就有很多相似之处。《金人铭》在历史上曾被看作是黄帝之书。《汉书·艺文志》曾有《黄帝铭》六篇，今已亡。有学者认为，《金人铭》即《黄帝铭》"六篇之一也"（[宋]王应麟《〈汉书·艺文志〉考》）。这种说法虽然不甚确切，但至少说明该文是春秋末年以前的古籍，这点应该是比较可信的。根据《孔子家语·观周》

---

① 黄钊. 道家思想史纲[M]. 长沙: 湖南师范大学出版社, 1991: 31.

和刘向《说苑·敬慎篇》中对《金人铭》的记载:"孔子之周,观于太庙。左陛之前,有金人焉。三缄其口,而名其背曰:'古之慎言人也,戒之哉!无多言,多言多败;无多事,多事多患。安乐以戒,无行所悔。勿谓何伤,其祸将长;勿谓何害,其祸将大;勿谓何残,其祸将然;勿谓莫闻,天妖伺人。荧荧不灭,炎炎奈何,涓涓不壅,将成江河;绵绵不绝,将成网罗;青青不伐,将寻斧柯。诚能慎之,福之根也。口是何伤,祸之门也。强梁者不得其死,好胜者必遇其敌。盗怨主人,民害其贵。君子知天下之不可盖也,故后之下之,使人慕之。执雌持下,莫能与之争者。人皆趋彼,我独守此;众人惑惑,我独不从。内藏我知,不示人技。我虽尊高,人莫害我。夫江河长百谷者,以其卑下也。天道无亲,常与善人。戒之哉!戒之哉!'"

可以看出,《老子》与《金人铭》之间存在很多相似之处。如《金人铭》讲:"无多言,多言多败",《老子》即有:"多言数穷,不如守中""悠兮其贵言"(第 17 章);《金人铭》讲:"强梁者不得其死,好胜者必遇其敌","夫江河长百谷者,以其卑下也",《老子》即有:"强梁者不得其死,吾将以为教父"(第 42 章)"江海之所以能为百谷王者,以其善下之,故能为百谷王"等。其次,还有关于害中求利的思想,关于把祸乱消灭于萌芽状态的思想,关于"民怨其上"的思想,关于"人皆取彼,我独守此"的思想,关于天人关系的思想,关于藏智不露的思想等等,几乎《金人铭》中所包含的一系列基本思想甚至每一句话,都在《老子》中得到了继承和发挥;或者说,《老子》的许多重要思想,大都可以从《金人铭》中找到原始形态。

另外,《老子》对《周易》《尚书》《国语》《左传》等作品中的有关思想,也都有明显的继承和发挥。如《周易》中矛盾转化的思想、柔弱变刚强的思想,《尚书》《国语》《左传》中的"尚柔"思想、"恶盈"思想、"去欲崇俭"思想、"无为"思想、"顺乎自然"思想,以及辩证法思想等。其中提倡柔弱、忍让思想的如《尚书·皋陶谟》的"柔而立",《国语·周语》的"让,文之材也",《说苑》的"金刚则折,革刚则裂。人君刚国家灭,人臣刚则交友绝";讲"恶盈"的如《左传·哀公十一年》的"盈必毁,天之道也",《虞书·大禹谟》的"汝维不矜,天下莫与汝争能。汝惟不伐,天下其与汝争功";讲"去欲崇俭"的如《国语·周语》的"今夫二子(指季、孟)者俭,其能足用矣，用足，则族可以庇；二子（指叔孙、东门）者侈，侈则恤匮，匮而不恤，忧必及之"；讲"无为"的如《诗经·兔爰》的"我生之初尚无为，我生之后逢此百罹"，《国语·周语》的"公子亲筮之，曰：'尚有晋国'，得贞《屯》、侮《豫》，皆八也。筮占之，皆曰：不吉，闭而不通，爻无为也"；讲"顺乎自然"的如《国语·楚语》载太子晋曰："皆黄炎之后也，唯不帅天地之度，不顾四时之序，不度顺四时之义，不仪生物之则，以殄灭无胤，至于今不祀"、《楚语》的"进退周旋，唯道是从"等。

从以上《老子》与这些古籍间存在的大量近似之处可以看出，《老子》一书很可能借鉴了我国春秋末年以前众多的先哲思想，堪称从上古到春秋末年我国哲学思想发展的集大成[①]。同时，我们也要看到，《老子》对这些典籍内容的继承，具有很强的倾向性，总是重点吸收那些具有母性特征的内容，如"尚柔""守慈""崇俭""谦下""无为"等，因而使《老子》管理思想体现出明显的母性特色。

4.2.2.3　老子管理思想具有鲜明的"重母"特色

老子"重母"是个不争的事实，首先就体现在他对"道"为"天下母"地位的强调。他说："有物混成，先天地生。寂兮寥兮，独立不改，周行而不殆，可以为天下母。"（第 25 章）又说："天下有始，以为天下母。既得其母，以知其子。既知其子，复守其母，没身不殆。"（第 52 章）可见，"道"是以天地万物"母亲"的身份存在的，她虽然不可捉摸，难以用语言来表达，但她化生万物、抚育万物的"母亲"形象却是鲜明突出：它先天地而生，化生万物，但又"生而不有，为而不恃，长而不宰"（第 51 章），体现了胸怀博大、崇高无私的伟大母爱。

其次，老子还把"道"比作女阴（"玄牝"）和女性生殖神（"谷神"），借以比喻"道"的"母性"特质。他说："谷神不死是谓玄牝，玄牝之门是谓天地根，绵绵若存，用之不勤。"（第 6 章）这里的"玄牝"和"谷神"，即被多数学者认为是女性的象征。"谷神"，表层含义为溪谷之神，萧兵先生认为谷神是女阴的象征，可与另一女阴意象"玄牝"相互转化。他说："在

《老子》书中，它们与'象帝''天地根''天地母'等构成了一组体现繁殖崇拜、女性崇拜的意象群[①]。陈攀（1934）对"谷"的解释是："人类中有女阴，而天地万物也莫不有女阴，其中山谷就是这象征之一。"[②]原始文化史学家们都承认，"山谷"往往代表女性及其生殖器官。弗洛伊德即说："山谷常常是女性的象征。"[③]周予同先生指出，中国古代民族也离不开繁殖信仰和生殖器崇拜，而以山川、丘陵、溪谷等为其物化形式，"他以人间的生殖方法来比拟宇宙的生殖，于是以天、太阳、山、丘陵为男性的性器官，以地、月亮、川、溪谷为女性的性器官，而加以崇拜，于是产生了祭天地、祭日月、祭山川等仪式。"[④]

而"玄牝"则是女性生殖器的象征，郭沫若即指出：甲骨文中"牝""姒"等都是指代母性、女性的词汇，它的主干部分"匕"字，指的就是女子生殖器[⑤]。张松如在注释"谷神不死，是谓玄牝"一句时也说："'牝'或'匕'是女阴之象形字。'玄牝'是象征着幽远深妙的，看不见的、生产天地万物的生殖器官"[⑥]。吕思勉（1934）即解释"玄牝"为："玄者，深远之意。牝，犹后世言女，言母，物之所由生，宇宙之所由生，故曰玄牝。"

可见，老子用"玄牝"和"谷神"来形容"道"，重点就是为了强调"道"化生万物的重要作用，是"道"之为"道"的首要特质。荷兰学者高罗佩（1990）甚至认为"玄牝""谷神"等概念，正是后期道家术语中"子宫""阴门"等词的原意，对道教思想发展影响深远。他说："母亲的形象在后期道教中亦随处可见。它既表现在神秘的'万物之母'上，也表现在有形的肉体上。道教文献中的神秘术语如'幽谷'和'玄关'，在道家讲房事和方术的书中恰为'子宫'和'阴门'原意。"[⑦]

由以上分析可知，"母亲"特征是老子管理思想的核心特征，《老子》一

① 萧兵，叶舒宪. 老子的文化解读[M]. 武汉：湖北人民出版社，1994：561.

② 萧兵，叶舒宪. 老子的文化解读[M]. 武汉：湖北人民出版社，1994：603.

③ [奥]弗洛尹德，梦的解析[M]. 台北：志文出版社，1973：295.

④ 周予同. "孝"与"生殖崇拜"[C]//周予同经学史论著选选集.上海：上海人民出版社，1993：86.

⑤ 郭沫若. 甲骨文字研究释祖妣[M]. 大东书局，1931：10.

⑥ 张松如. 老子校读（第一册）[M]. 北京：人民出版社1962：249.

⑦ 高罗佩. 中国古代房内考[M]. 上海：上海人民出版社，1990：10.

书中的众多特质，都是围绕这一核心特征展开的，用"母亲"一词来指代老子之"道"是最为贴切、形象的。

4.2.2.4　老子管理思想在思维方式上具有明显的"母性"倾向

《老子》一书中，存在着大量两两相对的概念，如强—弱、刚—柔、高—下、有—无、奢—俭、动—静、轻—重、正—反、先—后、争—不争等，有人认为大约有 40 多对。但在这些相互对立的范畴中，老子的选择带有明显的倾向性，比如：

重雌轻雄："知其雄，守其雌，为天下溪"（第 28 章）、"天门开阖，能为雌乎"（第 10 章）；

重静轻躁："重为轻根，静为躁君"（第 26 章）、"静胜躁，寒胜热。清静为天下正"（第 45 章）；

重柔轻刚："柔弱胜刚强"（第 37 章）、"天下之至柔，驰骋天下之至坚"（第 43 章），等等。

与其同时代的其他学派相比，老子思想显示出明显的"阴性""女性"或"母性"特色。

朱晓鹏（1999）即认为，与儒家尚右贵尊、推崇积极的事功、追求独占统治地位的倾向相反，老子尚左贵贱、推崇防御、阴柔、非功利，追求无为的境界，具有很强的女性特征。他说："与《易传》所追求的'天行健，君子以自强不息'的阳刚之美和孔子所说的'中和之美'相比，《老子》更强调'阴'与'柔'的涵盖性与容忍力，倡导守雌贵虚的阴柔之美，从而使老子哲学富有阴性的色调，笼罩着一片女性的雾霭。"[1]陈鼓应和白奚（2001）也认为："老子激烈地反对父权制的意识形态，提出了一套以崇尚阴柔为基调的哲学理论，与崇尚阳刚的正统意识形态相对抗，这种哲学上的对抗后来就表现为儒道两家的分歧。"[2]因此说，"阴性"或"母性"特质，是老子管理思想区别于其他流派的关键特征。

而且，老子本人也明确承认了这一点，他认为他与众人的最大区别就在

---

[1] 朱晓鹏. 智者的沉思：老子哲学思想研究[M]. 杭州：杭州大学出版社，1999：41.

[2] 陈鼓应，白奚. 老子评传[M]. 南京：南京大学出版社，2001：71.

于"贵食母"。他说:"俗人昭昭,我独昏昏;俗人察察,我独闷闷。众人皆有以,而我独顽且鄙。我独异于人,而贵食母。"(第20章)

关于"贵食母"的解释,历来有多种看法,关键就在于对"食"字的理解上。有人认为"食"为动词,是"养"的意思,"食母"就是"食于母",即"用道来滋养自己";也有人认为"食"是"用"的意思,"食母"就是使用道、利用道的意思①。本人比较倾向于第一种用法,但解释上又与其略有不同。本人认为,这句话应与前句对照着看。老子说"我独异于人,而贵食母",是说我与其他人有所不同,我"贵食母",那么别人"贵"什么呢,显然应该是"贵食父"。"食母"(即"食于母")应该是取食于母的意思,也就是指从"母"那里获得滋养,向"母"学习,以"母"为标准的意思;而其他人则"贵食父",即向"父"学习,以"父"为标准,从而代表了两种不同的思维倾向。如果这样理解,也就容易明白为什么老子在本句话之前说了诸如:"众人熙熙……我独泊兮,……众人皆有余,而我独若遗。俗人昭昭,我独昏昏。俗人察察,我独闷闷……众人皆有以,而我独顽且鄙"这大段话了。老子无非是想表白,众人都以"父亲"阳刚有为的标准行事,而唯独他以"母亲"阴柔无为的标准行事。可见,"贵食母"是老子管理思想的典型思维特征。

之前,很多学者也看到了老子思想的这种鲜明的"母性"倾向。程礼伟即指出:"老子与其他人在思想上的最大区别就是'贵食母',即崇尚'母亲'之道。《老子》哲学思想体系的总特征'贵柔''无为',以及其中所包含的深刻的辩证法思想,都受到女性智慧的启迪,有着女性处世哲学的明显影响,是与女性认识方法的特征具有相似之处的。"②台湾学者吴怡先生也说:"中国哲学上有两本运用女性之德的经典之作,一本是易经,一本是老子。易经只用了一半,而老子彻头彻尾都是女人哲学。"因为老子"讲母,讲婴儿,讲玄化,讲水,讲柔弱,讲慈,讲俭,可说无一不与女人有关。"③牟钟鉴先生则指出:"老子是自觉意识到男性智慧的弱点和重新发现女性智慧和品德

① 张忆. 老子白话今译[M]. 北京: 中国书店, 1992: 40.
② 程伟礼. 《老子》与中国"女性哲学"[J]. 上海: 复旦学报(社会科学版), 1988(2).
③ 程伟礼. 《老子》与中国"女性哲学"[J]. 上海: 复旦学报(社会科学版), 1988(2).

的伟大作用的第一位哲学家。他正是由于着重提炼和发挥了女性之德，才形成了具有鲜明个性的主阴哲学，创立了贵柔守雌的道家辩证法体系，对中国哲学的发展，做出了特殊贡献。"①

为什么老子思想会有强烈的"重母"特色呢？陈鼓应和白奚（2001）认为，古代希腊在进入奴隶制社会以后，原始民族时代的制度、习俗、观念等得到了比较彻底的清除；而在古代中国，由于进入阶级社会是以一种比较温和的方式完成的，因而这些旧有的观念制度等就得到了较多的保留，成为古代中国意识形态的重要组成部分，并由此形成了中国古代文化的鲜明特色。老子哲学的这种崇尚阴柔的基调，从社会意识的角度来看，乃是对当时男性中心文化中阳尊阴卑的价值体系的反动，表现了老子对母系氏族社会的价值观念的留恋与向往。在老子的心目中，当时的男性中心文化所倡导的社会秩序和伦理道德观念正是世风衰薄的产物和表现，而逝去的女性轴心时代才是人类历史上的黄金时期。因而，老子激烈地反对父权制的意识形态，提出了一套以崇尚阴柔为基调的哲学理论，与崇尚阳刚的正统意识形态相对抗，这种哲学上的对抗后来就表现为儒道两家的分歧②。

世界上其他古代文明，在由母系氏族社会向父系氏族社会过渡的过程中，母系氏族社会的文明几乎都被抛弃了，而唯有中华民族由于老子的贡献，把古代母系氏族社会的部分经典思想以著作的形式保存下来，这是极其珍贵的。他让我们这些长期生活在父权文化中的人们，可以用一种独特的视角来思考和认识这个世界，从而得出更为全面客观的判断。

4.3　用"母亲管理"概括老子管理思想的意义

从以上分析可知，老子管理思想是对我国母系氏族社会管理思想的继承和发扬，无论从内容上还是思维方式上都具有典型的母性特征。因此说，用"母亲管理"概括老子管理思想是非常恰当的。而且，用"母亲管理"来概括老子管理思想本质，还具有重要的理论和现实意义：

---

① 牟钟鉴. 道教通论——兼论道家学说[M]. 济南：齐鲁书社，1993：162.
② 陈鼓应，白奚. 老子评传[M]. 南京：南京大学出版社，2001：27-34.

首先，用"母亲管理"概括老子管理思想，相对其他几种概括方式，更能体现老子管理思想的全貌。老子管理思想是中国古代管理思想的精华，其"无为而治"的管理理念更是古今中外管理者们共同追求的理想目标。但长期以来，由于对老子管理思想本质的认识存在重大分歧，给人们准确认识老子管理思想造成了一定困难。用"母亲管理"概括老子管理思想，具有广泛的包容性，"柔性管理""水性管理""朴治管理""道治管理"等概念中所体现出的众多管理特征，都可以在"母亲管理"中得到体现，具有较强的整合作用，便于人们对老子管理思想有一个比较全面、准确地把握。

其次，用"母亲管理"概括老子管理思想，可以使老子管理思想变得更加形象直观，便于老子管理思想在现代管理中的学习和应用。任何理论研究的目的，归根结底都是为了实践，我们对老子管理思想的研究，也是为了便于现代管理者的借鉴和应用。以往对老子管理思想的研究不可谓不多，大家对老子管理思想的评价不可谓不高，但为什么在现代企业管理实践中，却很难看到能够熟练运用老子管理思想的案例呢？本人认为一个非常重要的原因，就是人们对老子管理思想本质的认识还很不准确，以往"柔性管理""水性管理""朴治管理""道治管理"等的概括，仍然比较抽象，无法改变人们对老子管理思想固有的玄妙高深的印象。

用"母亲管理"概括老子管理思想，可以在一定程度上缓解这种局面。因为大家对"母亲"概念的认识都非常清晰，一提到"母亲管理"，自然就想到要像母亲管理家庭一样管理企业，像对待儿女一样对待员工，像对待邻里一样对待合作者。这样，即使管理者对老子管理思想不太熟悉，也可以基本上把握老子管理思想的精髓，从而在实践中加以运用。况且，用"母亲管理"概括老子管理思想，可以把那些原本抽象的词汇，如"贵柔""守慈""无为""谦下""不争"等，同母亲的具体形象联系起来，可以使我们更加准确地把握老子管理思想，从而给老子管理思想在现代管理中的应用带来便利。

另外，本书之所以用"母亲管理"，而不用"女性管理"来定义老子管理思想，是因为"母亲"比"女性"一词的内涵更为丰富，"女性管理"只涵盖了老子管理手段中"柔弱、守静"等女性特征，而不能体现母亲所特有的"慈爱、节俭、不争"等独特个性。用"母亲管理"概括老子管理思想，比"女性管理"更为贴切和准确。而之所以用"母亲管理"而不用"母性管理"，是因为"母性"一词仍然比较抽象，而"母亲"一词则显得更加形象和直观。

第5章 老子母亲管理思想体系的重构

前面，我们对为什么用"母亲管理"概括老子管理思想进行了阐述。接下来，我们就以"母亲管理"概念为线索，对老子管理思想体系进行重新建构，以便能够对老子管理思想有一个整体认识。

5.1 老子管理思想范畴的重新梳理

在综述中，我们对当前学者对老子管理思想范畴的研究情况进行了简要回顾，从中可以看出，前人对老子管理范畴虽然有了一定的研究，但仍然存在很大不确定性，每个人讨论的内容和名称都不尽相同，因此很容易造成对老子管理思想认识的混乱。为了能够对老子管理思想范畴有一个比较完整准确的把握，本人在借鉴前人研究成果的基础上，对老子管理思想的基本范畴进行了重新梳理和归纳。

整个梳理工作共分两步进行：

第一步，对《老子》81 章的全部内容进行逐一整理，把各章中的重点内容进行初步归纳，并尽量用原句中有代表性的词汇加以概括，没有现成词汇的，则在这段话的基础上找一个或几个比较合适的词汇进行概括。一章中有几层含义，就概括为几个具有代表性的词汇。

如第 1 章："道可道，非常道。名可名，非常名。无名天地之始，有名万物之母。故常无，欲以观其妙。常有，欲以观其徼。此两者同出而异名，同谓之玄。玄之又玄，众妙之门。"本章不管是"有、无"还是"有名、无名"，都是在讲"道"，因此本章的主要内容就可以概括为"道"，以此作为本章的核心词汇。

第 2 章："是以圣人处无为之事，行不言之教。万物作而弗始，生而弗有，为而弗恃，功成而弗居。夫唯弗居，是以不去"。本章的文字共有两层含义，前一句"是以圣人处无为之事，行不言之教"主要是讲"无为"；后一句"万物作而弗始，生而弗有，为而弗恃，功成而弗居。夫唯弗居，是以不去"，主要讲"不争"。因此，第 2 章的内容就可以概括为"无为""不争"两个概念。

通过这种方式，本人将《老子》全书各章的内容分别进行了归纳（详见附录：《老子（道德经）》管理范畴梳理），并将重复的概念进行了合并，统计出该词出现的频次（注：此处的"频次"为该项内容在各章中出现的频次，而非该词出现的频次）。通过这种方式，共得出如下一些词汇：

不争（15 次）、道（14 次）、无为（14 次）、尚朴（13 次）、柔弱（7 次）、守静（7 次）、无私（7 次）、知止（5 次）、自然（5 次）、德（4 次）、重母（4 次）、慈爱（3 次）、非兵（3 次）、无知（3 次）、知足（3 次）、崇俭（2 次）、婴儿（2 次）、不仁（1 次）、不盈（1 次）、谦下（1 次）、守一（1 次）、守中（1 次）、守重（1 次）、为雌（1 次）、为实（1 次）、无（1 次）、无事（1 次）、无欲（1 次）。

这些词汇共有 28 个，代表了《老子》一书的主要内容。也就是说，通过这 28 个词汇，基本上就可以把握老子管理思想的全貌了。

第二步，对上述词汇做进一步的合并近似项，以便能够更加简洁地把握老子管理思想。

上一步的归纳，虽然对各章内容有了比较全面的概括，但由于词汇量较多，对老子管理思想的把握仍然很不方便。在这些词汇中，有些词虽然文字上有所不同，但深层含义却比较相近，就可以用一个较有代表性和概括性的词汇加以统一，从而减少词汇的数量。比如，"重母""守一""无"等词汇，都是从不同角度对"道"的描述，就可以统一合并为"道"；而"尚朴""婴儿""为实"等词汇都代表事物的最初状态，与"自然"概念比较接近，就可以统一归为"自然"；"无私""无欲""谦下"等词汇与"不争"含义比较相近，就统一归为"不争"；"无知""无事""守中"等词汇均体现出"无为"的思想，就合并为"无为"；"知足""不盈"等与"知止"有关的词汇，就统一合并为"知止";"非兵""不仁"均有"慈爱"的意思,就合并为"慈爱";"为雌""守重"与"守静"的思想比较接近,就合并为"守静"(合并结果如下表所示)。

表 5.1　老子管理思想的基本范畴

主要范畴及频次	代表范畴及频次	合并后主要范畴及频次
道(14 次)	重母(4 次)守一(1 次)无(1 次)	道(20 次)
德(4 次)	德(4 次)	德(4 次)
自然(5 次)	尚朴(13 次)婴儿(2 次)为实(1 次)	自然(21 次)
无为(14 次)	无知(3 次)无事(1 次)守中(1 次)	无为(19 次)
不争(15 次)	无私(7 次)无欲(1 次)谦下(1 次)	不争(24 次)
慈爱(3 次)	非兵(3 次)不仁(1 次)	慈爱(7 次)
柔弱(7 次)	柔弱(7 次)	柔弱(7 次)
守静(7 次)	为雌(1 次)守重(1 次)	守静(9 次)
知止(5 次)	知足(3 次)不盈(1 次)	知止(9 次)
崇俭(2 次)	崇俭(2 次)	崇俭(2 次)

这样,第一步归纳出的 28 个的词汇,就被合并为了 10 个基本范畴,即:道、德、自然、无为、不争、知止、守静、柔弱、慈爱、崇俭。这样的概括虽然有个别词汇可能值得推敲,但总体上还是比较可行的。我们通过这 10 个基本范畴,再来认识老子管理思想就比较容易了。

5.2　老子管理思想不同范畴之间的关系

通过对《老子》一书主要范畴的整理,可以看出,《老子》全书的众多范畴,都是围绕"道"而展开的,根据描述角度的不同,大致可以分为三类:

一类是对"道"从本体意义上的描述,如"一""无""母"等,主要说明"道"是什么;另一类是对"道"外在表现的描述,如"守静""重反""无为""谦下""柔弱""无私"等,主要说明"道"的外在特征,即"道"是什么样;再一类是对"道"在人类社会中应用方面的描述,如"非兵""知止""慈爱""崇俭""无为""不争"等,是天地万物和人类遵循"道"进行活动的标准。

不难看出，这三类范畴之间存在着明显的递进关系，老子先从论述"道"的内在属性开始，说明"道"是什么；然后再讲"道"具有哪些外在特征，以彰显"道"的崇高德行；之后，再讲"道"为天下母，万物和人类都应该效法"道"，按"道"的标准和规范来运行。

如果我们把上述有关"道"的自身基本属性的部分，称为"本体属性"；把"道"外显出来的属性或"德行"定义为"外在属性"；把人类应该遵守的"道"的规范称为"应用属性"。那么，我们就可以将这三者之间的关系用下图加以表示：

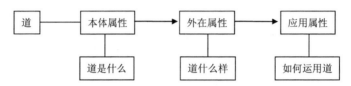

图5.1 老子管理思想范畴的逻辑关系

因为宇宙万物和人类都要按照"道"的"外在属性"行事，所以宇宙万物及人类所遵循的"道"的"应用属性"，也就是"道"的"外在属性"的延伸。也就是说，"道"的"应用属性"与"外在属性"应该是相同的，"道"的"应用属性"是对其"外在属性"的复写。这样，我们就可以把"道"的"外在属性"和"应用属性"进行合并，相对于"本体属性"（"内在属性"）而言统一称为"道"的"外显属性"，也就是老子所说的"德"的全部内容（详见本书第7章的介绍）。因此我们又可以把"道"分为两类，一类是标志宇宙本原的"道"，即"本体之道"；另一类是反映"道"的外在属性的"道"，即"外显之道"（即"德"）。于是，上图就可以重新表述为：

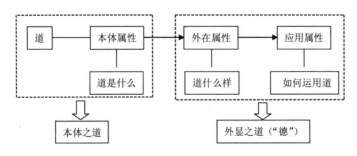

图5.2 老子管理思想主体结构

由此，我们可以看出，《老子》全书所要阐述的全部内容，无非就是"道"与"德"的关系问题。

关于"道"与"德"的关系，一般都认为是一种"体"与"用"的关系。即认为"道"是主体，"德"是"道"的外在属性。如陈鼓应即认为："形而上的'道'，落实到物界，作用于人生，便可称它为'德'。'道'和'德'的关系是二而一的，老子以体和用的发展说明'道'和'德'的关系；'德'是'道'的作用，也是'道'的显现。"①"道"与"德"的关系可以用下图表示：

图 5.3　"道"与"德"的直接关系

而根据老子"人法地，地法天，天法道，道法自然"（第 25 章），以及"道之尊，德之贵，夫莫之命而常自然"（第 51 章）的说法，"道"和"德"最根本的属性就是"自然"。也就是说，"道"的外在属性（即"德"）不论表现出多少种特性，如"不争""无为""柔弱"等，都可以概括为"道"的"自然"属性。

需要指出的是，这里的"自然"，并非现代意义上"自然界"的自然，而是指"自然而然"，即事物的本来面貌。如陈鼓应在解释"百姓皆谓：我自然"时，即将"自然"解释为"自己如此"。冯友兰在解释"道法自然"时也指出："这并不是说，于道之上，还有一个'自然'，为'道'所取法。……'自然'只是形容'道'生万物的无目的、无意识的程序。"②也就是说，"道"的根本属性就是"自然而然"，即让事物按照其自身的规律自由发展，而不强作外界的干涉，这就是所谓的"无为"。而陈鼓应对"无为"的解释即为"不干扰；不妄为"③。因此说，"自然"与"无为"是一对平等的概念，"自然"就意味着"无为"。张岱年先生即持这样的观点，他说："无为的学说，

---

① 陈鼓应.老子今注今译[M]. 北京：商务印书馆，2003：34.

② 陈鼓应.老子今注今译[M]. 北京：商务印书馆，2003：142、173.

③ 陈鼓应.老子今注今译[M]. 北京：商务印书馆，2003：82.

发自老子。'无为'即自然之意。"（同上）这样，我们就可以把"道""德"与"自然""无为"的关系表示为：

图 5.4 "道"、"德"与"自然"、"无为"的关系

"道"外显为"德"，"德"通过各种属性反映"道"的德行，这些德行最终都归结为效法"自然"，让万物按照自身的规律，自然而然地发展，而不去妄加干涉。

在老子以前，很少有人将"自然"作为单独的管理概念提出来。但在老子管理思想中，"自然"却是一个非常重要的概念。潘乃樾在《老子与现代管理》中即指出："在《老子》中，它（'自然'）出现了 5 次，出现的频率虽低，但极有权威性。'道法自然'，就是这种权威性的典型表述。"①老子提出"自然"这个概念，主要是为了论证"无为"的必然性。老子指出："道之尊，德之贵，夫莫之命而常自然"。"道"之所以被尊崇，"德"之所以被珍爱，就在于它对万物从不发号施令，让万物自然发展，而不妄加干涉。

老子认为，既然"道"与"德"对万物的管理都是"自然无为"的，那么人世间的管理者也应该如此。他说："是以圣人欲不欲，不贵难得之货。学不学，复众人之所过，以辅万物之自然而不敢为。"（第 64 章）人世间的统治者（即"圣人"）也应该效法"道"的这种"自然无为"品格，辅助万物按照自身的规律自由发展，而不加干预，这就是"无为"的管理方式。而"无为"的结果就体现为"无为，而无不为"（第 37 章），也就是我们通常所说的"无为而治"。在这里，"无为"是管理的手段，"无不为"（即"无为而治"）便是管理的结果。

从上一节对老子管理思想范畴的梳理中可以看出，最终得出的基本范畴中，除了"道""德"和"自然"之外，还剩下"柔弱、慈爱、守静、无为、崇俭、知止、不争"7 个范畴。这 7 个范畴便是"道"在管理上所体现出的基本规范，也就是"德"。把这 7 个基本范畴代入上图中"德"的部分后，

---

① 潘乃樾. 老子与现代管理[M]. 北京：中国经济出版社，1996：15.

我们便可以得出一个老子管理思想主要范畴之间的关系图：

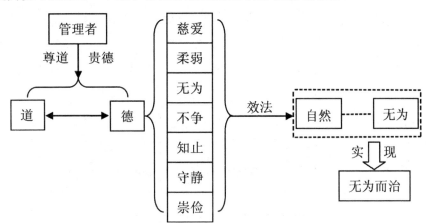

图 5.5　老子管理思想主要范畴详细关系图

整个关系可以表述为：管理者"尊道而贵德"，效法"自然"，遵循"无为"的原则，采取"慈爱""柔弱""无为""不争""知止""守静""崇俭"等方式对被管理者进行管理，最终实现"无为而治"的管理目标。这便是老子管理思想体系的主体架构。

5.3　以"母亲管理"为核心对老子管理思想体系的重构

通过以上分析可知，老子管理思想有一个非常清晰的思维脉络："道"是天地万物共同的"母亲"，她遵循"自然"原则，采取"慈爱""无为""不争"等方式（可统称为"无为"的方式）对万物进行管理，最终达到"无为而无不为"（即"无为而治"）的管理结果；人世间的管理者也应像"道"一样，依据"道"的管理方式对被管理者进行管理，最终实现与"道"相同的管理效果。

由此可以看出，老子整个管理思想大体由三个部分组成，即：（1）管理之"道"，即"管理哲学"，体现为"道法自然"；（2）管理之"德"，即"管理规范"，体现为"慈爱""柔弱""无为""不争""守静""知止""崇俭"等；（3）管理之"治"，即"管理目标"，体现为"无为而治"。

通过前一章的论述我们知道，老子管理思想与其他流派的最大区别就是具有典型"母性"特色，希望通过"慈爱""柔弱""无为""不争"等具有"母性"特征的特殊方式进行管理，因此可以称为"母亲管理"。这样，我们便可以从"母亲管理"的角度，把老子之"道"称为"母亲管理之道"，老子之"德"称为"母亲管理之德"，老子之"治"可以称为"母亲管理之治"，从而构建出一个全新的"老子母亲管理思想体系"。见下图：

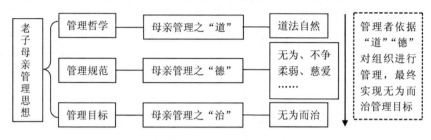

图 5.6 老子母亲管理思想体系

因此可以看出，所谓"老子母亲管理思想"就是管理者遵循"道法自然"的管理原则（"管理哲学"），按照"慈爱""柔弱""无为""不争"等管理规范对被管理者进行管理，最终实现"无为而治"管理目标的一整套管理思想体系。这样一来，老子管理思想的体系和脉络就非常清楚了。

5.4 对老子母亲管理思想体系进行重构的意义

以上，通过层层推导，我们把原本看似杂乱的老子管理思想，以"母亲管理"概念为核心，梳理和建构出一个非常清晰完整的管理思想体系，这对我们学习掌握和运用老子管理思想，具有重要的理论和现实意义：

首先，老子母亲管理思想体系的建立，有利于人们对老子管理思想有一个整体的清晰把握。

《老子》一书一向被认为是中国古代非常难懂的一部经典著作，历史上一直被列为"三玄"（《易经》《道德经（老子）》《南华经（庄子）》）之一。《易经》为群经之首，一向以神秘诡异著称。《道德经（老子）》紧随其后，语句同样古奥难懂，很多思想甚至直接源于《易经》。司马迁即认为《道德经》是《易经》的注释，他说："一部老子《道德经》乃《易经》之注文"，并说它"著书辞称微妙难识"①。可见，即便在古代，人们都认为《道德经（老子）》是比较难懂的，更何况古文不太普及的今天？

老子母亲管理思想体系的建立，可以使人们比较清晰、简洁地了解老子管理思想精髓，而不用再重新字斟句酌地研究《老子》的每句话，为人们学习和认识老子管理思想提供了方便。

其次，老子母亲管理思想体系的建立，使人们能够清晰了解老子"无为而治"管理目标的实现路径，为老子管理思想在现代企业管理中的应用创造了条件。

老子管理思想一向被古今中外管理者们所推崇，但真正能够在现实中加以灵活运用，并产生良好效果的并不多。究其原因，不外以下三点：第一，老子管理思想的语言表述宽泛、缥缈，且与现实思维习惯差别较大，用常规思维很难理解，在应用中很容易出现偏差；第二，老子管理思想多数情况只提供了一种思考方向，并没有给出具体的应用方法，全靠管理者的领悟而定；第三，以往的应用者往往只是对老子管理思想中个别观念的零星运用，缺少系统性支撑，应用效果得不到有效保证。

通过老子母亲管理思想体系的建构，可以使人们明确意识到，老子管理思想是一个完整的思想体系，并不是零星思想的大杂烩，要想在应用中取得良好效果，必须系统地加以运用。老子母亲管理思想体系的建立，为现代企业系统、全面地运用老子管理思想提供了条件。

当然，要想更好地运用老子母亲管理思想指导现代企业管理，还必须对其具体组成部分进行详细的了解。以下几章便对老子母亲管理思想体系的重点范畴分别加以介绍。

---

① 司马迁. 史记·老子韩非列传[M]. 长沙：岳麓出版社，1988：498.

第6章 "道"：老子母亲管理思想的哲学基础

6.1 "道"的一般含义

"道"是我国古代哲学特有的概念，其本义是"道路"的意思，后来才逐渐引申为天地万物所必须遵循的轨道或规律。

中国很多古代文献中的"道"字，都单指"道路"，如：《说文》中即有"道，所行道也，一达谓之道"。《释名·释道》也有"道，蹈也；路，露也，言人所践蹈露见也"。殷周之际形成的《易经》也多是从这个意思上使用"道"字的，如《小畜》之初九爻"复自道"、《履》之九二爻"履道坦坦"、《复》之"反复其道"等皆是。

在金文中，"道"（䢔）为"行"中间夹一"首"字，"行"最初的含义是道路；"首"最初的含义为人头，也可以代表人。所以，"道"是取人行于路途之象，说明"道"本身就含有人们应遵循一定程式、法则做事的意思。从词源上说，在金文中，"道"有"导"的含义，表示沿着道路去引导。春秋时期，出现了"导"字。"导"的繁体是"導"，其上半部为"道"，下半部为"手"（古代，手、寸、又三字通用）。因此，"导"的含义是以手指道，取替别人指路之象，意指导、引导。在"导"字出现前，"导"的含义已潜在于"道"中；"导"字出现后，"导"的含义则直接、明确地赋于"道"中。所以，在该用"导"的地方，也常常用"道"来代替。如在《论语·为政》中有："道之以政""道之以德"，这个"道"字，实是"导"字。由此，就孕育了"道"具有法则、规律的内涵。到春秋时代，"道"已经开始具有抽象的规律义或法则义，出现了诸如"生民之道""存亡之道"等用法。

在《诗经》中，开始以"道"喻"理"。如"顾瞻周道，中心怛兮"（《桧·匪风》）从字面上看，是讲远望周朝的大道，心中伤悼悲痛。而其内涵，是作者痛恨西周统治者昏庸无能，从而心中"但兮"。又如"周道倭迟"（《鹿鸣之什·四牡》）从字面讲，是指周朝大路的迂回遥远，而作者的本义是用"道"来比拟周王朝的赋税繁重，没完没了。由此，"道"就自觉不自觉地与其本义相脱离了。

　　在《尚书》中，"道"已渗入了法则、好恶、正直等含义。如："皇天用训厥道"（《康王之诰》）"训"是顺的意思，是说上天应顺从先王的治理之道。这个"道"指的就是法则。又如"无有作好，遵王之道，无有作恶，遵王之路。无偏无党，王道荡荡；无党无偏，王道平平；无反无侧，王道正直。"（《洪范》）这是说：不要私心偏好，要遵照王道；不要为非作歹，要遵行正路。不营私结党，王道就宽广，不结党营私，王道就平易；不反不乱，不偏不倚，王道就正直。

　　至《左传》和《国语》时，则出现了"人之道"和"天之道"的概念。在《左传》中频繁地出现"忠信卑让之道""忧之道""取祸之道""存亡之道""乱之道""诬道""先人之道""危之道""忠之道""生民之道"等范畴，把现实的各种具体社会现象归诸"道"的高度来概括、说明。并把人类社会中个别的具体事物之道综合起来，从中抽象出具有一般意义的"道"称为"人之道"，如"天下有道""君无道""昭公无道"等；把自然规律与"道"融合，称为"天之道"，如"盈而荡，天之道也""盈必毁，天之道也"等。

　　近代学者谈及"道"，多用"规律"一词来概括，但单纯的"规律"二字并不足以涵盖"道"的全部含义。"规律"主要是对观察得出的客观事实的直接陈述，而"道"在作"道路"讲时却有极强的价值评判和导向的特征，它直接和相关领域内事物的行与不行相关，更多地表达了一种应然性：由其道、其事行，不由其道、其事不行。一切事物得其道则存，失其道则亡；尊其道则兴，不尊其道则废。所谓的行、不行、存、亡、兴、废，其实就是事物能否顺畅地"生"的问题，而这个"生"字，就是"道"的直接指向。

　　戴震说："道，犹行也，气化流行、生生不息，是故谓之道。《易》曰：'一阴一阳谓之道。'《洪范》：'五行，一曰水，二曰火，三曰木，四曰金，五曰土。'行亦道之通称。"又说："人道，人伦日用所行皆是也。在天地，则气化流行、生生不息，是谓道；在人物，则凡生生所有事，亦如气化之不可已，是谓道。"①天地有其道，故万物得以生长繁衍、世界得以生机勃勃；人要想各项事业进行得顺利完满，避免种种混乱和痛苦，也就必然要遵循人之道。

6.2 老子对"道"的界定

"道"是老子管理思想的核心概念，老子的全部思想都是围绕"道"而展开的，在老子管理思想体系中占有独特的重要地位。明代焦竑即说："《老子》，明道之书也"（[明]焦竑《老子翼序》）。陈鼓应先生也说："'道'是老子哲学的中心观念，他的整个哲学系统都是由他所预设的'道'而开展的。"②余元洲先生也认为："没有本体论，没有哲学家对于世界整体及通行于自然、社会、人生和思维领域客观总规律的基本认识，对于'如何办''如何做'的方法论解答就是无源之水、无本之木。老子本人深知这一点。所以，他在五千言中用了相当部分的篇幅，花了很大气力，借用各种各样的语言手段，以求揭示和阐明'道'为何物？是什么样子？'道'有何用？如何运用？"③

"道"字在《老子》一书中先后共出现过 70 多次，是一个内涵非常丰富的概念。历史上，世人对老子之"道"的理解非常复杂。詹剑峰先生曾这样概括历史上各流派对老子之"道"的种种理解：盖自东汉末年，张天师给老子穿上八卦衣，变老子的无神论为有神论；魏晋崇尚玄虚，王弼给老子戴上儒冠，把"道"搞成超越时间的理体（本无）；佛教东流，道安又给老子披上袈裟，把"道"释为超出言表、不可思议的真如（本无）；"五四"运动以来，又把老子打扮成穿燕尾服的洋绅士，有人认为老子的道是柏拉图的理念，有的说老子的道是康德的物自身，有的说老子的道是黑格尔的绝对精

---

① [清]戴震.孟子字义疏证[M]. 北京：中华书局，1961：21、43.

② 陈鼓应.老子今注今译[M]. 北京：商务印书馆，2003：23.

③ 余元洲.老子新编[M]. 北京：新华出版社，2007.

神①。新中国成立以来，又在这些理解的基础上，加入了老子之"道"是唯物唯心的争论。正因为这些观念的存在，也越发加深了"道"的神秘色彩。因此，要想了解老子之"道"的原貌，最好还是回到《老子》原书中寻找答案。

世人对老子之"道"的理解和认识虽多，但根据本人对通行本《老子》的检索，"道"的主要用法不外以下三种：

第一种，作名词用，意为"本体"，即天地万物之母，如"有物混成，先天地生。寂兮寥兮，独立而不改，周行而不殆，可以为天下母，吾不知其名，强字之曰道，强为之名曰大"（第 25 章）；又如"道生一，一生二，二生三，三生万物"（第 42 章）。这里的"道"即为化生天地万物的本体，它是一个浑然而成的东西，在天地还没有形成以前就已存在，既没有声音，也没有形体，却超越万物而永久不变，无时无地不在运动。它创造天地万物，是天下一切的总根源。因为不知道它的名字，勉强叫它"道"，并给它起个字叫"大"。

可见，"道"是天地万物之母，它"先天地生"，无声无形、超然万物；它"独立不改"，生生不息、无所不在；它"周行而不殆"——博通圆融、玄机无限。老子在描述"道"的特征时又说："视之不见，名曰夷；听之不闻，名曰希；搏之不得，名曰微。此三者不可致诘，故混而为一。其上不曒，其下不昧，绳绳兮不可名，复归于无物。是谓无状之状，无物之象，是谓恍惚。"（第 14 章）意思是说：看不见它叫"夷"，听不到它叫"希"，摸不着它叫"微"。这三者是无法穷其原委的，实在是混沌为一体的。它上面不显光亮，下面也不显阴暗，渺茫茫，不可言状，只好把它归之于无物。这种没有固定形状、又不能用任何形象来比拟的状态，叫作"恍惚"。

老子用"视之不见""听之不闻""搏之不得"来描述"道"的外在特征，说明它是我们感官所无从认识的，它超越了人类一切感觉知觉的作用。它是无色、无音、无形、无声、无质、无量、没有明确的形体、又无法加以名状的。但它却并非虚空、一无所有，而是混沌的原始物质。对此，老子说："道

---

① 詹剑峰. 老子其人其书及其道论[M]. 武汉：湖北人民出版社，1982.

之为物，惟恍惟惚。惚兮恍兮，其中有象；恍兮惚兮，其中有物。窈兮冥兮，其中有精。其精甚真，其中有信。"（第 21 章）这是说："道"这个东西，说它是无又似乎有，说它是实又似乎虚，非有非无，亦虚亦实，若有若无，不可辨认，是恍恍惚惚。而在恍惚之中，它又具备了宇宙形象，涵盖了天地万物。它深远而昏暗，可其中却具有一切生命物质的原理和原质。"其中有象""其中有物""其中有精""其中有信"，这一切说明，"道"又是一个实有的存在体。

第二种，也作名词用，意为"规律"或"原则"，如"功遂身退，天之道也"（第 9 章）；"物壮则老，是谓不道，不道早已"（第 31 章）。《老子》一书中"道"的这种用法是最多的。如"道之出口，淡乎其无味，视之不足见，听之不足闻，用之不足既。"（第 35 章）是说："道"用言语表示出来，是淡而无味的；它没有形体，看也看不到：它没有声音，听也听不到。但是，如果遵循它的原则来运用，却永远用之不尽。这里所说的"道"，很明显的不是宇宙本原之"道"，而是指客观规律。对于宇宙本体之道，老子认为是不可言说的，"道可道，非常道"。然而，这里所讲的"道"，是可以"出口"的"可道"之"道"，又是"可用"的"用之不足既"之"道"。他认为，人们只要掌握了这个客观规律之"道"，并按其做事，就会取得成功。

老子关于客观规律之"道"的论述，有时是指事物发展的普遍规律，如"反者道之动，弱者道之用"（第 40 章）：有时又指事物发展的具体规律，如"天之道，损有余而补不足；人之道，则不然，损不足以奉有余。"（第 77 章）天之道，是减少有余的，用来弥补不足的，从而和谐完满；但人是有私有欲的，所以人之道与天之道常相反而行，人之道往往是剥夺不足的人以供给有余的人。在这里，"天之道"与"人之道"，指的就是具体规律。

第三种，是作动词用，只出现过一次，即《老子》第 1 章"道可道，非常道"中第二个"道"字的用法，主要是"言说"的意思。

下面就把老子之"道"的这几种用法，用表格的方式做一下总结：

表6.1　老子之"道"的主要用法汇总

道的用法	《老子》中的原句	属性
	23. 故从事于道[1]者，同于道[2]。德者同于德。失者同于失。同于道[2]者，道[2]亦乐得之；同于德者，德亦乐得之；同于失者，失于乐得之。信不足焉，有不信焉。（2-本体）	"道"是什么
	25. 有物混成先天地生。寂兮寥兮独立不改，周行而不殆，可以为天下母。吾不知其名，强字之曰道。强为之名曰大。故道大、天大、地大、人亦大。域中有四大，而人居其一焉。人法地，地法天，天法道，道法自然。（本体）	
"本体"之道	1. 道[1]可道[2]，非常道[1]。（1-本体）	"道"的内在属性
	4. 道冲，而用之或不盈。渊兮，似万物之宗。（本体）	
	8. 上善若水。水善利万物而不争，处众人之所恶，故几于道。（本体）	
	21. 孔德之容惟道是从。道之为物惟恍惟惚。惚兮恍兮其中有象。恍兮惚兮其中有物。窈兮冥兮其中有精。（本体）	
	32. 道常无名，朴。虽小，天下莫能臣也。侯王若能守之，万物将自宾。……譬道之在天下，犹川谷之于江海。（本体）	
	34. 大道泛兮，其可左右。万物恃之以生而不辞，功成而不有。衣养万物而不为主，常无欲可名于小。（本体）	
	35. 道之出口淡乎其无味。视之不足见。听之不足闻。用之不足既。（本体）	
	40. 反者道之动。弱者道之用。（本体）	
	41. 上士闻道[1]勤而行之。中士闻道[1]若存若亡。下士闻道[1]大笑。不笑不足以为道[1]。故建言有之：明道[1]若昧，进道[1]若退，夷道[1]若纇。……道[2]隐无名。夫唯道[2]善贷且成。（2-本体）	
	51. 道生之，德畜之，物形之，势成之。是以万物莫不尊道，而贵德。道之尊，德之贵，夫莫之命而常自然。故道生之，德畜之。（本体）	
"规律"之道	9. 功遂身退，天之道也。（规律）	"道"的外在属性
	14. 执古之道以御今之有。能知古始，是谓道纪。（规律）	
	15. 保此道者不欲盈。夫唯不盈故能蔽而新成。（规律）	
	16. 知常容，容乃公，公乃全，全乃天，天乃道，道乃久，没身不殆。（规律）	
	18. 大道废有仁义；慧智出有大伪；六亲不和有孝慈；国家昏乱有忠臣。（规律）	
	23. 故从事于道[1]者，同于道[2]。德者同于德。失者同于失。同于道[2]者，道[2]亦乐得之；同于德者，德亦乐得之；同于失者，失于乐得之。信不足焉，有不信焉。（1-规律）	
	24. 其在道也曰：余食赘形。物或恶之，故有道者不处。（规律）	
	30. 以道佐人主者，不以兵强天下。物壮则老，是谓不道，不道早已。（规律）	

续表

道的用法	《老子》中的原句	属性
"规律"之道	31. 夫佳兵者不祥之器，物或恶之，故有道者不处。（规律） 37. 道常无为，而无不为。侯王若能守之，万物将自化。（规律） 38. 故失道而后德。失德而后仁。失仁而后义。失义而后礼。夫礼者忠信之薄而乱之首。前识者，道之华而愚之始。（规律） 41. 上士闻道¹勤而行之。中士闻道¹若存若亡。下士闻道¹大笑之。不笑不足以为道¹。故建言有之：明道¹若昧，进道¹若退，夷道¹若纇。……道²隐无名。夫唯道²善贷且成。（1-规律） 46. 天下有道，却走马以粪。天下无道，戎马生于郊。（规律） 47. 不出户知天下。不窥牖见天道。（规律） 48. 为学日益，为道日损。（规律） 53. 使我介然有知，行于大道，唯施是畏。大道甚夷，而人好径。……是谓盗夸。非道也哉。（规律） 55. 物壮则老。谓之不道，不道早已。（规律） 59. 是谓深根固柢，长生久视之道。（规律） 60. 治大国若烹小鲜。以道莅天下，其鬼不神。（规律） 62. 道者万物之奥。善人之宝，不善人之所保。……虽有拱璧以先驷马，不如坐进此道。古之所以贵此道者何。不曰：求以得，有罪以免邪？故为天下贵。（规律） 65. 古之善为道者，非以明民，将以愚之。民之难治，以其智多。（规律） 67. 天下皆谓我道大似不肖。夫唯大故似不肖。若肖，久矣！其细也夫。（规律） 73. 天之道不争而善胜。不言而善应。不召而自来。（规律） 77. 天之道其犹张弓与。高者抑之，下者举之。有余者损之，不足者补之。天之道，损有余而补不足。人之道，则不然，损不足以奉有余。孰能有余以奉天下，唯有道者。 79. 天道无亲常与善人。（规律） 81. 天之道利而不害。圣人之道为而不争。（规律）	"道"的外在属性
"言说"之道	1. 道¹可道²，非常道¹。（2-言说）	

  《老子》一书中"道"的用法虽多，但归纳起来无非就是以上这三种，且以前两种用法为主。

  宇宙自然界经历了亿万年的发展，形成了一定的发展规律，这就是自然之"道"。如果人们能够认识并遵循这个"道"来行事，就会少走弯路，能够取得良好的成效，反之则会遭受"道"的惩罚。老子正是试图总结发现并阐释这个宇宙自然之"道"，并主张人们应循"道"而为，这样才能促进国家、社会和个人的发展，少犯或不犯错误。而这个"道"的基本原则和要求就是"无为""崇俭""慈爱""不争"等规范。"尊道"就是要严格按照这些基本原则和要求去生活、管理和做事。

6.3 老子之"道"的分类

以上，我们对《老子》一书中"道"的三种用法做了简单介绍，了解到，《老子》一书道的用法主要有作为名词使用的"本体"之道、"规律"之道和作为动词使用的"言说"之道三种用法。接下来，我们再对其作为名词使用的"道"进行一下详细的分类。

关于老子之"道"的分类，历史上也有很多不同的说法。据任继愈在《中国哲学发展史》中统计，老子的"道"在短短五千言中共出现过 74 次，其中关于"道"的重要表述就有 21 种。他认为，综观《老子》，"道"主要有五种含义：混沌未分的原始状态、自然界的运动、最原始的材料、肉眼看不见感官不能直接感知的东西以及事物规律。唐君毅先生在《中国哲学原论》中，曾经将老子之"道"细分为 6 种，即"虚理之道""形上道体""道相之道""同德之道""修德之道及其生活之道""为事物及心境人格状态之道"[①]。陈鼓应先生则将老子之"道"概括为"实存意义的'道'""规律性的'道'""生活准则的'道'"三种[②]。张松如在其《老子说解》中指出，《老子》中的"道"大体有两种意思："一、有时是指物质世界的实体，亦即宇宙本体；二、在更多场合下，是指支配物质世界或现实事物运动变化的普遍规律。"[③]潘澈认为："'道'在老子那里，区分为'天之道'与'人之道'，老子将二者并重。从逻辑上说，他的'人之道'从属于'天之道'，只有'天之道'才具有宇宙本体的意义。但从历史上说，他实际是基于'人之道'、围绕'人之道'去探究、阐释'天之道'的。"[④]

---

① 陈鼓应. 老子今注今译[M]. 北京：商务印书馆，2003：68.

② 陈鼓应. 老子今注今译[M]. 北京：商务印书馆，2003：23–34.

③ 张松如. 老子说解[M]. 济南：齐鲁书社，2003：6-7.

④ 潘澈. 论老子"道"的母性崇拜特质[J]. 长春：社会科学战线，2006（2）：306.

表 6.2 前人对老子之 "道" 的分类

代表人物	道的分类
唐君毅	虚理之道、形上道体、道相之道、同德之道、修德之道及其生活之道、为事物及心境人格状态之道
陈鼓应	实存意义的道、规律性的道、生活准则的道
张松如	宇宙本体、普遍规律
潘 澈	天之道、人之道

本人认为，老子之 "道" 的形态虽有不同，但根据我们前面总结出的 "道" 的两种基本用法，相应地可以分为两类，即 "本体之道" 和 "外显之道"（或称 "规律之道"，即 "德"），而 "外显之道" 根据作用对象的不同又可以分为 "万物之道" 和 "人世之道"（或 "社会之道"）。这样，总体来看，老子之 "道" 就可以大致分为 "本体之道" "万物之道" 和 "社会之道" 三种基本类型。"本体之道" 即化生万物之道，"万物之道" 即分散于万物之中，并规范万物行动的道，"社会之道" 则是指导人类社会生存发展的道。

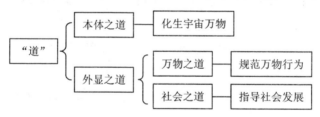

图 6.1 老子之 "道" 的分类

老子之 "道" 的这三种类别在层级上是不同的："本体之道" 是根本，是万物存在的本原，"外显之道" 是 "道" 的外在属性，是 "道" 的表现，"外显之道" 从属于 "本体之道"。而在 "外显之道" 中，"万物之道" 又是 "社会之道" 的基础，万物都由 "道" 化生，都要遵循 "道" 的规律运行；而 "人" 作为宇宙的一极，也要效法万物，遵 "道" 而行，按照 "道" 的规律治理社会、国家。

可以说，《老子》全书便是对 "道" 的不断展开，通过层层推导，实现了由 "本体之道" 到 "万物之道"，再向 "社会之道" 的转变，从而得出 "人法地，地法天，天法道，道法自然" 的演进程序。而实现由 "万物之道" 向 "社会之道" 转变的关键，就是证明 "人" 与万物一样也具有自然属性，即

"人性自然"。

6.4 老子母亲管理之"道"在管理上的体现——人性自然论 假设

6.4.1 老子"人性自然论"假设确立的合理性

人性假设理论是西方现代管理思想的重要内容,是一种管理思想赖以存在的哲学基础。西方关于人性假设的讨论,最早应始于亚当·斯密,他在《国富论》中,把人看作是受"利己心"支配,不断追求个人利益的"经济人"(1776)。接下来,梅奥又提出了"社会人"假设(1933);马斯洛提出了"自我实现的人"假设(1943);麦格雷戈对人性进行了 X 理论和 Y 理论的归纳性分类(1960);约翰·莫尔斯和杰伊·洛希 1970 年发表了《超 Y 理论》;"复杂人"的观点揭示了人性多维结构上的多面性;20 世纪 80 年代,特伦斯·E. 迪尔、阿兰·A. 肯尼迪又提出了"文化人"假设(1982)[①]。不同的人性假设预示着在管理中采取的管理方式和管理手段也有所不同,从而形成了不同的管理理论。西方管理思想发展史上出现的科学管理、行为科学管理、社会系统管理、权变管理、文化管理等众多思想流派,都建立在一定的人性假设基础之上。

中国传统管理思想在内容上虽然与西方管理思想有较大不同,但也同样建立在一定的人性假设基础之上。如儒家主张"性善论",法家主张"性恶论",等等。从综述中可以看出,老子及道家管理思想的人性假设至今仍无定论,有主张"性善论"的,也有主张"性本恶论",还有主张"性超善恶论"和"人性自然论"的。为什么人们对老子管理思想人性假设的认识,存在如此大的差异呢? 本人认为,主要是由于以下两点原因:

第一,老子在人性问题上始终没有做出过明确表述,从而给后人留下了很大发挥空间。

中国古代思想家中,很多人都明确提出过自己的人性假设主张。如孟子

---

① 郭咸纲.西方管理思想史(第三版)[M]. 北京: 经济管理出版社, 2006.

主张"性善论"，认为人人皆有"恻隐之心""羞恶之心""恭敬之心"和"是非之心"，这些善心"非由外铄我也，我固有之也"（《孟子·告子》）。荀子主张"性恶论"。他说："人之性恶，其善者伪也。"认为人性本来是恶的，"善"是人出生后教化的结果。告子主张"性无善无不善论"，认为"性无善无不善也"（《孟子·告子》），人性的善与不善完全取决于个人所处的环境。东汉王充主张"性有善有恶论"，认为善恶是人所禀受的"气"所决定的，"禀气有厚泊，故性有善恶也"（[东汉]王充《论衡·本性篇》）。唐代李翱提出"性善情恶论"，他认为"人之性皆善，而情者性之邪也"（[唐]李翱《复性书》），性善是天赋的，圣人能够保持先天的本性而不惑于情；普通百姓则为情所惑，丧失了原来的本性。汉代扬雄提出"性善恶混论"，他认为人性具有善恶两种因素，都是与生俱来的，经后天熏染学习，发展善的因素则成为善人，发展恶的因素则成恶人。他说："人之性也善恶混，修其善则为善人，修其恶则为恶人"（[西汉]扬雄《太玄·玄》）。

与中国古代其他思想家不同，《老子》全书没有一个"性"字，也没有直接提出过"人性"的概念。但老子并非不关心"人性"问题，而是将其隐含于全书的字里行间，需要认真体会才能发现。正因为老子对"人性"看法的这种隐蔽性，才使得不同人对老子人性假设的看法，便会出现大相径庭的现象。

第二，《老子》成书年代久远，且衍生版本众多，对老子人性假设的认识，往往因个人偏好不同，而出现不同的理解。

《老子》一书自诞生至今，已有两三千年的历史，历朝历代对《老子》进行修订和注释时，都难免会加入各自不同的理解，因而对同一句话往往会出现多种不同版本的解读。光是第一章"道可道，非常道。名可名，非常名。无名天地之始，有名万物之母。故常无，欲以观其妙。常有，欲以观其徼"这段文字，就存在几种不同的断句方式和含义解释。因此，对老子人性假设这个比较抽象的概念，存在多种观点，也就不足为怪了。

在当前对老子人性假设的众多理解中，本人比较赞同"人性自然论"的观点。这是因为：

第一，老子本身就非常反对进行人性"善恶"的划分，因此认为老子主张"性善论"和"性恶论"的观点是站不住脚的。老子说:"大道废有仁义;六亲不和有孝慈;国家昏乱有忠臣"(第18章),又说"绝圣弃智,民利百倍;绝仁弃义,民复孝慈"(第19章)。他认为,"仁义""孝慈""忠臣"这些,正是"大道"沦陷的产物,否则根本不用特别强调。只有去掉"智""辩""伪""诈"这些后天的人为矫饰,回复到"见素抱朴,少思寡欲"(第19章)的原始本性,才能使百姓享受到真正的利益。第二,张岱年先生提出的"性超善恶论"的观点,也同样值得商榷。因为"性超善恶论"也必然是建立在对人性进行善恶划分的基础之上的,没有"善恶"也就不会有"超善恶"。张岱年先生既然依据"道家是唾弃所谓善的,是不赞成作善恶的分别的"这句话,否认了道家"性善论"的存在,那么他认为道家"性超善恶"的观点,也就站不住脚了,因为这也是建立在"作善恶的分别的"基础上的。

可见,在讨论老子人性假设问题时,是否进行"人性善恶之分"便成了一道警戒线,只要触及"性善""性恶"的分别,就已经偏离老子思想本意了。

与其他几种观点相比,"人性自然论"的观点有以下几点可取之处:

首先,"人性自然论"符合老子反对进行善恶划分的原则。"人性自然论"认为,人的本性是人生下来时的自然属性,是纯然质朴的,根本没有善恶的分别,这种观点比较符合老子思想的本意。所谓"自然"并不是现代意义上的"自然界"的"自然",而是"自然而然"①,也就是事物的本来样子,没有加入任何人为因素。在这点上,庄子的观点可以作为老子人性自然论假设的有力注解,他说:"夫至德之世,同与禽兽居,族与万物并,恶乎知君子小人哉?同乎无知,其德不离;同乎无欲,是谓素朴。素朴而民性得矣。"(《庄子·马蹄》)可见,庄子认为,"素朴"才是人的本性,根本没有"君子""小人"的区分,这与老子"见素抱朴"的思想基本吻合。

人性之"性"从词源上看,本字为"生",即为人与生俱来的品质。老子认为,人性本初是纯朴无邪的,随着文明的发展,人性不是提高了,反而是堕落了,失去了本真而更多诈伪;儒家倡导"仁""义""礼"等道德规范,

---

① 陈鼓应.老子今注今译[M].北京:商务印书馆,2003:173.

一个最根本的特点就是对道德进行人为的加工，这就远离了人的本真之性，不是社会的进步而是社会的退化。张军即指出：《老子》认为儒家的仁义忠信只会压制和摧残人的自然本性，是丧失人性的显现。《老子》认为，国家的混乱、一切伪恶行为和现象的产生，是起源于贪图物欲，追求知识，违反了人的'素朴'之性。无知、无名、无欲、素朴等具体人性表现的实质和核心就是自然无为。因此，我们可以称《老子》的人性论为'性自然'论。"[①]黄克剑也说："'道'导人以'自然'只在于唤醒人的那份生命的'真'趣，在老子看来，这生命的'真'趣正愈益被人自己造就的文物典章、礼仪制度、风俗时尚所消解或陷溺。"[②]人性"善恶"是人后天判断的结果，并不是人性本来的面貌，人性本来是不存在善恶的，就像没有染过的丝（"素"）和没有雕琢过的木头（"朴"）一样，是纯天然的。只要加入"善恶"的标准，就不是先天的本性了。

其次，"人性自然论"符合道家崇尚自然、复归自然的理想追求。老子的思想非常崇尚"自然"，他讲："人法地，地法天，天法道，道法自然"（第25章）；"道之尊，德之贵，夫莫之命而常自然"（第51章）；"学不学，复众人之所过，以辅万物之自然而不敢为"（第64章）。虽然"道"和"德"都很尊贵，但最终仍然要效法"自然"，让事物按其本来面貌自化自成，而不强加干涉。人也应该像"道"一样效法"自然"，复归于自己的"自然"状态。而人最原始的自然状态即是"婴儿"状态，因此老子不断强调人应该"复归于婴儿"，回到自己的本初状态，像婴儿一样无知无欲。他说："专气致柔，能如婴儿乎"（第10章），"我独泊兮其未兆，如婴儿之未孩"（第20章），"常德不离，复归于婴儿"（第28章）。"复归于婴儿"，就是复归于人的原始的"自然"状态，而"婴儿"状态当然是没有"善恶"之分的。

再次，"人性自然论"符合老子思想的逻辑推导程序。老子认为，天地万物都源于"道"，"道"的本性是自然。人也源于"道"，为"道"所生，"道"的本性亦即人的本性；"道"性自然，当然人的本性也应该是自然。正如朱晓鹏所指出的，道家认为人同宇宙内的万物一样，都是自然的产物，人

---

① 张军. 《老子》思维结构刍议[J]. 长春: 长白学刊，1996（1）.

② 黄克剑. 老子道论价值趋向辨略[J]. 北京: 哲学研究，2001（6）: 32.

属于自然万物之一；而且人的存在、归宿、本质和价值都在自然之中，人与自然融为一体，因此人的属性也就应该是人的自然性。这种观点虽然把自然而然的"自然"当成了"自然界"的"自然"，有待商榷，但作者认为人性秉承了"道"的自然属性这点，还是比较符合老子原意的。老子认为"人"与宇宙万物一样，都要效法"自然"，"道"的各种属性最终都可以归结为"自然"，而"人"之性又来源于"道"（万物皆有"道"性，人性即是"道"在人身上的体现），因此"人"的本性亦应为"自然"。

关于"自然"一词的含义，需要进一步说明一下。大家知道，古代汉语基本上都是单音节词，很少见到双音节词，或多音节词。即便两个字并用、三个字并用、四个字并用，也不像现代汉语这样含双音或多音节词。因此，"自然"二字绝不能作一个词看待，而是要分开来，一为"自"，二为"然"。"自"者，自己也，"然"者，样子也。所谓"自然"，就是自己本来样子的意思①。张岱年即说："在古代汉语中，尤其是在先秦的典籍中，自然就是自然而然的意思，没有大自然的意思"②。刘笑敢也认为，虽然从老子思想的整体上看，老子在一定程度上关注自然（大自然），但其"自然"概念所指却根本不是通常所说的"大自然"。③

对于这一情况，历代注家已经有所认识，如河上公注云："道性自然，无所法也。"吴澄也说："'道'之所以大，以其自然，故曰：'道法自然'。非'道'之外别有自然也。"冯友兰说得更为明白，他说："'人法地，地法天，天法道，道法自然'。这并不是说，于道之外，还有一个'自然'，为'道'所法取。"④由此可见，所谓"人性自然"，是指人的本性没有善恶的区分，而是纯然质朴的，也就是他在婴儿时期所体现出来的原始的本来状态。

6.4.2 老子"人性自然论"管理模式的推导过程

由以上分析可知，老子及道家管理思想的人性假设，既不是"性善论"

---

① 余元洲.老子新编[M]. 北京：新华出版社，2007：5.

② 张岱年.中国古典哲学概念范畴要论[M]. 北京：中国社会科学出版社，1989：81.

③ 刘笑敢.老子之自然与无为概念新诠[J].北京：中国社会科学，1996（6）.

④ 陈鼓应.老子今注今译[M]. 北京：商务印书馆，2003：173.

和"性恶论"，也不是"性超善恶论"，而应该是"人性自然论"。在管理学上，一种管理思想的形成，总是以一定的人性假设为前提和基础，有什么样的"人性假设"，就有什么样的管理方法和管理手段。老子"人性自然论"的人性假设，为其提出"无为而治"的管理思想，提供了必要的理论基础。

老子认为，人同"道、天、地"一样，是宇宙中的一极，即"道大、天大、地大、人亦大。域中有四大，而人居其一焉。"（第 25 章）"人"（有版本作"王"，指管理者）与天地万物一样，都是"道"的产物，人在生产和生活过程中，要善于观察万物的生长规律，向天地万物学习，了解万物之"道"，依"道"行事，才能保证生命长久，终身都不会陷入危殆。他说："万物并作，吾以观复。夫物芸芸各复归其根。归根曰静，是谓复命；复命曰常，知常曰明。不知常，妄作凶。知常容，容乃公，公乃全，全乃天，天乃道，道乃久，没身不殆。"（第 16 章）可见，了解万物发展之"道"，对人而言是非常重要的。而"道"最基本的特征，就是顺其自然，对万物实行"自然无为"的管理，即"人法地，地法天，天法道，道法自然"，"道之尊，德之贵，夫莫之命而常自然"。人是"道"的产物，由"道性自然"可以推导出"人性自然"。"道"根据"自然无为"的方式对万物进行管理，人也应效法"道"的这种属性，依照"自然无为"的方式管理社会、国家，最终实现"无为而治"的管理局面。

由此可以看出，"人性自然论"与"无为而治"存在着必然的因果关系，既然人的本性是自然的，就要采取自然无为的方式进行管理，这样才能最终实现"无为而治"的管理目标。如下图所示：

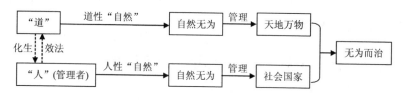

图 6.2 "人性自然论"假设与"无为而治"的关系

上图中，存在着两条并行演进的主线：一条是"道"对天地万物的管理，一条是"人"对社会国家的管理。虽然二者在管理主体和客体上有所不同，但管理方式和管理目标却是一致的，都按照"自然无为"的方式对被管理者进行管理，最终实现"无为而治"的管理目标。而且这两类管理之间又通过一条纽带加以联系，这就是："道"化生"人"，"人"效法"道"，人对社会国家的管理，便是"道"对天地万物管理方式的一种模仿和复制。

由此，老子关于人类"无为而治"管理模式的推导过程就可以表述为："人"由"道"而生，通过效法"地"、效法"天"，直至效法"道"，按照"自然无为"的方式对社会国家进行管理，最终实现"无为而治"的管理目标。《老子》中"人法地，地法天，天法道，道法自然"一句，即是对这一过程的明确表述。于是，我们便可以得出一个老子基于"人性自然论"假设管理模式的推导过程：

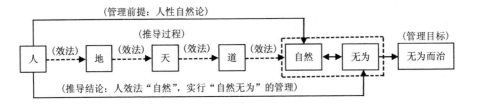

图6.3 基于"人性自然论"管理模式的推导过程

可以看出，整个推导过程中最关键的环节就是"法自然"，"道"通过"法自然"，对天地万物实行"无为"管理；"人"也通过"法自然"对社会国家进行"无为"管理。而"道"与"人"之所以选择"无为"的管理方式，就是因为管理主体和管理客体的本性都是"自然"。"管理者"要想达到"无为而治"的管理局面，必须顺应事物的"自然"属性进行管理。可见，"人性自然论"假设是老子管理思想的核心前提，对老子"无为而治"管理思想的形成起着关键性作用。

6.4.3 确立老子"人性自然论"假设的意义

老子创立的道家管理哲学是我国古代管理思想的重要来源，他提出的"无为而治"的管理境界，更是管理者们努力追求的理想目标。但实际上，真正能够达到这一目标的管理者却少之又少。正如美国管理学家阿博契特所说，老子的管理学是人类管理史上，一直努力达到，而又可望而不可即的境界①。可见，老子"无为而治"理想目标的实现还是有很大难度的。但老子本人却认为他的管理思想很容易认知和实行，他说："吾言甚易知，甚易行。"（第 70 章）为什么老子认为他的管理思想很容易明白和做到，而大家却感到非常困难呢？本人认为，其中一个重要原因可能就出在人们对老子管理思想"人性假设"理解的偏差上。"人性假设"是管理理论的前提和基础，如果对它的理解出现偏差，便会"失之毫厘，谬以千里"，当然很难达到最终目标了。由此可见，对老子管理思想"人性假设"进行研究和确认是非常必要的。

　　总体而言，老子"人性自然论"假设的确立，至少有以下两方面的意义：首先，与其他几种人性假设观点相比，"人性自然论"假设更贴近老子思想的本义，有利于人们对老子管理思想的准确把握；其次，老子"人性自然论"假设的确立，有利于清晰了解老子管理思想体系的逻辑推导过程，扫除人们对能否实现老子"无为而治"管理目标的疑虑，增强人们对老子管理思想现实应用的信心。

---

① 杨先举. 老子管理学[M]. 北京：中国人民大学出版社，2005：18.

第7章 "德"：老子母亲管理思想的管理规范

7.1 "德"的一般含义

"德"是中国哲学史上一个重要范畴，在先秦时已普遍使用。关于"德"的含义，多数都作"得"字解。如《广雅·释诂》解释为："德，得也。"《释名·释言语》也说："德，得也，得事宜也。"《说文解字》解释为："外得于人，内得于己也。"《管子·心术上》说："德者道之舍，物得以生，生知得以职道之精。故德者得也，得也者，其谓所得以然也。"《庄子·天地篇》有："物得以生，谓之德。"《韩非子·解老篇》对"德"的解释为："德者，内也。得者，外也。"王弼《老子注》对"上德不德"的注释为："德者，得也。"又注"贵德"为："德者，物之所得也。"可见，古时的"德"与"得"字是互通的，所谓"德"，就是物之得以生的东西，也即事物所秉赋的个性特质。

"德"字在甲骨文中字形为 ，从"彳"（道路）从"又（手）"从"贝"（张口的贝壳），像手取"贝"，意为有所得。这个含义是从"得"借来的。人类的生存离不开食物，食物是人类得以生存的基础。获取食物把人和自然联结起来，在向大自然获取食物的劳动中，语言文字随之产生。"贝"最初是初民的食物，初民以手取"贝"，即为"得"，其语义内涵就是"人从自然界获取贝类食物"，所展示的是人从自然界获取食物以求得生存的关系。后来，"得"不仅限于获取食物，获取其他事物也称之为"得"。因此，郭沫若、闻一多等学者根据卜辞"德"之用例，将"德"解释为征伐、掳掠奴隶、财富等。

随着时代的发展，人们开始强调获得、占有事物的方式、方法，要求以"直行""正行"来获得、占有，"德"字的道德人文意义得以凸现。

7.2　老子对"德"的界定

历史上,《老子》一书通常被分为上下两篇,一篇论"道",一篇论"德",历代注本多受三国时魏国王弼《老子注》的影响,以道篇为上,德篇为下。也有人受先秦《韩非子·解老》篇的影响,以德篇为上,道篇为下。近年,由于汉马王堆出土的汉代帛书《老子》也以德篇为上,道篇为下,这种观点稍有流行。但时至今日,究竟《老子》一书原本是道先德后,还是德先道后,仍然是个公案。不过本人比较倾向于"道篇为上、德篇为下"的说法,这从"道"与"德"的关系亦可见一斑,因为"德"是"道"所派生的,没有"道",如何有"德"?

"德"是老子管理思想中仅次于"道"的重要概念,在《老子》一书中共出现 30 余次。但是,与老子对"道"的阐述异常详尽不同,老子对"德"的解释比较粗略,而且多是与"道"相比较而存在的。如:"孔德之容惟道是从"(第 21 章);"故从事于道者,同于道,德者同于德"(第 23 章);"故失道而后德,失德而后仁"(第 38 章);"道生之,德畜之,物形之,势成之。是以万物莫不尊道,而贵德。道之尊,德之贵,夫莫之命而常自然"(第 51 章)。因此,从《老子》一书中,很难给"德"下一个完整的定义。老子这样做的原因现在很难说清,或许他认为当时的人们已经对"德"的含义有了比较成熟的认识,不需要再做更多的解释吧?

但有一点需要指出的是,老子之"德"与当今之"德"字在内涵上有很大不同,有人直接将老子之"德"比作当今德行之"德",把老子之"道德"当作当今伦理规范方面的"道德",是极为不妥的。要知道,在老子那里,"道"与"德"始终是分开使用的,是本与末、体与用的关系,"道"是宇宙的本原或总规律,"德"是"道"的外在表现或具体规范,与当今品德意义上的"道德"二字相去甚远,绝不能简单地进行比附。

在中国思想发展史上,"德"是春秋时期各家学派争论的中心议题之一。由于当时周王朝政治衰微、礼崩乐坏,人们对礼仪规范和政治制度的理解出现了极大分歧。面对这种众说纷纭的局面,老子在批判当时社会上流行的伪饰之"德"的同时,提出了自己对"德"的看法和主张。

首先，老子对当时社会上流行的伪饰之"德"进行了深刻批判。他说："上德不德是以有德，下德不失德是以无德。上德无为而无以为，下德为之而有以为。"（第 38 章）他认为，真正有德行的人，并不表现在外在形式上，看似无德实际上是有德；而那些总是喜欢炫耀形式之德的人，看似有德实际上是无德。真正有德之人总是顺其自然而不强作妄为，无德之人反而注重外在形式而故作姿态。也就是说，那些总是把"德"挂在嘴边的"有为"之德，并不是真正的"德"，只有复归于事物本性的"无为"之德，才是真正的"德"。因此他说："常德不离，复归于婴儿……常德不忒，复归于无……常德乃足，复归于朴。"（第 28 章）这里的"婴儿""无极""朴"等，都代表事物的初始状态，即没有后天人为伪饰的天然状态，这时所表现出的天性之"德"才是真正的"上德""常德"。

其次，老子认为只有符合"道"的"德"才是真正的"德"。他说："孔德之容惟道是从"（第 21 章）、"道生之，德畜之，物形之，势成之。是以万物莫不尊道，而贵德"（第 54 章）。这说明"德"是以"道"为依据的，它从属于"道"，受"道"支配，体现"道"的属性。老子认为，当时社会上提倡的那些所谓的"德"，多是不符合"道"的"下德"，是非常虚伪的。因此他说："大道废，有仁义。智慧出，有大伪"（第 18 章）。这些"仁义""智慧"等虚伪之"德"，是"大道"废除后的产物，只会造成社会的极度混乱。他说："失道而后德，失德而后仁，失仁而后义，失义而后礼。夫礼者忠信之薄而乱之首。"（第 38 章）正因为社会失去了大道，才开始极度强调德；失去了德，才开始强调仁；失去仁，才开始强调义；失去义，才开始强调礼。当社会极度强调礼的时候，说明已经到了快要天下大乱的时候了。因此，老子认为只有彻底废除这些虚伪之"德"，抛弃所谓的"圣智、仁义、巧利"，才能使百姓获得真正的实惠。他说："绝圣弃智，民利百倍。绝仁弃义，民复孝慈。绝巧弃利，盗贼无有。"（第 19 章）

最后，老子提出了基于自然之"道"的"德"的主要规范。他认为，那些脱离"道"而存在的后天人为之"德"，只能使社会混乱，要想使社会重归秩序，回归安宁，就必须遵守符合自然之"道"的行为规范。这些行为规范就是前面梳理出的"慈爱""柔弱""守静""无为""不争""知止"等众多范畴,这些都是"道"自然本性的外在体现。这些规范,共同构成了老子管理思想独特的"德"的管理规范体系。

7.3 老子之"德"的分类

老子对"德"的论述存在众多不同层面,《老子》一书中,共出现过"上德""下德""玄德""孔德""常德""有德""无德""广德""建德"等几种称谓,还有"其德乃真""其德乃余""其德乃长""其德乃丰""其德乃厚"等几种修饰。可以看出,老子对"德"的类型描述比"道"更为丰富和复杂。

关于老子之"德"的类型,学者们有多种见解。周德宝认为,同老子之"道"一样,老子之"德"包含两层含义,一是指由"道"赋予事物的自然本性。"万物莫不尊道而贵德",这里的"德",乃是万物所得于"道"的自然本性。二是指人的品德、德行。老子说:"修之于身,其德乃真;修之于家,其德乃余;修之于乡,其德乃长;修之于邦,其德乃丰;修之于天下,其德乃普。"(第54章)这里的"德",就是人的品性[1]。

李尔重则认为,老子之德可分为"大德"与"人德"两大类。"天德",即"天之道,利而不害",它只于冥冥之中化生万物,包括"生之畜之,生而不有,为而不恃,长而不宰"的"玄德","惟道是从"的"孔德","复归于无极"与"复归于朴"的"常德","上德不德"的"上德","若谷"的"上德","若不足"的"广德","若偷"的"建德","莫之命而常自然"的"贵德"。"人德"即是"圣人之道,为而不争",就是指人应如何遵道行事,达到"为而不争","以辅万物自然而不敢为",是人如何发挥"道之用"的问题。人只要正确地遵道而行,便产生了"人德"。

詹剑峰认为,作为老子哲学的重要范畴,"德"具有广义与狭义之分。"道"作为世界的本原、本体与客观规律,是世界万物生存、发展的内在根据或必然趋势,具有不依任何意志为转移的客观性,万物只能遵从它,不能违背它,万物这种合"道"而行的品性就是老子哲学中的广义之"德"或普

---

① 周德宝. 老子和谐社会思想多重向度探析[J]. 南京: 江苏科技大学学报 (社会科学版), 2007 (9): 12.

遍之"德"。人作为万物的一类，同样由"道"分化，被"道"决定，受"道"左右，人要生存、发展下去，也必须合"道"而行，尊重社会规律、自然规律和一般规律等各种各样的客观法则。人的这种合"道"而行之"德"，可称为狭义之"德"。詹剑峰先生将老子的广义之"德"称之为"物之德"，亦即物的本性，将老子的狭义之"德"称之为"人之德"，亦即人的本性，并将"物之德"与"人之德"高度概括为"道之德"即道的本性[①]。

由此看来，学者们普遍认为，老子之"德"大体可以分为广义和狭义两类，广义之德就是包括人在内的"万物之德"，即万物所体现出的"德"的基本规范；狭义之德则专指"人之德"（或称"社会之德"），即人在社会生活过程中所体现出的"德"的基本规范。

本人认为，老子之"德"除了从范围上划分为"万物之德"和"社会之德"外，还存在优劣、高下、多少的程度之分，因此《老子》一书才会反复出现"上德""下德""玄德""孔德""常德""有德""无德""广德""建德"等不同称谓，以及"修之于身，其德乃真；修之于家，其德乃余；修之于乡，其德乃长；修之于邦，其德乃丰；修之于天下，其德乃普"等程度上的差别。这里的"上德""玄德""孔德""常德""有德""广德""建德"，都是对符合"道"之"德"的别称；德真、德余、德长、德丰、德普等，是在人修"德"过程中，由于适用范围的不同，所体现出来的"德"的不同层次。而"下德"在老子看来，其实并不是真正的"德"，也可以说是"无德"。

7.4 母亲管理之"德"在管理上的体现——管理规范

从管理学角度看，《老子》就是一部典型的写给管理者看的书，其核心部分即体现在老子所提倡的众多管理规范，正是这些管理规范，明显地体现出老子母亲管理的本质特征。下面，就对《老子》一书所提倡的主要管理规范，做一简要介绍。

[①] 詹剑峰.老子其人其书及其道论[M]. 武汉：湖北人民出版社，1982：400.

7.4.1 老子母亲管理规范之一：柔弱

"柔弱"是老子管理思想中最具特色的管理规范之一，在《老子》一书
中占有重要地位。《吕氏春秋·不二》篇很早就有"老聃贵柔"的评语。在
《老子》五千言中，除"柔弱"二字在三个篇章中有 5 处连用外，还有"柔"
字在六个篇章中出现 6 次，"弱"字在五个篇章中出现 5 次。

老子贵"柔"，主要体现在他对"柔弱"特质的认识：

首先，柔弱本身就是一种强大的力量。老子说："含德之厚比于赤子。
毒虫不螫，猛兽不据，攫鸟不搏。骨弱筋柔而握固。未知牝牡之合而朘作，
精之至也。终日号而不嗄，和之至也。"（第 55 章）老子把含德深厚的人比
作初生的婴儿，它的筋骨虽然柔弱，但拳头却握得很紧，精气也异常充沛，
体现出一种强大的向上的力量。

其次，柔弱是生存的条件。老子说："人之生也柔弱，其死也坚强。草
木之生也柔脆，其死也枯槁。故坚强者死之徒，柔弱者生之徒。是以兵强则
灭，木强则折。强大处下，柔弱处上。"（第 76 章）不管人也好，草木也好，
活着的时候都很柔软，死了之后就变得僵硬了。因此说，柔弱是长久存在的
条件，坚强者必然遭受灭亡。军队过于强势就会招致灭亡，树木过于强硬就
会容易折断。《淮南子·缪称训》中记载着一则"牙齿和舌头的故事"：老子
求学于商容，有一次商容生病的时候，老子去探望顺便求教。商容静默良久，
见老子确实有心求学，便问他道："人是先有牙齿，还是先有舌头？"老子
回答说："先有舌头，因为人一出生就有舌头了，牙齿是后来才长出来的。"
这时候，商容张开嘴巴，问："你看我的牙齿还在吗？"老子说："已经掉光
了。"又问："舌头呢？"老子说："还在。"商容说："你知道为什么牙齿晚
生而早落吗？因为它过于刚强。而舌头为什么得以长久呢？因为它柔软。这
个道理不仅对牙齿如此，天下万事万物也都如此啊！"这则故事非常精辟地
阐述了坚强与柔弱的关系问题，柔弱是生存的基础，刚强是死亡的前奏。

再次，柔弱能够战胜刚强。柔弱与刚强是一对矛盾统一体，彼此相对应
而存在。在二者关系上，老子认为柔弱的力量更为强大，能够战胜刚强。他
说："柔弱胜刚强。"（第 36 章）又说："天下之至柔，驰骋天下之至坚。"（第

43 章）柔弱能够战胜刚强，天下最柔弱的东西，能够驾驭天下最坚强的东西。他还举例说："天下莫柔弱于水，而攻坚强者，莫之能胜，以其无以易之。"（第 78 章）在老子看来，天下最柔弱的东西莫过于水，而攻击坚硬的东西，没有能超过它的。原因就在于，没有什么东西可以改变它这种坚忍不拔的特性。

正因为"柔弱"具有以上这些特性，老子才认为人应该保持柔弱的品格。柔弱可以战胜任何刚强的事物，因此从某种意义上说，柔弱本身就意味着更加刚强。所以老子说："见其小曰明，守柔曰强。"（第 52 章）能察见细微的功夫叫作"明"，能持守柔弱的能力叫作"强"。老子认为，虽然这个道理很简单，但真正能够做到的却很少。他说："弱之胜强，柔之胜刚，天下莫不知，莫能行。"（第 78 章）弱能胜刚，柔能胜强，天下没有人不知道，却没有人能够真正去实行。正因为这样，也更显出柔弱的可贵，因此老子说："专（抟）气致柔，能如婴儿乎？"（第 10 章）婴儿的身体虽然柔弱，但充满了向上的生机，孕育着克服任何困难的力量，谁能够像婴儿一样，保持这种柔弱的特质呢？老子认为，事物一旦发展到壮年，也就开始走向衰落，这是不符合"长生久视之道"的，他说："物壮则老，谓之不道，不道早已。"（第 55 章）又说："强梁者，不得其死。"（第 42 章）也就是说，事物要想长久存在，就必须保持柔弱的特性，始终保持一种谦下不盈的姿态，不要过于强势，否则就容易导致衰亡。

在老子那里，"弱"与"柔"是近似的概念，但含义又有所不同，"柔"是指物体的"形"，表现为柔软的样子；"弱"是指物体的"态"，是指事物处于相对的劣势。老子在强调"柔"的同时，也非常强调"弱"。他说："反者道之动，弱者道之用"（第 40 章）。以前很多人将这里的"反"训作"返"，作动词用，意为"返回"的意思。如林希逸说："反者，复也，静也。"高亨说："反，旋也，循环之义。"①本人认为此说似有不妥。我们知道，这句话的前后两个分句是一种对仗关系，因此"反"与"弱"的词性应该是相同的。因为这里的"弱"字肯定是形容词，那么前面的"反"字也应该是形容词无

---

① 陈鼓应.老子今注今译[M]. 北京：商务印书馆，2003：226.

疑，意即"相反的"。这句话的意思应该是：向相反的方向转变是道的运动
规律，柔弱的事物是道支持的对象。老子认为，任何事物和现象都是相对应
存在的，要想达到一个目标，必须从相反的方向入手，即"图难于其易，为
大于其细"（第63章）。事物都是由弱到强、由强再到弱地在宇宙中循环往
复地发展运动，只有始终保持"弱"的态势，才能实现长久"强大"的目的，
因此老子说："是以圣人终不为大，故能成其大"（第63章）。圣人始终保持
谦卑弱小的姿态，最终却成就了他的强大。因此，一个优秀的管理者，一定
要保持自身的柔弱姿态，以柔韧的方式处理各种关系，这样才能保证组织逐
步走向强大、长久。

7.4.2　老子母亲管理规范之二：慈爱

老子管理思想中有很多范畴，但他最为推崇的有三个，即"慈""俭"
和"不敢为天下先"。他说："我有三宝，持而保之。一曰慈，二曰俭，三曰
不敢为天下先。"（第67章）"慈"是老子"三宝"中的第一个范畴，在老子
心目中显然占有非常重要的地位。

关于"慈"的含义，从古至今的解释没有太大差别，主要是"慈爱"的
意思，尤指上对下、父母对子女、长辈对晚辈之爱。如《说文》中的解释为
"慈，爱也"；《周礼·大司徒》中"一曰慈幼"的注释为"爱幼少也"；《管
子·形势解》也说"慈者，父母之高行也"；《贾子道术》认为"亲爱利子谓
之慈，恻隐怜人谓之慈"；《左传·昭公二十八年》对"慈和遍服曰顺"的注
释为"上爱下曰慈"；《颜氏家训》中有"父母威严而有慈，则子女畏慎而生
孝矣"；《左传·文公十八年》中"宣慈惠和"的注疏是"慈者爱，出于心，
恩被于物也"；河上公《老子注》中解释"慈"为"爱百姓若赤子"。今人潘
乃樾在《老子与现代管理》中解释为"慈，是爱的意思"，并说"慈，多指
父母爱抚子女"[①]；张忆在《老子白话今译》中将"慈"解释为"慈爱、宽
容"[②]；张锦明认为："慈是爱，如爱儿子，就是对儿子慈，但是《老子》的

---

① 潘乃樾. 老子与现代管理[M]. 北京：中国经济出版社，1996：186、188.
② 张忆. 老子白话今译[M]. 北京：中国书局，1992.

'慈'不仅限于对人，而且还适用于对事、对物。可以这样说，《老子》的'慈'就是爱护备至，体贴入微，深思熟虑，举措无不当，完全如慈爱的母亲为其幼弱的孩子考虑的一般。"①

在《老子》一书中，"慈"字主要出现在第 67 章，另外在第 18、19 两章还有"孝慈"两字。在管理上，老子非常重视"慈"的作用，把"慈"列为他的"三宝"之首。他说："我有三宝持而保之：一曰慈，二曰俭，三曰不敢为天下先。慈故能勇，俭故能广，不敢为天下先故能成器长。今舍慈且勇，舍俭且广，舍后且先，死矣！夫慈以战则胜，以守则固。天将救之以慈卫之。"（第 67 章）老子之所以这样重视"慈"的作用，主要基于以下 3 点：

第一，"慈故能勇"。陈鼓应对这句话的解释是"慈爱所以勇迈"，有孟子"仁者无敌"的意思②。而蒋锡昌则认为，这里的"勇"主要是指"勇于谦退，勇于防御，非谓勇于争夺，勇于侵略"。他说："慈故能勇，言唯圣人抱有慈心，然后士兵能有防御之勇也。"韩非子把这里的"勇"解释为"不疑"，他在《解老》中对这句话的解释是："爱子者慈于子，重生者慈于身，贵功者慈于事。慈母之于弱子也，务致其福，则事除其祸；事除其祸，则思虑熟；思虑熟，则得事理；得事理，则必成功；必成功，则其行之也不疑；不疑之谓勇。圣人之于万事也，尽如慈母之为弱子虑也，故见必行之道，则明，其从事亦不疑；不疑之谓勇。不疑生于慈，故曰：'慈，故能勇。'"韩非子认为《老子》中的"慈"字主要借用了"慈母对于弱子之爱"，他认为一个管理者只有像母亲关爱弱子一样对待下属，才能使其不疑，不疑才能生勇。这里的"勇"字不管是勇迈，还是勇于防御，或是不疑之勇，总之都是"勇敢"或"勇于奉献"的意思。也就是说，只有管理者对被管理者体现出慈爱之情，被管理者才会勇于奉献自己的才智、力量乃至生命。

管理者的"慈爱"能够获得被管理者的"勇于奉献"，是显而易见的。司马迁在《史记·孙子吴起列传》中，就记述了"卒有病疽者，起为吮之，卒母闻而哭之"的故事。吴起做将军时，和最下层的士卒同衣同食。睡觉时不铺席子，行军时不骑马坐车，亲自背干粮，和士卒共担劳苦。士卒中有人

---

① 张锦明. 老子智慧与经营管理[M]. 上海：学林出版社，1991：160.
② 陈鼓应. 老子今注今译[M]. 北京：商务印书馆，2003：311.

生疮，吴起就用嘴为他吸脓。这个士卒的母亲知道这事后就大哭起来。别人说："你儿子是个士卒，而将军亲自为他吸取疮上的脓，你为什么要哭呢？"母亲说："往年吴公为他父亲吸过疮上的脓，他父亲作战时就一往无前地拼命，所以就战死了。现在吴公又为我儿子吸疮上的脓，我不知他又将死到哪里了，所以我才哭。"后来，她的儿子果然战死沙场。从这则故事可以看出，吴起深知"慈爱"的作用，他通过慈爱的方式唤起士兵的英勇，为战争胜利提供动力。

第二，"夫慈，以战则胜，以守则固"。就是说：以慈爱的方式征战，就能取胜；以慈爱的方式防守，就能牢固。如果说前面的"慈故能勇"只是从一般意义上对"慈"的作用加以阐释，那么此句话就是用具体事件来阐发"慈"的重要作用。此处"慈爱"的作用既有"勇"的一面，也有"民心归附"的一面。以慈爱的方式征战，解民众于水火，当然会受到民众的支持，所以能够取胜。以慈爱的方式防守，保护民众不被侵掠，民众自然会予以支持，就会使防护坚固。这样的事例不胜枚举，远的如三国时期的刘备即使在兵败的时候，仍然不忘百姓的安危，宁愿携百姓一同撤退，显示出异常宽厚的慈爱之心。乃至后来刘备领导的蜀国，之所以能够与强大的魏国和吴国三分天下，与刘备的慈爱待民、民心归附不无关系。近的如延安时期的红军，虽然深陷国民党军队的重重围堵，却能屡屡化险为夷，就在于红军对百姓的一片慈爱之心，与百姓形成了密不可分的鱼水之情，处处受到民众的爱戴和拥护。

第三，"天将救之，以慈卫之"。这句话通常有两种解释，一种是：老天要想救助谁，就会赋予他慈爱的品德，以此来护卫他。另一种解释是：老天要想救助谁，就用慈爱的方式去护卫他。应该说，从字面上看，这两种解释都说得通。但本人更倾向于第二种解释，即"以慈卫之"直接的意思就是"用慈爱来护卫他"，而不是赋予其"慈爱"的品德。陈鼓应先生对这句话的解释就是："天要救助谁，就用慈爱来卫护他。"[①]显然是指老天用"慈爱"的方式来护卫他想救助的对象。

可见，"慈爱"是一种非常重要的管理方式，即使老天都是通过"慈爱"

---

① 陈鼓应.老子今注今译[M]. 北京：商务印书馆，2006：312.

对万物进行管理的。"慈爱"对于管理者而言至关重要，如果一个管理者不愿付出慈爱，却又想被管理者能够勇于奉献，那是相当危险的。老子说："舍慈且勇……死矣"（第 67 章）。凡是管理者，都想被管理者能够勇于奉献，但是除了通过慈爱获得外，还有什么其他方法呢？无非是强迫驱使，也就是通过严厉的制度、刑罚来迫使被管理者付出，如督战、督工等。这样的效果往往都不会很好，有些甚至适得其反，导致被管理者的反抗报复。历史上的各种起义，多数都是这样造成的。比如秦始皇，虽然通过暴力的方式统一了天下，但最终还是二世而亡，很快就被推翻了。这说明通过强制的方式进行管理，是不能长久的。正如老子所言："夫乐杀人者，则不可得志于天下矣"（第 31 章）。那些没有任何慈爱之心，妄想通过残暴的方式征服天下的人，最终也不能达到目的。

关于"慈爱"的作用，唐太宗李世民曾有过非常深刻的认识，他说："为君之道，必须心存百姓。若损百姓以奉其身，犹割股以啖腹，腹饱而身毙。若安天下，必须先正其身，未有身正而影曲，上治而下乱者。朕每思伤其身者不在外物，皆由嗜欲以成其祸。若耽嗜滋味，所欲既多所损亦大，既妨政事，又扰生民。且复出一非理之言，万姓为之解体，怨言既作，离叛亦兴。"（《贞观政要·君道第一》）可见慈爱与否，确实关系到组织的兴衰成败。"慈爱"是老子母亲管理思想的基础，在任何情况下，管理者都应有一颗母亲般的慈爱之心，以慈爱的手段对待被管理者，这样无论是攻是守，都可能取得成功。

7.4.3 老子母亲管理规范之三：守静

在静与动的关系上，老子喜静不喜动，他说："静胜躁，寒胜热。清静为天下正"（第 45 章）。中国人传统上好静不好动，很可能跟老子及道家提倡"清静"有关。

在《老子》一书中，反复强调"清静"的重要，这主要是由"静"本身的属性、地位和作用 3 方面决定的：

第一，从"静"的自身属性来看，老子认为"静"是万物的初始状态，万物都应该复归并守持清静。他说："致虚极守静笃。万物并作，吾以观复。

夫物芸芸，各复归其根。归根曰静，静曰复命；复命曰常，知常曰明。不知常，妄作凶。"（第16章）把自己的心境调整到极度空灵和宁静的状态，通过考察万物生长往复的状态，从而发现，万物蓬蓬勃勃地发展，最终都要返回到它的本根。返回本根就叫"静"（守静），守静又可称为"复命"（复归本性），复命又可以叫"常"（遵循常理、规律），知常（通晓常理）又叫"明"（明达）。不通晓常理，任意妄为，就会招致凶险。也就是说，"清静"是万物最原始、最根本的存在状态，万物只有守持清静的状态，才能复归本性，认识常理，不犯或少犯错误。

第二，从"静"的地位看，老子认为"静"是"躁"的主宰，万物只有保守清静，才能不失本根。静与躁是一对矛盾，在二者的关系上，老子偏重清静，贬抑躁动。他说："重为轻根，静为躁君。是以君子终日行不离轻重，虽有荣观燕处超然。奈何万乘之主，而以身轻天下。轻则失根，躁则失君。"（第26章）老子认为，厚重是轻率的根本，清静是躁动的主宰。君子在日常活动中，随时都要处理好轻率与厚重的关系，即使生活非常荣耀，也要淡然处之。身为万乘之国的君主，绝不能以轻率的方式治理天下。轻率就会失去自己的本根，躁动就会失去主宰的地位。老子还说："静胜躁，寒胜热。清静为天下正。"（第45章）清静能够战胜躁动，严寒能够战胜酷热，清静才是天下的正常状态。因此，一个优秀的管理者一定要随时保持自身的清静，凡事不可轻率躁动，否则便会陷入无根无主的茫然境地。老子对"清静"非常推崇，他认为一切事物只有在清静的环境下才能正常地生存和发展。面对躁动的形势，只有用"清静"的手段才能加以克服，因此他说："孰能浊以静之徐清，孰能安以动之徐生？"（第15章）他要求人们回归本根，恪守"清静"的自然状态，这样才能保持内心的清醒，在清静中发展自己。

第三，从"静"的作用看，老子认为清静是治理和保卫国家的根本。首先，"清静无为"是治国的根本原则。老子引用先圣的话说："故圣人云：我无为，而民自化。我好静，而民自正。我无事，而民自富。我无欲，而民自朴。"（第57章）也就是说，君主只要不任意妄为，百姓便会自我化育；君主喜欢清静，百姓自然会步入正轨；君主不随意搅扰，百姓自然就会富足；君主没有贪欲，百姓自然就会朴实。这里连续说了"无为""好静""无事"

"无欲"等几个概念，其实说的都是一个意思，就是告诫管理者要守持清静之道，不过度干涉百姓生活，这样社会自然就能得到健康发展。

老子认为管理其实很简单，方法就是不要对被管理对象过多地搅扰。他说："治大国若烹小鲜。"（第 60 章）就是说，治理大国，就像煎小鱼那样，既不能不翻动，也不能反复翻动。不翻动容易煎煳，反复翻动容易煎碎。韩非子在《老子注·解老》中对这句话进行了形象的分析，他说："工人数变业则失其功，作者数摇徙则亡其功。一人之作，日亡半日，十日则亡五人之功矣；万人之作，日亡半日，十日，则亡五万人之功矣。然则数变业者，其人弥众，其亏弥大矣。凡法令更，则利害易；利害易，则民务变。务变之谓变业。故以理观之：事大众而数摇之，则少成功；藏大器而数徙之，则多败伤；烹小鲜而数挠之，则贼其泽；治大国而数变法，则民苦之。是以有道之君贵静，不重变法。故曰：'治大国者若烹小鲜。'"工人频繁地变换职业和国君频繁地变更法律，损害都是非常大的。统治者应该"清静无为"，不要总是搅扰百姓，这样百姓就可以在自然状态下相安无事，自己发展自己，国家自然能够得到很好的治理。

庄子对老子的"清静"思想有进一步的解释，他说："古之畜天下者，无欲而天下足，无为而万物化，渊静而百姓定。"（《庄子·外篇》）古代畜养天下的人，没有贪欲而天下自可富足，无为而万物自然化育，虚静自然而百姓安定。清圣祖康熙把老子清静无为的思想付诸实践并深有体会，他说："从来与民休息，道在不扰，与其多一事，不如省一事。朕观前代君臣，每多好大喜功，劳民伤财，紊乱旧章，虚耗元气，上下讧嚣，民生日蹙，深可为鉴。"[1]康熙指出，在治国方面，要保持清静无为、与民休息，不能多事扰民，否则就会劳民伤财，社会混乱。这是他对治理国家历史经验教训的深刻总结，也是对老子无为而治思想的深刻理解和阐述。

其次，"清静"还是与邻国相处，保全和壮大自己的有效方法。老子说："牝常以静胜牡，以静为下。故大国以下小国，则取小国。小国以下大国，则取大国。"（第 61 章）老子用"牝"（雌性）代表"清静"，用"牡"（雄性）

---

① 康熙政要. 论君道[M]. 北京：中共中央党校出版社，1994.

代表"躁动"。老子认为,雌性总是通过持守清静、谦下的方式,来支配雄性的。对于国与国之间的交往,如果大国能以清静、谦下的方式对待小国,大国就会取得小国的归附;小国如果能以清静、谦下的方式对待大国,小国也会得到大国的包容。这说明,在与邻国交往中,要保持清静、谦下的态度,才能使国家得以保全和壮大。

当然,"清静"与"躁动"是一对矛盾统一体,老子并不完全否定"动",但是强调要"动善时"(第 8 章),什么时候动什么时候静,要善于遵循事物发展规律,不能盲动。

7.4.4　老子母亲管理规范之四:无为

"无为"是老子管理思想中最为重要的一个概念。潘乃樾认为:"老子思想的中心概念是'无为'。老子管理思想的中心概念也是'无为'。《老子》写作的目的是为了'无为'。老子学说的最终目的是建构'无为'的思想体系、管理体系。在短短五千言的《老子》中,'无为'两字竟出现了 12 次之多,与'无为'相关的内容更满篇皆是。可见,'无为'这个概念在老子思想中有着举足轻重的地位。"[①]

有人认为《老子》所谓"道德",正是"无为"的别名,"道"即是"无为"。如韩非子《解老》说:"凡德者,以无为集。"《管子·心术》也说:"以无为之谓道",又说:"德者,道之舍","以无为之谓道,舍之之谓德。"后来明代焦竑撰《老子翼》,其序云:"《老子》,明道之书也。"又说:"《老子》非言柔也,明无为也。"张舜徽在《周秦道论发微·老子疏证》中解释"是以万物尊道而贵德"时说:"谓人君处理万事,必归于无为,无为即道德也"。高秀昌在"《老子》'无为而治'思想阐释"一文中指出:《老子》书有一个明显的特点,就是几乎每一章都先论'道'之一般原理,后以'人(事)'证之。因此,老子在此讲'自然''无为',与其说是对'道'的,不如说是对'人(事)'的更为确切。政(事)乃人事之一,道自然无为,'德'也无

---

① 潘乃樾. 老子与现代管理[M]. 北京: 中国经济出版社, 1996: 15.

为，尊道贵德之政（治）也应'无为'。"①熊礼汇也认为，道家的经营管理哲学可用"无为"二字概括，"贵柔""守雌""居后""不争""知足""以因循为用""以时迁移，应物变化"，都是一些具体做法②。可见大家普遍认为，《老子》一书的主旨就是论证"无为"、阐释"无为"和主张"无为"的，"无为"是老子管理思想最为典型的特征。

关于"无为"的实质，在理解上历来存在颇多歧义：

第一，不少学者将"无为"理解为"不做"，或"无所事事"。如高亨对"无为"解释为："一，不做作；二，无所作为。"（高亨：《老子注释》）许抗生也将"无为"译成"无所作为"③。张舜徽在《周秦道论发微·老子疏证》解释"圣人恒无心……"时说："人君无为，而分任群臣为之"。亦将"无为"理解为"不做""无作为"。

第二，另一种思想认为，老子"无为"的真实含义，并不是真的不为，而是要循道而为，不强作妄为。陈鼓应即说："老子的'无为'，并不是什么都不做，而是含有不妄为的意思。"④张锦明也说，老子的"无为"就是顺其自然，不强作妄为的意思。老子并不反对人们去努力，去作为，他要人去"为"，但要用"无为"的态度去"为"，不要妄为、乱为⑤。

本人对第二种观点比较认同。由《老子》第 2 章"是以圣人处无为之事，行不言之教"可以看出，圣人并不是真的什么都不做，而是要"处无为之事""行不言之教"。什么是"无为之事"呢？就是认识"道"和遵循"道"。圣人认识"道"和遵循"道"，虽然不是具体地"为"，却又是最大的"为"。他们以"道"为指引，把握社会和组织的发展方向，使其能够顺道而为。"行不言之教"，一方面可以如常人所言，是指圣人在行动上做好百姓的表率，而不只是口头上的教化；而更重要的应该是指圣人为社会组织建立符合"道"的运行机制，这样虽然不用频繁发号施令（"不言"），百姓却能够自我发展

---

① 高秀昌.《老子》"无为而治"思想阐释[J]. 北京：社会科学研究，1995：70.

② 熊礼汇，袁振明. 老子与现代管理[M]. 上海：学林出版社，1999，丛书总序.

③ 许抗生. 帛书老子注释与研究[J]. 杭州：浙江人民出版社，1986：161.

④ 陈鼓应. 老子今注今译[M]. 北京：商务印书馆，2003：53.

⑤ 张锦明. 老子智慧与经营管理[M]. 上海：学林出版社，1991：65.

("自化")。可以看出,"处无为之事"是为组织确立正确的发展方向;"行不言之教"是为组织制定正确的运行机制。方向和机制对于组织而言是至关重要的,只有确定了好的方向和运行机制,组织才能健康运行。这样的管理者,尽管在常人看来,看似无所作为,实际上最终却是"无为而无不为"。老子希望管理者们顺应被管理者的自然本性(即"道")进行管理,通过对被管理者本真之性的开发与维持,使被管理者本真得以率性而动,从而实现管理的目标。

老子认为,被管理者之所以难管,并不是被管理者有问题,而是管理者的管理方式出了问题。他说:"民之难治以其上之有为,是以难治。"(第75章)老百姓之所以难管,是因为管理者采用了"有为"的方式进行管理,所以才会不好管理。他认为,只要管理者能够遵循"自然无为"的方式进行管理,就没有什么不好管的,即:"为无为,则无不治"。(第3章)因此,老子强烈呼吁管理者对百姓一定要实行"无为而治",他说:"爱国治民,能无为乎?"(第10章)管理者既然那么热爱自己的国民,为什么不采取"无为"的方式进行管理呢?

与一般人的理解不同,老子从不把"无为"与"无所作为"联系在一起,而是通过常人眼里所谓的"无为"("处无为之事""行不言之教")达到最终整个组织的"有为"。《老子》第37章即指出:"道常无为而无不为,侯王若能守之,万物将自化,化而欲作,吾将镇之以无名之朴,无名之朴,夫亦将无欲。不欲以静,天下将自定。"大道总是看似无为却无所不为,统治者如果能够守道而治,必然也能够使万物自己蓬勃发展。万物发展以后,就会想要作乱,统治者就要用"朴"的思想加以规范,减少百姓的欲望,这样社会就会归于平静,天下也就会安定了。这句话直截了当地阐述了老子"无为而治"的基本路径,即:统治者行无为之政→百姓自化→镇之以"朴"→降低百姓欲求→社会平静、天下安定。

什么是"无名之朴"呢?"朴"最原始的意思是没有经过雕琢的木头,"无名"即为"道"。"无名之朴"就是指"道"的最根本的核心材料。用在管理上,就像是一种"权杖"类的东西,被作为道的最核心管理工具。这个核心管理工具在不同领域,体现出的内容有所不同。比如,在自然界中,自然对万物的管理就是通过"资源"这个权柄来进行管理的。我们知道，在原始森林里，自然之母先是听任各类生物自由蓬勃地发展，当发展到一定程度时，相互间就可能出现无序的竞争。这时，自然界并不是一个个地去治理，而是找到一个最根本的管理工具，就是"资源"，让这一工具控制万物的发展，逐步使万物限定在一定范围内发展，使整体系统归于有序和平衡。一旦有物种打破这个平衡，相应的物种就会遭受惩罚。而社会经济的发展也是如此。就像我国发展市场经济一样，首先是让各种经济形态自由发展，当发展到一定阶段，如果出现无序竞争时，就要进行相应的规范和调节，以保证经济发展的稳定和平衡。这种规范往往是通过间接的"货币政策"来完成的，通过货币政策的引导和限制，使各种经济形态趋于平衡。这里所说的自然界的"资源"和经济杠杆"货币政策"就是像道的"无名之朴"一样的"权杖"，能够对管理对象起到关键的调整作用。我们在企业管理中，也要善于寻找这样的核心工具来控制组织的发展。比如，在企业管理中，这个工具可能就是"薪酬"，企业可以通过薪酬的调节和引导作用，来激励员工向着企业希望的方向发展，以促成企业战略目标的达成。

第三，有人把老子的"无为"解释为"无违"，主张人的行为不要违背自然规律。我们从对老子"无为"的思想分析可以看出，老子所说的"无为"并非真的无所作为，而是要人顺道而为，不强作妄为。因此，王弼注"道常无为"时说："顺自然也"。王安石注"无为"说："侯王守道，则无为也；万物将自化于道，故无不为也。"[1]可见，老子的"无为"并非反对"为"，只是反对凭主观意志的妄为，提倡顺应自然的"为"。因此，有人把老子的"无为"解释为"无违"，即认为老子主张人的行为不要违背自然规律。"无为而无不为"，就是说只要不违背客观规律，做任何事情都能成功[2]。

第四，也有人认为，老子的"无为"是"不变"的意思。如吴澄注"无为"曰："道之无为，久而不变，非特暂焉而已，故曰常无为。"这种理解的根据在于，《说文》将"为"字解释为："为，母猴也。"段玉裁注曰："凡有变化曰为。"可见，"变化"即是"为"，而"无为"即为"不变"的意思，

---

① 容肇祖. 王安石老子注辑本[M]. 北京：中华书局，1979，5.

② 林伯野. 老子评解[M]. 北京：中国文史出版社，2006，序言.

就是要保持清静，不要做过多的变化①。

对于老子的"无为"思想，很多学者都给予了很高的评价。朱晓鹏认为，先秦学术起于"救时之弊"，即试图救治现实弊病、引领社会走上理想之途，是促使老子提出自己一系列理论和主张的一个重要现实原因。与儒墨等学派注重社会伦理的角度来寻求救世之方的做法不同的是，老子看重从更加广阔的、宇宙的、自然的角度来探讨解救时弊的良方。老子从自然界的万物枯荣、四时变化、天道循环中，悟出了"无为"的自然之理。他认为，既然自然界能在"无为"的状态下自我化育协调发展，那么人类社会只要效法自然，以"无为"的原则去处理社会和人生中纷繁复杂的事物，无疑也会取得理想的成就。所以"无为主义"便成了老子所始终标举的治世良方②。潘乃樾也说，老子哲学思想体系的核心是"道"，而老子管理哲学的思想体系的核心是"自然无为"。"自然无为"是指管理要顺应客观规律，按客观规律办事。它是"道"在管理领域中的体现，是搞好管理的指导思想。也是由于这个缘故，老子的管理哲学思想，与古今中外任何一家、一派的管理思想不同，"自然无为"抓住了管理成败最本质、最普遍的问题③。

7.4.5　老子母亲管理规范之五：崇俭

"俭"，繁体字作"儉"，形声字，从人，佥（qiān）声，本义是"自我约束，不放纵"的意思。《说文》上即有："俭，约也"的说法，《易·否象传》有"君子以俭德避难"，《左传·庄公二十四年》有"俭德之共也"，《左传·僖公二十三年》有"严公子广而俭，文而有礼"，司马迁《报任安书》有"恭俭下人"，《论语·学而》有"夫子温、良、恭、俭、让以得之"，《论语·八佾》中有"奢则不孙，俭则固"等都是这种用法。可见，"俭"最初主要是指对自身的"约束"，后来才逐渐引申为财物的节俭、节省。如《韩非子·难二》："俭于财用，节于衣食"，《左传·庄公二十四年》："俭，德之

---

① 罗晓光，申静.《老子》中的管理思想[M]. 哈尔滨：黑龙江人民出版社，1998：P12.

② 朱晓鹏. 智者的沉思：老子哲学思想研究[M]. 杭州：杭州大学出版社，1999：19-20.

③ 潘乃樾. 老子与现代管理[M]. 北京：中国经济出版社，1996，序言.

共也；侈，恶之大也"，《国语·鲁语上》："今先君俭而君侈，令德替矣"，梁启超《谭嗣同传》中"俭素为美"等都是"节俭"的意思。

"俭"是老子管理思想的重要概念，位居"三宝"之二。老子关于"俭"的直接论述主要集中在《老子》第 67 章中，他说："我有三宝持而保之：一曰慈，二曰俭，三曰不敢为天下先。慈故能勇，俭故能广，不敢为天下先故能成器长。今舍慈且勇，舍俭且广，舍后且先，死矣！""俭"的作用主要体现为"俭故能广"。对这句话中"俭"字的理解，多数人认为是"节俭、节省"的意思，如王弼对这句话的注释为："节俭爱费，天下不匮，故能广。"陈鼓应认为"俭"与"啬"同意，是"有而不尽用"（即"节省"）的意思，他说："俭啬所以能厚广"①。

本人对此有不同看法，认为此处的"俭"字理解为"自我约束，不放纵"更为恰当。

首先，"约束"是"俭"的本义，与老子所处的时代更为接近。"俭"最初的本意是"自我约束，不放纵"，我们虽不知道什么时候开始转变为"节俭"含义的，但老子的时代，"俭"字的用法应该更为接近"俭"的本意。与老子时代比较接近的韩非子《解老篇》对"俭"字的理解，可能与老子的原意更为接近，他说："智士俭用其财则家富，圣人宝爱其神则精盛，人君重战其卒则民众，民众则国广。"这里的"俭用""宝爱""重战"，都有"约束"的意思。也就是说，聪明人在财富上有所约束，就会变得富有；圣人对其精神有所珍爱，就会精力旺盛；君主对征战有所限制，百姓就会增多，百姓增多，国土就会变得广大。蒋锡昌在《老子校诂》中也说："'俭'与'损''啬'等字均文异谊同。俭以治人，则民不劳；俭以治身，则精不亏。"②这里的"俭"显然也是"约束"的意思。

其次，如果把"俭"完全解释为"节俭"，很难与老子"三宝"中"慈"和"不敢为天下先"两个概念相匹配。我们知道，"慈"和"不敢为天下先"都是针对人而言的，是处理人与人之间关系的指导原则。而如果把"俭"理解为"节俭"，就变成了处理"人"与"物"之间的关系，与上下文的语境

---

① 陈鼓应.老子今注今译[M]. 北京：商务印书馆，2003：311.

② 蒋锡昌.老子校诂[M]. 成都：成都古籍书店，1988：409.

明显不符。《老子》全书在讨论人世问题时，多数都是讨论如何处理人与人之间的关系，而不是处理人与物之间的关系。老子强调"俭"，主要是希望统治者能够对自己的行为有所约束，不要恣意妄行，过分横征暴敛。

再次，如果把"俭"完全理解为"节俭"，则"俭固能广"的解释会有些牵强。我们知道，"广（廣）"的本义是指"宽大的房屋"，《说文》中即有："广，殿之大屋也。"段玉裁注曰："殿谓堂无四壁……覆乎上者曰屋，无四壁而上有大覆盖，其所通者宏远矣，是曰广。"朱骏声说："堂无四壁者。秦谓之殿，所谓堂皇也，覆以大屋曰广。""广"字的另外一层含义是"面积广阔"。《广韵》上即有："广，阔也"的说法。《左传·庄公二十八年》有"狄之广漠。"《战国策·西周策》有"地广而益重。"汉代晁错《言兵当疏》中也有"平原广野，此车骑之地。"另外，"广"字还有一层意思，即"数目众多"，如《史记·魏公子列传》中即有"自迎嬴于众人广坐之中"，还有成语"大庭广众"，也都是指"多"的意思。此处"俭固能广"的"广"字显然并非指"宽大的房屋"和"数目众多"，而应是指"面积广阔"，象征国家强盛。正如韩非子此处的解释为"民众则国广"，"民众"是指百姓数量众多，"国广"显然是指国土广大。显然，单靠国君的"节俭"是不能成就国土的广大的。必然是由于国君不过多的袭扰百姓，百姓安居乐业，才能使国家富足，实现国土广大。因此，此处的"俭"作"约束"讲更为合理。这样，"俭故能广"就可以理解为：因为国君对国家管理不恣意妄为、横征暴敛，百姓安居乐业，国力强盛，人口增加，国家的土地也就跟着扩大了。

很多学者认为"俭"与"啬"的意思是相同的，如蒋锡昌说："'俭'与'损''啬'等字均文异谊同。"即文字不同，含义相同。陈鼓应也说："俭：有而不尽用。和五十九章'啬'字同义。"① 但实际上，"俭"与"啬"的含义应该是有区别的。《新华字典》对"啬"的解释为："啬"，会意字，甲骨文字形，像粮食收入谷仓形。《说文》中注为："啬，爱濇也，从来、㐭（lǐng）。来者㐭而藏之，故田夫谓之啬夫"。小篆"来"是小麦，"㐭"是仓库，本义是"收获谷物"的意思。朱骏声在《说文通训定声》中有："（啬）

---

① 陈鼓应.老子今注今译[M]. 北京：商务印书馆，2003：310.

此字本训当为收谷，即穑之古文也。转注为爱濇（sè）之义，或借为濇。"可见，"嗇"本义上更多的是处理与物的关系，更接近今天"节俭"的意思；而"俭"主要是指对自身的"约束"，二者在含义上还是有差别的。

7.4.6　老子母亲管理规范之六：知止

一般人都认为，做事应该锐意进取，不断前行，不可半途而废，但老子却提出了"知止"的主张，他说："持而盈之不如其已；揣而锐之不可长保；金玉满堂莫之能守；富贵而骄，自遗其咎。功遂身退，天之道也"。（第9章）老子认为，总是一味地追求圆满，不如适时地停止；过于显露锋芒，反而无法长保；总是追求金玉满堂，最终却无法守藏；即使非常富足，如果过于骄纵，也会自取祸患。因此，当功业完成时，一定要适时地退隐收敛，这才是符合自然的道理。老子这句话如果用一个词来概括，就是"物极必反"。

老子认为，凡事不可用其极，要适可而止，否则必然招致失败。历史上，这样的例子很多。如汉初共同辅佐刘邦打天下的萧何和韩信，在刘邦统一天下后，不同的选择，造就了不同的命运。萧何功成名就，及时退隐，得以保全性命，颐养天年；韩信不知适可而止，一味追求功名利禄，最后落得身败名裂，惨遭杀身之祸。

因此老子明确指出："圣人去甚、去奢、去泰"（第29章）、"物壮则老，是谓不道，不道早已"（第30章）、"知足不辱，知止不殆，可以长久"（第44章）。他告诫人们做事要适可而止，凡事不能做得过头，否则会物极必反，招致败亡。"知止"，就是要有远虑，不能为眼前景象所迷惑，不为小利而妄动。正如《吕氏春秋》所言："天下之士也者，虑天下之长利，而固处子以身若也。利虽倍于今，而不便于后，弗为也。"苏轼的《贾谊论》中也说："君子所取者远，则必有所待；所就者大，则必有所忍。"这些都说明，做事要有长远打算，掌握好事件发展的节奏，当进则进，当止则止，切不可不顾情势盲目进取，这样才能保证事物的长久发展。

前些年，国内曾经名噪一时的优秀企业和企业家，如秦池酒业的姬长孔、爱多集团的胡志标、飞龙集团的姜伟、三株集团的吴炳新，以及后来国美电器的黄光裕等，都因为不知止，要么是盲目扩张，要么是疯狂做假，要么是肆无忌惮地敛财，最终都有如昙花一现，风光不再。这正好印证了老子所说的："知足不辱，知止不殆，可以长久"的重要，如果反其道而行之，必然遭致身败名裂的下场。

7.4.7　老子母亲管理规范之七：不争

达尔文的生物进化论告诉我们，自然界充满了各种各样的竞争，任何事物只有在竞争中不被打败，才能生存下来。人类社会，也同样充满着竞争，每个组织和个人都想方设法地谋求在竞争中取胜。作为智者的老子，虽然承认"争"的存在，却主张用"不争"的方式来对待竞争，这是很多初步接触老子思想的人最为迷惑不解的。

要想了解老子"不争"思想的真正含义，首先要了解什么是"争"。从字源上看，"争"（爭）为会意字。金文字形的"争"上为"爪"（手），下为"又"（手），中间表示某一物体，像两人在争夺一样东西，可见"争"的本义是"争夺"的意思。《说文》中即有"争，彼此竞引物也。"也就是说，"争"最早的含义是争夺财产的意思，后来才逐渐演变为"竞争""争斗"的意思。通观《老子》全书，"争"的这三种含义似乎都用到了。比如老子说："水善利万物而不争，处众人之所恶，故几于道"（第 8 章）、"是谓不争之德，是谓用人之力，是谓配天之极"（第 68 章）、"天之道利而不害，圣人之道为而不争"（第 81 章）等的"争"，应该是"争夺"的意思，意为与人争夺利益；"不尚贤，使民不争"（第 3 章），这里的"争"应该是"争斗"的意思，指不崇尚贤明，百姓就不会相互争斗；"夫唯不争，故天下莫能与之争""不争而善胜"的"争"，应该是"竞争"的意思。

《老子》一书中，提到"争"的地方很多，但又都告诫人们"不争"。这究竟是什么原因呢？

首先，老子认为，"不争"是道的根本属性。他说："上善若水，水善利万物而不争，处众人之所恶，故几于道。"（第 8 章）最好的善行，就像水一样，泽被万物而不争功，身处众人厌恶的下位，是最接近于"道"的行为。老子认为，最能代表"道"的自然物质就是"水"，它基本上具备了"道"

的所有美德，典型的就是它的"不争"之德，它泽被万物而不争功，安处众人厌恶的下位，是一种最高的善行。因此老子说："天之道利而不害，圣人之道为而不争。"（第 81 章）上天总是善于利益万物而不加相害，圣人总是服务于百姓而不争功。可见，"不争"是"道"的本性，人如果要效法"道"，就要像"道"一样拥有这种"不争"之德。

其次，老子希望通过"不争"缓解当时的恶性竞争。老子所处的春秋战国时期，是我国最为动荡的历史时期，诸侯连年征战，给社会带来严重灾难。据《史记》记载，春秋 300 年间（公元前 770—公元前 476 年），"弒君三十六，亡国五十二，诸侯奔走不得保其社稷者不可胜数"[①]；战国 250 余年间（公元前 475—公元前 221 年），发生大小战争 220 余次[②]。连年的战争，使诸侯国遭受重创，许多诸侯国因此而灭亡，墨子即说："古者封国于天下，尚者以耳之所闻，近者以目之所见，以攻城战亡者，不可胜数。"（《墨子·非攻中》）更为惨烈的是，百姓流离失所，死伤不计其数，"争地以战，杀人盈野；争城以战，杀人盈城"（《孟子·离娄上》）。老子看到这种状况，对这种恶性竞争深恶痛绝，因此极力反对战争，他说："以道佐人主者，不以兵强天下。其事好还。师之所处荆棘生焉，大军过后必有凶年。"（第 30 章）用道来辅佐君主的人，绝不靠兵力逞强天下。因为他知道，这样一定会得到报应。军队所到之处，就会长满荆棘。大战过后，一定会变成荒年。又说："夫兵者不祥之器，物或恶之，故有道者不处。"（第 31 章）战争是不祥的东西，谁都厌恶它，所以有道的人不会使用它。可见，老子之所以强调"不争"，就是希望通过"不争"来缓解战争和避免战争。

最后，老子认为"不争"可以更好地实现"争"。竞争是一把双刃剑，正当的竞争是社会前进的动力，恶性的竞争则会给社会带来严重的灾难。老子主张"不争"，并不是否定和阻止竞争，而希望通过和平的手段，更好地实现"争"。他说："天之道不争而善胜，不言而善应，不召而自来"（第 73 章），又说："夫唯不争，故天下莫能与之争"（第 22 章）。老子"不争"的目的，是为了"不争而善胜""不争而天下莫能与之争"，实际上是一种更高

---

① [汉]司马迁. 史记·太史公自序[M]. 长沙：岳麓书社，1988：944.

② 张岱年，方克立. 中国文化概论[M]. 北京：北京师范大学出版社，1994：83.

明的"争"。老子用正反两方面的事例论证了"不争"的优越性，他说："企者不立，跨者不行，自见者不明，自是者不彰，自伐者无功，自矜者不长。"（第24章）又说："不自见故明，不自是故彰，不自伐故有功，不自矜故长。"（第22章）"自见、自是、自伐、自矜"都是指主动争取自己的利益（即"争"），反而会遭受不利的结果；而如果不"自见、自是、自伐、自矜"（即"不争"），反倒会收到很好的效果。将"争"与"不争"的结果相比较之后，就会发现"不争"的结果是显而易见的：虽然"不争"，反倒"天下莫能与之争"。

老子还用"三宝"中的"不敢为天下先"对"不争"的好处进行了总结。他说："不敢为天下先，故能成器长"。对于这句话的理解，存在较大歧义，主要集中在对于"成器长"的不同理解上。"器长"，帛书甲本作"事长"，韩非子《老子注·解老篇》与此相同。帛书乙本作"器长"，王弼、蒋锡昌、陈鼓应等皆从此说。蒋锡昌在《老子校诂》中引俞樾的话说，韩非文中"'事'与'器'异文，或相传之本异，或彼涉上文'事无不事'句而误。"[1]

但是"器"与"事"的差别对全句理解的影响并不大，问题主要出在对"长"字的理解上。一般人都认为"器长"即为"万物的首长"或"百官之长"。如陈鼓应即说："'器'，物，指万物。""成器长"即为"成为万物的首长。"[2]。蒋锡昌引奚侗语说："'器长'，百官之长，谓人君也。"[3]韩非子虽然将"器"用为"事"，但对"成事长"理解与以上的理解却非常相近，认为"事长"即为"官长"的意思。他说："不敢为天下先，则事无不事，功无不功，而议必盖世，欲无处大官，其可得乎？处大官之谓为成事长。"（《老子注·解老篇》）可见，众人的理解都把"长"看作名词，读作"zhǎng"，指"首领、君长、领袖，或各种组织的位高者"。

而本人则认为，此处的"长"应作形容词，读作"cháng"，是"时间久"的意思。《广雅》即有"长，久也"的说法。《战国策·齐策》中有"未尝闻社稷之长利"，《礼记·表记》有"义有长短大小"，都是时间长久的意

① 蒋锡昌.老子校诂[M].成都：成都古籍书店，1988：410.
② 陈鼓应.老子今注今译[M].北京：商务印书馆，2003：311.
③ 蒋锡昌.老子校诂[M].成都：成都古籍书店，1988：410.

思。本人之所以这样理解，主要基于以下三点考虑：

第一，从上下文来看，老子所说"三宝"中前两宝的作用"慈故能勇，俭故能广"中的"勇"和"广"字都是形容词，用于表述"三宝"中"慈"和"俭"的作用。由于这几句话是对仗关系，前后句的句式应该是相同的，因此"故能成器长"的"长"也应该是形容词，是"长久"的意思。

第二，很多人对"器"的理解值得商榷。多数人认为"器"即为"百官"，如奚侗认为"'器'即'朴散则为器'之'器'，谓百官也。"也有人认为，此处的"器"应指"万物"，即"物"的总称，如蒋锡昌即说："'器'，物也，物即万物也。"①张忆在《老子白话今译》第 28 章的注释中也说："器，指现象世界具体的实物。"②而不管把"器"理解为"百官"还是"万物"，他们都认为此处的"成器长"是"成为官长"的意思。本人对此种观点不敢苟同。

首先，从版本的早晚看，帛书甲本和韩非子《老子注·解老篇》与老子的时代更为接近，此处均为"事"字而非为"器"字，应该更为接近《老子》一书原貌。可以推定，《老子》原文很可能就是"事"而非"器"，是指"事业或发展"的意思。因此，"不敢为天下先，故能成器长"应该是"不敢为天下先，故能成事长"。全句的意思应该是："正因为不与天下相争，所以才能保全自己，存活时间必然能够长久。"这个意思是比较容易理解的。

其次，"成为百官之长"与老子"不争"的思想相悖。老子说"生而弗有，为而弗恃，功成而弗居"（第 2 章）、"生而不有，为而不恃，长而不宰"（第 51 章），老子本来就反对争功争利争位，为什么会说"不敢为天下先"反倒成为"百官之长"呢？这显然是非常牵强的。我们知道，老子之道被称为"长生久视之学"，相对于成为"百官之长"而言，老子应该更加注重"存活的长久"。况且，如果当作"成为百官之长"理解，与前两句"慈故能勇，俭故能广"的意思也很难衔接。前两句都在讲"慈"和"俭"的管理效果，本来就是针对领导者而言的，因此这里就再无强调"成为百官之长"的必要了。

---

① 陈鼓应. 老子今注今译[M]. 北京：商务印书馆，2003：311.
② 张忆. 老子白话今译[M]. 北京：中国书局，1992：55.

第三，从老子强调违反"三宝"的危害，也可以证明此处的"长"应该是"长久"的意思。他说："今舍慈且勇，舍俭且广，舍后且先，死矣！"意思是：如果舍弃慈爱而追求勇武，舍弃俭啬而追求宽广，舍弃退让而追求争先，就是走向死路！既然不遵守"三宝"的规范反其道而行会走向死路和短命，那么顺应"三宝"从事，显然便会"长久"。此处的"死"与前面的"长"正好相对，这也正好说明老子前处所说的"长"字必然是"长久"之意，而不是什么"官长"，这是显而易见的。

道家是春秋战国时期诸子百家中对"争"讨论最多的学派，也最为强调"不争"，仅在《老子》短短五千言中就有十多次直接提到"不争"。当然，老子主张"不争"并不是绝对地反对竞争，而是要通过"不争"更好地实现"争"，即"不争而争"，这实在是一种更高明的"争"，是一种和谐的竞争。

7.5 "三宝"思想：老子母亲管理思想的核心管理智慧

从本书第 5 章可知，《老子》一书提出了众多管理范畴，至今谁也无法准确说出究竟有多少个。经本人初步归纳，共梳理出 22 个基本范畴，经进一步合并后，归纳为"道、德、自然、柔弱、慈爱、守静、无为、崇俭、不争、知止" 10 个主要范畴。其中"道""德""自然"为基本范畴，是老子管埋思想的理论基础。剩下的 7 个范畴，是老子管理思想的主要规范，分别从不同方面，阐述了"母亲管理"应该遵循的基本原则。但这些规范还是略嫌分散，不太便于把握。老子本人似乎也看到了这一点，担心世人觉得他提出的管理规范过于繁多，不好掌握，便提出了"三宝"思想加以概括。

所谓"三宝"，就是在《老子》第 67 章提出的"慈""俭""不敢为天下先"三条管理原则。他说："我有三宝，持而保之：一曰慈，二曰俭，三曰不敢为天下先。"这三条可以看作是老子管理思想中最核心的管理原则。以前，很少有人讨论老子为什么要提出"三宝"思想，以为"三宝"是新增的三条管理规范，跟其他规范没有什么两样。但本人认为，老子的"三宝"思想，实际上是对其所有管理规范的总结和概括。在《老子》第 67 章的开篇，有这样一段话："天下皆谓我道大似不肖。夫唯大，故似不肖。若肖，久矣其细也夫！"（第 67 章）这段话的意思是：天下人都说我的道太广大了，好像找不到跟他相似的东西。正因为它太广大了，所以才找不到跟他相似的东西。如果跟其他东西一样的话，那它也早就变得非常渺小了！陈鼓应先生认为，《老子》中的这段话与接下来提出的"三宝"思想没有多大关系，疑为错简。他说："本章谈'慈'，这一段和下文似不相应，疑是他章错简。"[①]本人则认为，这段话恰恰与下文有着很大的关系，正因为老子看到很多人对他的"道"提出质疑，感到"大似不肖"，难以把握，所以才提出"三宝"思想，对其管理思想进行高度概括。关于这一点，可以从"三宝"的含义，及与其他主要管理规范之间的关系上，得到一些证明。

"三宝"中的"慈"，是指管理者要用慈爱的方式进行管理；"俭"，并不完全是现代意义上"节俭"的意思，而主要是指它的本义"约束"的意思，要求管理者对自己的言行进行约束，采用简约的方式进行管理，不过多地干扰百姓；"不敢为天下先"就是不自矜、不自夸，不与民争利。我们把这三条规范，与本书第 5 章中总结出的 7 条主要管理规范对比后就会发现，这 7 条主要管理规范，都可以纳入到"三宝"的三条管理规范之中。其中"柔弱""慈爱"可以归为"慈"——只有通过柔弱的方式进行管理，才能彰显"慈爱"；"清静""无为""崇俭"可以归入"俭"——只有"清静""无为"才能达到"俭"（少干预）的目的，而"崇俭"（节俭）也是"俭"字的应有之意；"知止""不争"可以归为"不敢为天下先"——"知止"、"不争"就是在利益面前适可而止、不过分争夺的意思，也就是"不敢为天下先"。这样，原来得出的 7 条主要管理规范，就可以进一步概括为"慈""俭""不敢为天下先"三条最基本的管理规范了。这三条管理规范，是对老子管理思想的高度浓缩，最具代表性和概括性，是老子管理思想的精髓，因此又可以称为是老子母亲管理思想的核心管理智慧。把握这三条基本规范，就可以基本把握老子管理思想的本质了。

由此，老子母亲管理思想体系又可以进一步表示为：

---

① 陈鼓应. 老子今注今译[M]. 北京：商务印书馆，2003：310.

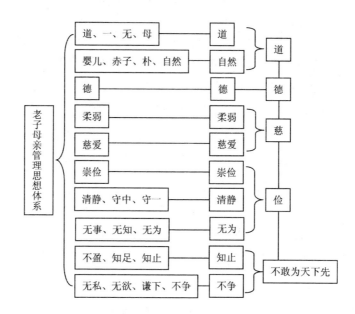

图 7.1　老子母亲管理思想体系的核心管理智慧

　　通过上图，我们对老子母亲管理思想的把握，就变得更加简便了，整个老子母亲管理思想就可以用"三宝七德"加以概括。

第8章 "无为而治"：老子母亲管理思想的管理目标

8.1 "无为而治"管理目标的主要表现

提到"无为而治"，人们很容易就想到，这是老子及道家独有的管理智慧。实际上，它是先秦时期各家各派思想家们的共同理想。黎红雷教授在《儒家管理哲学》一书中即说："提起'无为而治'，人们一般都认为这只是道家的主张，其实这是一种误解。'无为而治'其实是儒、道、法家共同的理想。"又说："'无为而治'也可以说是墨家和名家的理想目标。"①

孔子就曾明确提出"无为而治"的概念，《论语·卫灵公》即有："子曰：无为而治者，其舜也与？夫何为哉？恭己正南面而已矣！"意思是说，能做到无为而治的人，大概只有舜了吧？他做了什么呢？只是自己恭恭敬敬、端坐在朝廷中罢了。但是，对"无为而治"理念阐述最为详尽的，莫过于老子，因此老子之道又常被称为"无为之道"。

实际上，老子并没有直接提出过"无为而治"的概念，其"无为而治"的思想主要体现在《老子》第48章和第57章。第48章有"无为而无不为。取天下常以无事，及其有事，不足以取天下"，第57章有"故圣人云：我无为而民自化，我好静而民自正，我无事而民自富，我无欲而民自朴"。"无为而无不为"，也就是"无为而治"。老子认为，如果能够以无为的方式治理国家，就没有什么做不成的。治理国家要清静不扰攘，如果频繁干扰百姓，就不配治理国家。因此，有道的圣人总是说：我无为，百姓就自我化育；我好

---

① 黎红雷. 儒家管理哲学[M]. 广州：广东高等教育出版社. 1993: 237.

静，百姓就自然步入正道；我不搅扰，百姓就自然富足；我没有贪欲，百姓就自然朴实。在这里，老子不仅提出了"无为而治"的理念，还提供了一些达到"无为而治"的方法，即"无为、好静、无事、无欲"等，管理者只要能够按这些原则去做，百姓就能够自我正向发展，从而达到"无为而治"的管理境界。

老子对"无为而治"的类似描述，还散见于《老子》的其他章节，几乎贯穿《老子》一书的始终。如：

"不尚贤，使民不争。不贵难得之货，使民不为盗。不见可欲，使民心不乱。是以圣人之治，虚其心，实其腹，弱其志，强其骨；常使民无知无欲，使夫智者不敢为也。"（第 3 章）这句是讲在"无为而治"的理想社会，百姓处于"不争""不为盗""民心不乱""无知无欲"的恬淡状态。

"太上，不知有之。其次，亲而誉之。其次，畏之。其次，侮之。"（第 17 章）这句是说在这样的社会里，人们根本感觉不到统治者的存在。

"绝圣弃智，民利百倍；绝仁弃义，民复孝慈；绝巧弃利，盗贼无有；此三者，以为文不足。故令有所属，见素抱朴少私寡欲。"（第 19 章）这句是说，在这样的社会中，百姓处于"绝圣弃智""绝仁弃义""绝巧弃利"和"少私寡欲"的纯朴状态。

"天下有道，却走马以粪。天下无道，戎马生于郊。"（第 46 章）是说这个社会反对和抑制战争。

"圣人无常心，以百姓心为心。善者吾善之。不善者吾亦善之德善。信者吾信之。不信者吾亦信之、德信。"（第 49 章）这个社会以百姓为重，统治者善待百姓，尊重百姓的选择。

"其政闷闷，其民淳淳。其政察察，其民缺缺。"（第 58 章）这个社会的统治者宽厚仁慈，百姓品质才纯朴。

以上这些描述，既有"无为而治"的原则、方法，也有"无为而治"的结果表现，是一套非常完备的"无为而治"的管理系统。老子从百姓的生存状态、统治者的管理状态、社会的整体面貌等多方面，勾勒出了一个和谐、安定、民风淳朴的理想社会景象。

老子对"无为而治"理想社会的描述，散落于《老子》一书的各个章节，以第 80 章的描述最为集中。人们普遍认为，《老子》第 80 章对"小国寡民"的描绘，是老子对"无为而治"理想社会的集中展示。他说："小国寡民。使有什伯之器而不用，使民重死而不远徙，虽有舟舆无所乘之，虽有甲兵无所陈之，使民复结绳而用之。甘其食、美其服、安其居、乐其俗。邻国相望，鸡犬之声相闻。民至老死不相往来。"

近现代学术界，对老子"小国寡民"思想争论最多的，就是其阶级性问题。很多人根据老子的这段文字表述，而认定老子思想是消极落后的。如：有人认为其寓意"国家要小，人民要少""是一种反动思想"①；也有人认为"这是主张回到原始社会"②，"是对原始社会的向往"③，因而是一种历史的倒退；还有人认为，"这种学说，要想把一切交通利器、守卫的甲兵、代人工的机械、行远传久的文字……等等制度文物，全行毁除。要使人类依旧回到那无知无欲，老死不相往来的乌托邦"④，是一种不切实际的幻想。正因为这些批评言论的存在，人们对老子"小国寡民"思想形成了一种消极倒退的负面印象。

但是，随着近年来对老子思想研究的深入，以及意识形态的转变，人们对老子"小国寡民"思想有了许多新的认识。如：有人认为"老子的'小国寡民'并不是指简单地退回到原始社会，而是名退实进，寓进于退"⑤；也有人认为，老子的"小国寡民"是老子对理想社会管理方式的一种描述，即社会的进步、人类文明的发展应该与自然保持高度的和谐，在新的时代条件下，对于提醒人们"回归自然的生活方式、人口控制、弃绝战争与维护世界和平"具有积极意义⑥；还有人认为，老子的"小国寡民"思想"并非对于理想社会的直接描述，而是叙述了通往理想社会的具体途径"，"只要人们顺应自然，不去追求满足超出于自然本性之外的欲望"，就能"弃绝满足这些

① 任继愈. 老子新译[M]. 上海：上海古籍出版社，1978：130.

② 张岱年. 中国哲学发微[M]. 太原：山西人民出版社，1981：335.

③ 白寿彝. 中国通史：第 3 卷[M]. 上海：上海人民出版社，1989：275.

④ 胡适. 中国哲学史大纲[M]. 上海：上海古籍出版社，1997：46.

⑤ 李靖. 重新解读老子"小国寡民"的理想社会[J]. 杭州：中共杭州市委党校学报，2003（5）.

⑥ 赵玉玲.重析"小国寡民"：谈道家的现代意义[J]. 武汉：武汉大学学报（人文科学版），2006（1）.

欲望的工具和交往，并将最终消灭战争"①。白奚先生即认为，"与其说老子的'小国寡民'所描绘的是对原始社会的复归，不如说是对原始社会的扬弃，即抛弃其生产落后的一面，留取其天真古朴自然的一面。"②可以看出，当前学者们对老子"小国寡民"思想的这些新认识，已经突破了意识形态的束缚，站在历史的角度进行客观评判，应该是比较公正的。

我们知道，《老子》一书是一部诗歌体的哲学著作，语言具有很强的象征意义，很多思想都是通过隐喻的方式表现出来的，比如"复归于婴儿""上善若水""谷神不死"等，光从文字表面，很难把握其真实含义。因此，对《老子》一书的评判，切不可仅从文字表面加以理解，而应透过文字，从更深层面加以理解，这样才能了解它的真正意图。

对于老子"小国寡民"这段文字，前人已经做了许多深入细致的分析，几乎每个字都有不同的训诂和解释。本人在此不做赘述，只想透过文字表面，深入探究一下其背后蕴涵的深刻含义。

这段文字，不算标点，共计有 75 个汉字，根据意群可以分为四个小部分，分别是：

（1）"小国寡民。"——体现理想社会"规模小、民众少"的特点。

（2）"使有什伯之器而不用，使民重死而不远徙，虽有舟舆无所乘之，虽有甲兵无所陈之，使民复结绳而用之。"——反映理想社会的人们"生活简朴、和平安定，没有战争侵扰"。

（3）"甘其食、美其服、安其居、乐其俗。"——反映理想社会的人们"生活舒适、安逸富足、自得其乐"。

（4）"邻国相望，鸡犬之声相闻，民至老死不相往来。"——反映理想社会的人们"生活祥和、简洁单纯，没有外界干扰"。

总体看，这段话给我们描绘了一个民风淳朴，百姓生活和谐安定、祥和舒适、其乐融融的美好图景。试问，这样一个美好的理想社会，谁不愿意生

---

① 李若晖. "小国寡民"探微：老子通往理想社会途径的设想[J]. 烟台：烟台大学学报（哲学社会科学版），2006（7）.

② 白奚. "小国寡民"与老子的社会改造方案——《老子》八十章阐微[J]. 合肥：安徽大学学报（哲学社会科学版），2000（4）.

活于其中呢？

当然，这还仅仅是从老子这段话得出的表面印象。如果以"小国寡民"思想为基础，再结合《老子》一书的其他描述，我们可以对老子"无为而治"的管理目标，有一个更为全面具体的认识。

本段的第一句话："小国寡民"，主要是说明组织的规模应该比较小，成员比较少。这样的组织，内部事务较少，成员之间的关系比较单纯，因而比较容易和谐相处。

需要指出的是，这里的"国"字与现在"国"字的概念有很大差别。这里的"国"主要是"邦"（城邦）的意思，而不是指现代意义上的国家。首先，此处的"国"字最早很可能就是"邦"字。在《韩非子·内储说下》中"国之利器"一句，王先慎注曰："《喻老篇》国作邦，此作国，汉人改也。"他认为韩非子在《喻老篇》中的"国"字本来是"邦"，是因为汉代避汉高祖刘邦的讳，才改为"国"的。《老子》帛书甲本中的"小国寡民"也是"小邦寡民"[①]。其次，古代的"国"本身就有"邦"的意思。《说文·口部》上即有："国，邦也"的说法。《广韵·德韵》也说："国，邦国。"《庄子·逍遥游》更说："国是五等之邦。"《周礼·春官·职丧》也说："凡国谓诸侯国。"因此，不管"小国寡民"中的"国"字原本是"邦"，还是"国"，都说明只是一个主权政府下的小的行政区，而不是现在意义上的国家。可见，老子所说的 "小国寡民"只是描述了一种理想社会的管理形式，并不是对原始社会的向往，不能据此认为老子思想是消极的。

本段文字的第二句到第五句主要介绍了该理想社会百姓的生活状况，是对"无为而治"管理状态的形象描述。其中第二句："使有什伯之器而不用，使民重死而不远徙，虽有舟舆无所乘之，虽有甲兵无所陈之，使民复结绳而用之"，是说该组织的发展程度虽然先进，但组织成员的生活却非常俭朴，不愿意被复杂的工具所羁绊，过着相对单纯和简洁的生活。关于这一点，冯友兰先生的解释比较贴切。他说：《老子》第八十章描述了它的理想社会的情况。从表面上看起来，这好像是一个很原始的社会，其实也不尽然。在这

---

① 高明. 帛书老子校注[M]. 北京：中华书局，1996：150.

种社会中，并不是没有舟舆，不过是没有地方用它。并不是没有甲兵，不过是用不着把它摆在战场上去打仗。并不是没有文字，不过是用不着文字，所以又回复到结绳记事罢了。老子认为，这样的社会是"至治之极"。它并不是一个原始的社会，而是知其文明，守其素朴。老子认为，对于一般所谓文明，它的理想社会并不是为之而不能，而是能之而不为。《老子》第八十章所说的并不是一个社会，而是一种人的精神境界，老子所要追求的就是这种精神境界①。冯友兰先生的这番话，恰恰道出了老子对"小国寡民"生活状况的描述，并不是一种真实的生活写照，而是一种"返璞归真"的生活风格。如果直接地认为这些描述就是老子追求的理想生活状态，那就太过于简单和形而上学化了。其实生活在喧嚣社会的我们，每个人内心都有一种追求宁静恬淡、怡然自得的简单生活的倾向，生活在几千年前的那个社会动荡时期的老子，也同样有这种"返璞归真"的追求。现代很多西方发达国家的人们，甚至包括我国的一些城市居民，在物质相对比较丰富后，反而追求一种回归自然的、纯朴恬淡的田园生活，就是对老子这一思想的最好印证。

这段文字的第三句："甘其食、美其服、安其居、乐其俗"，反映了百姓对这种生存状况的感受。老百姓生活在这种没有纷扰、争斗的环境中，表现出恬淡祥和、怡然自得的精神面貌。卢育三先生说：这里的"甘、美、安、乐，均为形容词作使动用。这几句似乎不应解释为：吃得很香甜，穿得很漂亮，住得很舒适，过得很习惯；而应理解为：自以其食为甘，自以其服为美，自以其居为安，自以为其俗为乐。这是一种无欲无羡、天然自足的生活。"②这种解释正好反映出"无为而治"社会中，百姓那种恬淡自足、怡然自得的状态。

第四句："邻国相望，鸡犬之声相闻，民至老死不相往来。"老子的这句话主要介绍了"无为而治"社会中组织之间的相互关系。相邻组织之间和睦相处，各得其所，相互间没有纠纷和争斗，呈现出一派祥和、美满的景象。陈景元解释说："邻国相望，犹今郡县之相接也。鸡犬之音相闻，谓民丰而

---

① 冯友兰.中国哲学史新编（第二册）[C]//冯友兰.三松堂全集（第八卷）.郑州：河南人民出版社，2001:299.

② 卢育三.老子释义[M].天津：天津古籍出版社，1987:281.

境近也。民至老死，言无战敌而寿终也。不相往来，犹鱼相忘于江湖，人相忘于道术也。"①这样的解释，应该是比较贴近老子本意的。

8.2 "无为而治"管理目标的基本特征

从以上对老子"小国寡民"思想的分析可知，老子"无为而治"的理想社会，主要有以下一些基本特征：

8.2.1 组织规模小

从上文论述可知，老子所提倡的理想社会，不管是"小国寡民"也好，还是"小邦寡民"也好，都意味着其组织规模比较小。那么，这样的小组织究竟有什么好处呢？现代管理学研究表明，一个组织中，每个层级领导所直接指挥的人数一般为3-15人。其中高层管理幅度为4-8人，中层管理幅度为5-9人，低层管理幅度为8-15人。管理的幅度过大，会造成指导监督不力，容易使组织陷入失控状态；管理幅度过小，又会造成主管人员配备增多，管理效率降低。因此，保持合理的管理幅度，是组织设计的一条重要原则②。可见，组织规模小、管理人员少是进行"无为而治"管理的重要组织基础。

正如白奚先生所言，老子"小国寡民"的主张显然是针对广土众民的社会现实提出的。老子生当春秋季世，兼并战争日趋激烈，如《史记·太史公自序》曰："春秋之中，狱君三十六，亡国五十二，诸侯奔走不得保其社稷者不可胜数。"兼并战争的结果，一方面国家越打越少，业已出现了晋、楚、齐等广土众民的万乘之国，另一方面人民陷入越来越深重的苦难。老子身为周王室的史官，"历记成败存亡祸福古今之道"，深观周室的荣衰、社会的变迁和人民的苦难，在他看来，这些都是多欲有为的政治造成的恶果。"小国寡民"就是对这种广土众民的有为之治的反思，是对无为而治的憧憬。显然，

① 彭耜.道德真经集注[C]//四部要籍注疏丛刊·老子：上册. 北京：中华书局，1998.540.
② 祝士苓. 工作分析与组织设计[M]. 北京：中国劳动社会保障出版社，2007：161.

国小民寡更有利于推行清静无为的政治①。

8.2.2 管理方式宽松

在老子"无为而治"的管理图景中，社会制度应该是非常宽松的，统治者顺应百姓的意愿，对百姓生活不做过多的干涉，百姓甚至感觉不到他的存在。他说："太上，不知有之""圣人无常心，以百姓心为心""治人事天莫若啬""我无为而民自化，我好静而民自正，我无事而民自富，我无欲而民自朴"。这些都表现出一种"慈"的管理态度。

任继愈认为，"老子的理想社会中，也有统治者和被统治者"②，但是统治者对百姓采取的是一种无为的宽松方式进行管理，使百姓根本感觉不到自己的存在。陈鼓应、白奚指出，儒家的圣人是道德的典范，而道家的圣人则是因任自然的典范。儒家的道德是伦理型的道德，他们注重道德对人的规范、约束和教化作用，而道家的道德则是自然道德，因任自然就是最高的道德。道家的圣人仿效天地运行的自然规律，鄙弃一切束缚和影响人类身心自由活动的名教规范，以"无为"的态度和原则来处理世事，实行"不言"的教导，听任人们按照自己的自然本性去生活，从不横加干涉。圣人以这样的态度和原则治理社会，就不会给人民带来危害，人民就没有统治者的权威造成的压迫感，甚至感受不到上面还有统治者的存在，这样的统治者自然就会受到人民的拥戴而不会被人民所厌弃③。老子提倡的"无为而治"的社会，并不是没有统治者，只是统治者不对被统治者实行强制的管理手段，让百姓感觉不到自己的存在，是一种非常宽松自然的管理风格。

8.2.3 百姓生活纯朴

与宽松的管理制度相应，百姓的生活是非常简单纯朴的。老子在管理方式上讲求"道法自然"，要求统治者"绝圣弃智""绝仁弃义""绝巧弃利"，

---

① 白奚."小国寡民"与老子的社会改造方案[J]. 安徽大学学报（哲学社会科学版）：2000（4）：9.
② 任继愈. 中国哲学发展史（先秦）[M]. 北京：人民出版社，1983：252.
③ 陈鼓应，白奚.老子评传[M]. 南京：南京大学出版社，2001：33.

不用人为的道德伦理来束缚百姓的天性，让百姓"复归于婴儿""复归于无极""复归于朴"，自由自在地发展，"其民淳淳""无知无欲""复结绳而用之""使夫智者不敢为"，百姓们"甘其食、美其服、安其居、乐其俗"，完全是一派恬淡简约、怡然自得的景象。这便是"俭"的管理效用。

8.2.4　社会关系和谐

百姓的生活除了自由纯朴之外，还表现得非常安定祥和。首先，统治者"却走马以粪""不以兵强天下""虽有甲兵无所陈之"，不为一己私利而发动战争，从而保证了外部环境的稳定；同时，统治者还"不尚贤，使民不争；不贵难得之货，使民不为盗；不见可欲，使民心不乱"，又保证了内部生活的秩序平和。这样就会形成一个内外环境和平、百姓生活安定祥和的和谐景象。这种社会状态的得来，正是统治者倡导"不敢为天下先"管理规范的结果。

总之，在老子构想的"小国寡民"的社会，国土狭小，民众稀少；虽然有各种各样的先进器具，却很少使用；人与人之间没有争斗，国与国之间没有战争；人们的生活简单纯朴，不需要高深的文化知识；人们安于自己的生活，喜爱自己的习俗；彼此相安无事，没有过多来往。这样一个桃花源似的美好社会，应该是人们共同向往的地方。

8.3　"无为而治"管理目标的实现路径

可以看出，宽松、恬淡、和谐是老子"无为而治"管理目标的主调。这种生活场景，是通过老子所提出的种种管理手段、管理规范得以实现的。"三宝"智慧是这一管理目标得以实现的核心手段。老子说："慈故能勇，俭故能广，不敢为天下先，故能成器长"（第 67 章）。管理者本着"慈爱"之心，对百姓采取"柔弱、慈爱"等宽松的方法进行管理，百姓争相归附，不愿离去，必然会形成整体的凝聚力，在面对外敌时就会表现出惊人的"勇武"；管理者本着"俭约"之心，采取"守静、无为、崇俭"等方式进行管理，轻徭薄赋，百姓生活自然富足，物质财富才会"厚广"；管理者本着"不敢为天下先"的心态，采取"知止、不争"的手段，对内不与民争利，对外不与他国争战，便不会产生内忧外患，百姓之间和睦相处，因此才能"长久"存在。

在这里，"慈""俭""不敢为天下先"是实现"无为而治"的基本原则；"柔弱、慈爱、守静、无为、崇俭、知止、不争"是实现"无为而治"的具体管理手段和管理规范；"勇""广""长"（cháng）是"无为而治"管理目标的具体体现。由此，我们便可以将"无为而治"管理目标的实现过程，用下图加以表示：

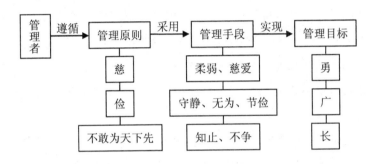

图8.1 "无为而治"管理目标的实现过程

也就是说，管理者遵循 "慈""俭""不敢为天下先"的管理原则，采取"柔弱""慈爱""守静""无为""节俭""知止""不争"等管理手段，实现"勇""广""长"（cháng）的管理目标。这便是老子"无为而治"管理目标实现的路线图。

8.4 "无为而治"管理目标的实现并不难

从古至今，很多管理者都希望能够实现管理上的"无为而治"，但真正能够实现的却微乎其微；很多人都知道老子管理思想的核心是"无为而治"，但究竟如何实现"无为而治"却并不清晰。通过对老子管理思想的深入研究可以看出：老子管理思想虽然看似零乱，却是一个严密的思想体系，不仅有人性假设，而且有管理原则和管理手段，更有明确的管理目标。老子认为"吾言甚易知、甚易行"（第70章），只要管理者遵循这样的管理体系进行管理，要想实现无为而治的管理目标并不困难。

对于"道"的理解，有人说是"道路"，有人说是"规律"，而我认为，老子之"道"更像是"渠道"的意思。百姓如水，如果不进行一定的规范，就会像水一样四散漫流。而管理者正像一个建渠道的人。管理者的作用是根据"水"（百姓）性，研究建立什么样的渠道、如何建渠道和如何保证渠道完好畅通。只要这个渠道建起来了，百姓就会像渠道里的水一样，顺着渠道自己流淌，而不再需要过多的管理；管理者只要像看护渠道的人一样，监视一下水情，修补一下漏洞就可以了，而不用随时搅动渠水，或者是拿着锨去泼水。从这个意义上说，管理者通过修"渠道"（建立运行机制），对百姓进行管理的方式就是"无为而治"。正如《基业长青》一书所说的：管理者的作用是"造钟，而不是报时"一样，管理者的首要任务是制定企业的运行机制，而不是凡事亲力亲为，代替员工去工作。否则，他就不是一个合格称职的管理者，没有体现出管理者应有的作用和价值。

8.5 老子母亲管理思想古代管理应用举例

老子管理思想一经产生，就被当作"君人南面之术"，受到历代国君的重视，一些开明的君主将其用于指导国家管理，收到了意想不到的效果，创造了一个又一个的"盛世"王朝。

8.5.1 文景之治

文景之治是指中国西汉汉文帝、汉景帝统治时期。汉初，因多年战乱，社会经济衰弱，朝廷推崇黄老治术，采取"轻徭薄赋""与民休息"的政策。

文帝二年（前 178 年）和十二年（前 168 年）分别两次"除田租税之半"，即是租率最终减为三十税一。文帝十三年，还全免田租。同时，对周边敌对国家也不轻易出兵，维持和平，以免耗损国力。这就是轻徭薄赋的政策。

文帝生活也十分节俭，宫室内车骑衣服没有增添，衣不曳地，帷帐不施文绣，更下诏禁止郡国贡献奇珍异物。因此，国家的开支有所节制，贵族官僚不敢奢侈无度，从而减轻了人民的负担。这就是休养生息的政策。

文景二帝还重视农业，曾多次下令劝课农桑，根据户口比例设置三老、孝悌、力田若干人员，并给予他们赏赐，以鼓励农民生产。奖励努力耕作的农民，劝解百官关心农桑。每年春耕时，他们亲自下地耕作，给百姓做榜样。

文景时期，重视"以德化民"，当时社会比较安定，使百姓富裕起来。到景帝后期时，国家的粮仓丰满起来了，府库里的大量铜钱多年不用，以至于穿钱的绳子烂了，散钱多得无法计算了。

随着生产日渐得到恢复并且迅速发展，出现了多年未有的稳定富裕的景象。史称："京师之钱累巨万，贯朽而不可校。太仓之粟陈陈相因，充溢露积于外，至腐败不可食。"（《汉书·食货志》）人民的生活水平得到了很大程度的提升，同时汉王朝的物质基础大大增强，是中国皇权专制社会的第一个盛世。文景之治是中国历史上的经济文化发展水平最高的盛世，为后来汉武帝征伐匈奴奠定了坚实的物质基础。

8.5.2 贞观之治

贞观之治是指中国唐太宗在位期间的清明政治。

唐太宗继承唐高祖李渊制定的尊祖崇道国策，并进一步将其发扬光大，运用道家思想治国平天下。唐太宗任人廉能，知人善用；广开言路，尊重生命，自我克制，虚心纳谏；并采取了以农为本，厉行节约，休养生息，文教复兴，完善科举制度等政策，使得社会出现了安定的局面；并大力平定外患，尊重边族风俗，稳固边疆，最终取得天下大治的理想局面。因其时年号为"贞观"（627—649 年），故史称"贞观之治"。

唐太宗李世民在位 23 年，使唐朝经济发展，社会安定，政治清明，人民富裕安康，出现了空前的繁荣。"贞观之治"是我国历史上最为璀璨夺目的时期。

太宗吸取隋朝灭亡的原因，非常重视老百姓的生活。他强调以民为本，常说："民，水也；君，舟也。水能载舟，亦能覆舟。"太宗即位之初，下令轻徭薄赋，让老百姓休养生息。唐太宗爱惜民力，从不轻易征发徭役。他患有气疾，不适合居住在潮湿的旧宫殿，但他一直在隋朝的旧宫殿里住了很久。

贞观之初，在唐太宗的带领下，全国上下一心，经济很快得到了好转。到了贞观八九年，牛马遍野，百姓丰衣足食，夜不闭户，道不拾遗，出现了一片欣欣向荣的升平景象。

太宗在位 20 多年，进谏的官员不下 30 余人，其中大臣魏征一人所谏前后 200 余事，数十万言，皆切中时弊，对改进朝政很有帮助。

太宗十分注重人才的选拔，严格遵循德才兼备的原则。太宗认为只有选用大批具有真才实学的人，才能达到天下大治，因此他求贤若渴，曾先后 5 次颁布求贤诏令，并增加科举考试的科目，扩大应试的范围和人数，以便使更多的人才显露出来。由于唐太宗重视人才，贞观年间涌现出了大量的优秀人才，可谓是"人才济济，文武兼备"。正是这些栋梁之材，用他们的聪明才智，为"贞观之治"的出现做出了巨大的贡献。

唐太宗十分注重法治，他曾说："国家法律不是帝王一家之法，是天下都要共同遵守的法律，因此一切都要以法为准。"作为一位万人之上的君主能够说出这样一番话来，唐太宗不愧是一位开明的皇帝。法律制定出来后，唐太宗以身作则，带头守法，维护法律的划一和稳定。在贞观时期，真正地做到了王子犯法与民同罪。执法时铁面无私，但量刑时太宗又反复思考，慎之又慎。他说："人死了不能再活，执法务必宽大简约。"由于太宗的苦心经营，贞观年间法制情况很好，犯法的人少了，被判死刑的更少。据载贞观三年，全国判死刑的才 29 人，几乎达到了封建社会法制的最高标准——"刑措"，即可以不用刑罚。

以民为本的思想，广开言路，虚怀纳谏的胸襟；重用人才，唯才是任的准则；铁面无私，依法办事的气度；构成了贞观之治的基本特色，成为封建治世最好的榜样。使唐朝在当时与西方国家相比，无论在政治、经济，还是文化上都走在世界的最前列。

贞观王朝的强盛是中国任何一个王朝都无法比拟的。纵观中国历史上的几个强盛王朝，强盛的标志不外乎国富兵强和民丰物阜，在深层文明（主要指制度和文化遗产）上做出突出建树的只有贞观王朝。唐帝国的富庶有大诗人杜甫的一首诗"忆昔开元全盛日，小邑犹藏万家室，稻米流脂粟米白，公私仓廪俱丰实……"为证。与生产力的高度发展相适应，唐王朝的国际威望也达到了顶峰，对外战争取得连绵的胜利，连续百余年保持连续不断的进攻态势，疆土极度扩张，朝鲜、漠北、西域的辽阔疆土相继并入中国的版图，西部疆土直达咸海东岸的石国（中亚细亚塔什干城）。

贞观之治为后来全盛的开元盛世奠定了重要的基础，将中国传统农业社会推向鼎盛时期。

8.5.3 开元盛世

开元盛世是指唐朝在唐玄宗治理下出现的盛世。

唐玄宗治国之道以道家清静无为思想为宗，提倡文教。唐玄宗在政治上任用贤能，改革官职，整顿吏治，励精图治，使得唐中期的朝政趋于稳定，为以后经济的发展和恢复奠定了基础。

唐玄宗先从经济方面改革。为了增强国力，加大财政收入，制定新的经济措施打击豪门士族，解放劳动力；改革实施分封制度，以增加政府财政收入，减轻人民负担；打击佛教势力，淘汰僧尼；大力发展农业。

唐玄宗还对兵制进行改革，采取了其他很多的整军措施，在边境地区大力发展屯田，提高军队战斗力，收复故土，在西域设置安西四镇节度经略使。

对外实行和解的民族政策，改善民族关系，使国家得到进一步统一。同时，开元年间和睦的民族关系对于社会稳定和经济发展也起了很大的促进作用。

由于唐玄宗采取了一系列积极的措施，加上广大人民的辛勤劳动，使得大唐天下大治，经济迅速发展。此间的唐朝在各方面都达到了极高的水平，国力空前强盛，社会经济空前繁荣，人口也大幅度增长，天宝年间唐朝人口达到 8000 万人，国家财政收入稳定。商业十分发达，国内交通四通八达，城市更为繁华，对外贸易不断增长，波斯、大食商人纷至沓来，长安、洛阳、广州等大都市商贾云集，各种肤色、不同语言的商人身穿不同的服装来来往往，十分热闹。唐朝进入全盛时期，中国封建社会达到顶峰阶段。因当时年号为"开元"，史称"开元盛世"。

第9章 老子母亲管理思想在现代企业管理中的应用

9.1 老子母亲管理思想现代企业应用举例

"哲学家们只是用不同的方式解释世界，问题在于改变世界。"[①]对老子母亲管理思想体系的研究，最终目的还是为了"古为今用"，使其更好地为现代企业管理服务。在现代企业运行过程中，一些优秀的企业管理者自觉或不自觉地将老子母亲管理思想的部分内容应用于现代企业管理实践，取得了一定的成绩。下面就将一些管理者应用老子母亲管理思想的事例列举如下：

9.1.1 海尔：无中生有

海尔首席执行官张瑞敏先生，堪称中国企业界的杰出领袖。他领导下的海尔从一家负债累累、濒临倒闭的小企业成长为世界瞩目的大型多元化跨国公司，展示了中国造的世界品牌形象。他创立和提出的企业文化和管理思想，如人单合一——双赢模式、SUB、OEC 管理模式等，以及他所具有的卓越领导力和永不枯竭的变革创新精神，是中国企业家的学习样本。

有一次，张瑞敏首席执行官出访日本一家大公司。该公司董事长一向热衷中国至理名言。在这位董事长介绍该公司经营宗旨和企业文化时，阐述了"真善美"，并引述老子思想，张瑞敏也发表了自己看法：《道德经》中有一句话与"真善美"语义一致，这就是"天下万物生于有，有生于无"。张瑞敏以这句话诠释了海尔文化之重要性。他说，企业管理有两点始终是我铭记

---

① 马克思，恩格斯. 马克思恩格斯选集（第 1 卷）[M]. 北京：人民出版社，1995: 57.

在心的：第一点是无形的东西往往比有形的东西更重要。当领导的视察看重的是有形东西太多，无形东西太少。一般总是问产量多少、利润多少，没有看到文化观念、氛围更重要。一个企业没有文化，就没有灵魂。第二点是老子主张为人做事要"以柔克刚"。张瑞敏说："在过去人们把此话看成是消极的，实际上它主张的弱转强、小转大是个过程。要认识到：作为企业家，你永远是弱势；如果你真能认识到自己是弱势，你就会朝目标执着前进，也就会成功。"有一次，一位记者问张瑞敏："一位企业家首先应懂哪些知识？"张瑞敏想了想说："首先要懂哲学吧！"张瑞敏能联系企业实际，从老子思想中悟到"无"比"有"更重要、"无"生"有"的道理，也悟出柔才能克刚、谦逊才能进取的为人做事之理。骄横与张扬永远是企业衰败之源。人的成熟，在于思想的成熟。企业家的成熟在于实践经验基础上形成的理念体系。一切成功的企业家都是经营哲学家。著名经济学家艾丰为《张瑞敏如是说》一书写序，题目就是："不用哲学看不清海尔"。艾丰用哲学恰到好处地评价了张瑞敏。

海尔管理哲学中最重要的一条就是对人的重视。

海尔人都熟悉"王俊凤的故事"。王俊凤是海尔冰箱厂的一位女工，她在26岁那年，不幸得了癌症，就在弥留之际，她提出了最后一个要求："我要最后看一眼我的工厂！"为了满足王俊凤的遗愿，送葬队伍特别在海尔冰箱厂的大门口——她生前每天工作的地方停留，让这个忠于职守的女工在离开这个世界的时候，告别自己的工作岗位。王俊凤的故事教育和感动了无数的海尔人。后来有一位日本记者到海尔采访，听说了王俊凤的故事，感慨万分，他说："一个企业有这样的一位员工，一位员工有这样的一种精神，这个企业是不可战胜的！"盘活企业，首先盘活人。在1999年5月26日惠普总裁卢·普拉特与张瑞敏于青岛面谈时，有一个深入的总结：海尔企业文化，最核心的部分体现为对两部分人的尊重：对员工的尊重，对顾客的尊重。世界上最无价的东西就是人心，是花多少钱也买不来的。

要赢得别人的心，只有拿自己的心去交换。这跟谈恋爱的道理一样。因此，企业的领导人永远也不要以为自己比这两部分人聪明，以为可以驾驭他们。如果是这样，就会出大问题。海尔对员工的口号是"赛马不相马"，你是一个普通工人，但你的命运不是领导赐予的，而是掌握在你自己手中。对顾客的口号是"真诚到永远"，企业必须首先对顾客真诚，才能换来顾客对企业的真诚。海尔近些年先后兼并了多家亏损企业，全部扭亏为盈，靠的都是对人心的重视。所以，盘活资产首先要盘活人，人永远是第一位的。

企业文化的形成在很大程度上要与企业的人力资源管理相结合，如此才能使抽象的企业文化的核心内容——价值观——通过与具体的管理行为相结合，真正赢得员工的认同，并由员工的行为传达到外界，形成在企业内外都获得广泛认同的企业文化。

张瑞敏的看法是：人才，是企业竞争的根本。人可以认识物、创造物，只要为他创造了条件，他就能适应变化，保持进步，成为取之不尽、用之不竭的资源。有了人才，资本才得以向企业集中，企业在竞争中才能取得优胜。

企业的人才优势分为个体优势和群体优势。个体优势强调个人的才能，它是人才优势的基础。与个体优势不同，群体优势是指企业人才的基本结构及其整体协同能力。一个企业的人才要形成群体作战能力，必须在能力上具有互补性，在精神上有协作性。群体优势中，企业高层决策群体的能力互补和协作精神有着举足轻重的作用。

因此，海尔非常重视能充分发挥个人价值的机制的建立。张瑞敏说：我们靠的是建立一个让每个人在实现集体大目标的过程中充分实现个人价值的机制。这种机制使每位员工都能够找到一个发挥自己才能的位置。我们创造的是这样一种文化氛围——你干好了，就会得到正激励与尊重；同样，干得不好，会受到负激励。为什么不叫惩罚，而叫负激励？其目的在于教育你不再犯同样的错误，而不仅仅是简单地让你付出点代价。

海尔这些年来主要抓了三个方面的工作。从内部来说，海尔具有较强的整合能力，这是看你能否把一群人的力量发挥到最大、最好。这犹如足球运动，单个人带球过人能力再强，但不会整合，个人优势就会变成劣势，整体也无法获胜。

从外部来讲，海尔能够充分利用外部资源。在信息时代，你能够利用多少资源就等于你拥有多少资源。

任何优势在一定阶段都有负面作用，你能否及时将负面作用转化为竞争优势，保持持续的力量。

先创名牌队伍，再创名牌产品。张瑞敏要求人才具备以下素质：一是专业素养，二是道德修养，三是进步观念和向上活力。

他曾经提出"一精三高"的标准。"一精"即精兵，即不断地提高人的素质，掌握多种技能；"三高"即高速、高效、高酬。

在日本一家公司考察时，为张瑞敏服务的那位日本翻译人员的中文会话水平之高让人误以为她是地道的北京人。这位翻译告诉张瑞敏，她每晚坚持听一小时的华语广播，因为她的翻译资格每年要重新考试一次，考试不过关就会丢了饭碗。张瑞敏说："这就是我所希望达到的'精兵'概念。"关于"三高"，高速是要求每个单位都要加快发展的速度，如规模的高速扩展、利润的高速增长；高效是要能达到国际水平的人均劳动生产率，提高单位时间内的工作效率；高酬不能简单地理解为高薪，应分两部分：一部分直接在工资、奖励中以现金兑现，一部分可以变为股本，划在员工名下，使其享受效益。

海尔的经营规模在不断扩大，事业在不断发展，张瑞敏最为关心的是人才是否能够保持同步成长。普拉特与张瑞敏对话时说，惠普经过研究发现，许多大公司往往在 400 亿美元这一规模上出现停滞。张瑞敏说，对海尔来讲，它还没有大到惠普那个地步，但同样存在发展停滞的可能。

如果把海尔比做一个正在快速成长的孩子，那么组织结构也许只是他的衣服，可以不断换，而人员素质就是他的器官，器官的健康才是至关重要的。多年来，海尔营业额年均增长 80% 以上，就像一个孩子长时间快速奔跑，搞得不好会出现心力衰竭。

正是因为张瑞敏时刻保持这样的警惕，他才提出，海尔要"先创名牌队伍，再创名牌产品"。

企业真正的核心竞争力是该组织内的人，其他竞争力都是人的竞争力的外化。

上下同欲者胜，海尔在管理中，始终是以人为主体，因为管理制度说到底就是管理人。

张瑞敏说：我跟我们美国公司一位经理人聊天。他说，在美国这个公司，因为都是当地美国人，有文化上的差异，怎么管？很苦恼，天天都要想这个问题，累得要命。我跟他说，中国人也好，美国人也好，社会主义制度也好，资本主义制度也好，只要是企业，就一条路，只要是人，他都希望得到别人的尊重，都希望他自己的价值受到承认。也就是说，你把员工的价值与他给用户创造的价值联系在一起，只要他为用户创造价值，你就肯定他的价值。这就是核心。

张瑞敏是从自己的切身体会中获得这样认识的。有记者采访张瑞敏时曾问他："你的管理经验从何而来？"张瑞敏不假思索地回答："从长期当被管理者而来。"①

9.1.2　恩威：大道无为

提起四川成都的恩威集团，近些年可能了解的人不是很多，但说到"洁尔阴"产品和"难言之隐，一洗了之"的广告语，可能就尽人皆知了。恩威集团是中国较早明确利用道家思想文化指导企业运营管理的公司。20 世纪90 年代，薛永新根据其道家师傅李果的中医洗液配方，专门研制生产了治疗女性妇科炎症的洗液产品——"洁尔阴"，受到众多女性的欢迎，曾经名噪一时。

薛永新的道家信仰充分体现在恩威的企业文化之中，薛永新将恩威企业文化概括为三句话："无为无所不为""有为有所不为""不争自有成"。

薛永新认为，"无为"思想和市场经济的有机结合是恩威的成功之本。恩威从企业的宗旨到产品研制，从员工的思想教育到生产管理，无一不贯穿"无为"思想。恩威认为，提倡"无为"，对企业而言就是要摆正企业与社会的关系，企业与社会应该是相辅相成、相互依靠的。

如何真正用"无为"思想指导企业行为呢？薛永新觉得最根本的一条是治企者无私心、无贪欲。治企者应以身作则，做道德表率。比如在物质生活提倡"富莫大于知足"，要去奢崇俭。

薛永新认为，企业的"有为"应该建立在"无为"的基础之上。"无为"当然不是什么也不做，而是要使企业的行为归于正道。因此，企业的"当为"

---

① 胡泳.张瑞敏谈管理[M]. 杭州：浙江人民出版社，2007:18.

和"当不为"的依据就是社会和公众的利益,凡是对公众利益有害,即使自己能有利可图,也是不可为,不当为的。

大道"无为"是道家学说的精髓,也是道家学说提供给我们的为人、处世、办企业,乃至治国、兴邦、治世的一个基本原则。真正理解了道与"无为"思想,也就把握了道家思想的要领大旨。

老子讲"无为",在当时是针对政治而言,主张"无为而治"。他认为:治国者首先要做到忘我无私,要有热爱他人、利益他人、为社会谋福利的崇高心境;其次,治国者要以自己的模范的道德行为为表率,自己以身作则,如果自己不行正道,整个社会风气也将随之而败坏。所以,治国者要先修身,做到无欲之为,才是搞好政治的根本。只有先把自身修好,治理好家庭,治理好乡里、邻里,然后才能治理好国家。

"无为"思想还可用之于市场经济。有人认为,市场经济讲的是竞争,怎么能讲"无为"呢?薛永新认为不能把市场经济仅仅理解为竞争,应理解为竞赛,因一个"争"字,就把人们带到了邪路。所谓商场如战场、你死我活、不择手段、尔虞我诈,这种血淋淋的经济对社会无任何好处。他认为,应把竞争改为竞赛,来一个市场大竞赛,相互帮助、学习,取长补短,市场自然会和谐地繁荣。现在很多假冒伪劣产品充斥市场,与正宗品牌的优质产品恶意竞争,应将它们绳之以法。

对企业而言,提倡"无为"就是摆正企业与社会的关系。企业与社会是相辅相成、相互依靠的。企业发展生产的目的归根到底是为社会造福、为人类服务,是想如何为社会和国家做贡献,而不是想如何赚多少钱。比如恩威公司以"无为"态度参与市场经济,恩威的信仰是:愿众生幸福,社会吉祥。宗旨是:服务于社会,造福于人类。恩威在中草药制剂方面具有优势,而制药又是为人类解除生理上的痛苦与烦恼,弘扬传统文化是解除人们心灵上的痛苦与烦恼的善事。恩威经市场调查发现,皮肤病、性病、生殖疾病是常见病,几千年来人们渴望有一种不经医师处方,自选买来就能治疗难言的疾病的药。群众需要这方面的高效药、特效药,根据市场的需要、患者的需要,恩威就开发、研制出"洁尔阴"系列产品,经过临床试验,经过亿万患者的使用,证明它能够有效地治疗各类皮肤病和妇科杂症与性器官疾病,恩威的产品自然得到群众的喜爱，受到市场的欢迎。"难言之隐，一洗了之"，"洁尔阴"解除了亿万人的烦恼与痛苦，有着不可估量的社会与经济效益。反之，就会被淘汰。恩威用"无为"的思想、"无为"的方式参与市场竞赛，得到了社会的承认，获得了成功。

"无为"思想的核心是尊重和顺应客观规律。所谓"客观规律"，也包括市场经济的规律；而"有欲之为"，则是违背市场经济的规律。俗话说："君子爱财，取之有道。"这个道，就是"无为"。恩威公司用"无为"来指导企业行为，从企业的信仰到产品研制，从广告宣传到市场拓展，从员工的思想教育到生产管理，都贯穿着"无为"精神。

在企业管理中，恩威首先制订了严格的规章制度、明确的岗位职责和工作标准，以及实施细则和考核办法。这些规章制度每条都便于操作，各个岗位职责清楚，分工明确。在用人问题上，恩威采取自我选择，让每一个员工根据自己的技术、能力、才干去选择适合自己的岗位工种。选定之后，让每一个员工都能发挥其才干，施展才能。领导者把感情运用于管理之中，帮助员工解决生产中出现的问题。员工有差错，耐心教导，让其充分理解和认识错误的原因，同时，关心员工的家庭生活、住房等问题，以情感人。这样，恩威公司既保证了生产的正常进行，又顺应了人心情感。这样，何愁企业不发展？

"不争"是恩威立业的重要参照点。老子在万物中唯独赞美水，所谓"水善利万物而不争"。"不争"是水一个美好的品质。薛永新的"不争"观念体现在现代企业经营上就是：立业当立于无竞争领域。"以其不争，故天下莫能与之争"，这句话用在企业产业选点上是最恰当不过的。

"洁尔阴"就是薛永新最感自豪的"不争"的事例。在"洁尔阴"开发之前，市场上没有相同的药物、相同的剂型。但是生殖器官的疾病却一直是人们难以启齿的隐疾。"洁尔阴"的问世，不仅填补了市场空白，还解决了中草药难熬、难用、难保质的使用问题，同时实现了传统中草药与现代科技的结合。"洁尔阴"的成功说明了"无竞争点"对企业的重要性。

利润非利是薛永新对待企业利润的态度。他认为恩威所取得的一切都来自于社会，也应回馈给社会。正因如此，恩威每年都要向社会各界大量捐款，平均每年达上千万。

从几万元起步到现在，恩威已经成为亚洲最大的中药内服药原料提取和外用药生产基地。从工艺到技术，恩威都是世界领先的，恩威集团也由一家小作坊成为中药现代化的样板。

9.1.3 华为：无为而治

说到华为，作为一名中国人，无不感到自豪。华为人在任正非的领导下，仅用了短短三十年的时间，就由一个名不见经传的小的交换机制造商，一跃为 IT 行业的翘楚，不能不说是个奇迹。在这个过程中，任正非可谓功不可没。当然，企业要获得快速发展，拥有一位优秀的企业家是不可或缺的前提；但企业要想获得持续发展，仅仅依靠一位优秀企业家之力是远远不够的。它必须拥有整套的超越个人因素的企业制度与企业文化，这才是企业持续发展的动力源。

华为在业界是以注重制度和文化建设而著称的。1998 年 3 月正式出台的《华为基本法》也许就是这一说法的最佳印证。谈到制定这部"基本法"的缘由，任正非说道：

制定一个好的规则比不断批评员工的行为更有效，它能让大多数的员工努力地分担你的工作、压力和责任。

在华为的发展史上，这部《基本法》具有非同一般的影响力。它是中国第一部总结企业战略、价值观和经营管理原则的"宪法"，是一家企业进行各项经营管理工作的纲领性文件，也是制定各项具体管理制度的依据。因此，该文本对于中国企业而言，具有很重要的示范意义。

华为开始思考现代管理思想和制度化的问题始于 1994 年、1995 年，华为自主研制的 C&C08 数字程控交换机在市场上打开销路后，公司开始进入大规模的扩张时期。而这个时候，华为原有的异常脆弱的管理体系已经不能支撑公司的发展。

归结起来，主要有 3 个方面原因：

（1）业绩评估矛盾。

1995 年，华为开始大量招聘员工，公司规模不断膨胀。华为的员工从

1992 年的不足 200 人，增加到七八百人。尤其是华为大面积进入农村市场，主要采取的是"人海战术"，导致销售人员急剧增加。随着华为网络的扩张，营销网络与人员的管理变得日益复杂，如何对销售人员的业绩进行有效的评价并及时激励，成为当时华为亟待解决的问题。纵观其他企业对销售人员的激励，通常采取"提成"的奖励办法。而任正非认为，对于销售人员来说，销售提成只是一种"刺激"方式，虽然能提高他们增加短期收益的积极性，却无助于他们和客户形成长期稳定的关系。而普遍客户关系和长期客户关系，是华为的看家法宝。所以，任正非明确规定不给销售人员提成。

为了适应大发展的需要，1995 年，华为对工资分配机制进行重新设置，但是，很快难题就出来了：分配的依据是什么?依据能力、职位、绩效……什么提法都有，让改革小组无所适从。

还有一个让任正非很是头痛的问题：每到月底，他就会收到下属大量的条子，为自己部门的员工申请涨工资，理由是他们干得不错。一开始任正非还能勉强应付，后来公司越来越大，条子也越来越多，根本批不过来，而且还浪费时间。更何况，涨与不涨，涨多还是涨少，都没有一个既定的标准，所以，任正非意识到，华为已经到了需要一套标准化理论体系来进行规范化管理的时候了。

（2）部门和岗位的职责与权限的不明晰。

在 1995 年，华为还遇到了很多新问题。在这一年年初，华为紧跟当时潮流，在全公司范围内大规模推行 ISO 9001 标准。但在重整后的业务流程体系中，各个部门和岗位的职责与权限如何定位成了一个大问题。

（3）企业文化千人千面。

随着公司的发展，任正非逐渐发现一个问题，管理层和普通员工虽然一直把华为企业文化这个词挂在嘴边，但华为的企业文化到底是什么，谁也解释不清。有人说是床垫文化，有人说是雷锋文化，还有人说是校园文化，但这些都不符合任正非对企业文化的观点。他认为华为应该拥有一个明确清晰的企业文化了。

在与人民大学的专家们反复交流之后，任正非决定委托他们为华为建立一套文化体系，并由此催生了《华为基本法》。任正非对专家们多次强调：

如何将我们 10 年宝贵而痛苦的积累与探索，在吸收业界最佳的思想与方法后，再提升一步，成为指导我们前进的理论，以避免陷入经验主义，这是我们制定公司基本法的基本立场。

基本法到底是什么样的？任正非心里也没底，但是他坚信一点：基本法不是一个简单的整理归纳，而是关于华为成功经验的系统思考和升华提炼，这需要具备一定深度的理论功底并广泛地参考借鉴业内一流企业的最佳实践经验。

任正非"无为而治"的观点就是在这个时候作为华为基本法的最关键目的被提了出来。

无为而治是我国传统文化的核心思想之一。"无为"并非什么都不做，而是要遵循大千世界的规律，尊重人的个性，有所为有所不为。"无为"本是道家核心思想，但同样也是佛家与儒家思想的重要组成部分。佛家的"缘起性空"思想与"无为"是相通的，"空"与"无"具有相同的内涵；儒家倡导积极入世，提倡以德治天下，以德服人，孔子认为古代圣王舜就是无为而治的典范："无为而治，其舜也欤。夫何为哉？恭己正南面而已矣。"以德行天下反映了儒家"无为而治"的思想。

任正非非常看重精神的作用，在华为公司各种资料的排列组合中，他尤为看重"塑魂工程"。《华为基本法》可以理解为他用以实现"无为而治"目的的一个重要工具。

华为这部总计 6 章、103 条的企业内部规章，是迄今为止中国现代企业中最完备、最规范的一部"企业基本法"。其内容涵盖了企业发展战略、产品与技术政策、组织建立的原则、人力资源管理与开发，以及与之相适应的管理模式与管理制度，等等。

更难得的是，《华为基本法》蕴涵着很多在当时的中国企业界看来非常超前的眼光和智慧。比如，在讨论"价值的分配"时，任正非就非常希望能够从理论上对他独特的"全员持股"和"知识资本化"的做法加以明晰的论证。

1998 年 6 月，任正非给中国联通处级以上干部作了一次《华为基本法》解释的报告，其中有一段意味深长的话道出了他起草《华为基本法》的核心目的：

一个企业怎样才能长治久安，这是古往今来最大的一个问题。我们十分关心并研究这个问题，也就是推动华为前进的主要动力是什么，怎么使这些动力长期稳定运行，而又不断地自我优化。

这个"一同努力"的源头是企业的核心价值观，这些核心价值观要为接班人所认同，同时接班人要有自我批判的能力……美国通用电气公司前CEO韦尔奇也认为：长寿的大公司一是靠企业文化的传递，二是靠接班人的培养。

从某种意义上讲，这部《华为基本法》就是任正非开始追寻利用制度建立起一个基业长青的企业，一个可以一直向其"世界级"目标迈进的企业的起点。

2000 年，华为公司就《华为人》报上的一篇短文《无为而治》，组织高级副总裁以上干部，举行以公司治理为题的作文考试。在考试前，任正非做了题为《一个职业管理者的责任和使命》的讲话，他在讲话中说道：

作为高层管理者，我们怎样治理这个公司，我认为这很重要。以前我也多次讲过，只是这篇文章（《无为而治》）给我们画龙点睛，更深刻地说明了这个问题。我希望大家来写认识，也是对你们职业素养的一次考试，考不好怎么办呢？考不好你还可以学习，我们是托福式考试，以最好的一次为准。学不好怎么办？学不好你还可以调整，你辞去高级职务往下走。因此要深刻理解公司制定三、四、五级干部任职资格标准的深远意义，我们坚持这个干部考核标准可能在相当长的时间内不会改变，每年大家都要提交述职报告，要填任职资格表格。2 月份我将主持把高级副总裁以上干部的组织评议做完，我认为要一次一次刷新你们的思想，让你们理解公司对高级干部的要求。

当然，制度的建立并不是企业管理的终点，通过制度体系的建立而改变人，实现企业价值观念的"代代相传"才是最终的目标。可以说，《华为基本法》反映了任正非的价值观，他希望这些价值观能够保障华为成为一家基业长青的世界级企业。所以，任正非真实的意图在于，通过组织发动公司上下学习《华为基本法》，将《华为基本法》中的这些价值观灌输到新一代管理者头脑中，以确保即便管理层不断更替，华为的优秀"DNA"仍然能一代一代地传承下去。

9.1.4 蒙牛：不争而争

老子说："后其身而身先，外其身而身存。"引申到企业管理就应该把一句传统的商业名词"竞争对手"改为"竞争伙伴"。

竞争就是帮助别人提高，同时也是激励自己提高。只有通过不断的竞争，才能使全行业的水平不断提高。全行业水平的不断提高，就是提高了国际竞争力。我们不能把竞争简单地理解为"你死我活"，而应该理解为"互利互惠""共创辉煌"。所以"竞争对手"应该改为"竞争伙伴"。

中国的市场经济时间不久，企业中还存在"龙蛇混杂"的现象，所以在市场竞争中出现了这样那样的问题。企业间互相拆台、互相诋毁，市场竞争没有做到共利共荣，相反还出现了两败俱伤的局面。尤其是在国际市场上，还没有来得及共同面对，内部就已经先打起来了，结果让外商坐享渔翁之利了，同时还有损了国威。

随着市场经济的逐渐成熟，市场规则会限制住不平等竞争，那种共利、共荣、共发展的良性竞争，必然会成为市场竞争的主流。全国人民都在"中国移动"和"中国联通"的竞争中受益了。早十几年，手拿"大哥大"就是身份的象征，今天如果有人手拿"大哥大"，在大街上大声打电话可能要被人笑掉大牙。中国移动和中国联通这一对竞争伙伴，在给全中国人民带来实惠的同时，自己也得到了飞速发展。

中国加入"世贸组织"的时候，全中国人民都为中国的汽车工业捏着一把汗。那时候，中国的老百姓还认为家用汽车只是一种可望不可即的奢望。几年过去了，中国的汽车工业，非但没有自生自灭。恰恰相反，还得到了飞速发展。四通八达的公路上，飞速奔驰的95%是国产车。

蒙牛前总裁牛根生深谙竞争与合作的道理。《华夏时报》记者采访他时问道："您怎样理解伊利和蒙牛的市场竞争，一定得分个输赢还是讲和为好？"牛根生答道："竞争只会促进发展。你发展别人也发展，最后的结果往往是

'双赢'，而不一定是'你死我活'。一个地方因竞争而催生多个名牌的例子国内外都有很多。德国是弹丸之地，比我们内蒙古还小，但它产生了 5 个世界级的名牌汽车公司。有一年，一个记者问'奔驰'的老总，奔驰车为什么飞速进步、风靡世界，'奔驰'老总回答说'因为宝马将我们撵得太紧了'。记者转问'宝马'老总同一个问题，宝马老总回答说'因为奔驰跑得太快了'。"

在牛根生的办公室，挂着一张"竞争队友"战略分布图。牛根生说："竞争伙伴不能称之为对手，应该称之为竞争队友。以伊利为例，我们不希望伊利有问题，因为草原乳业是一块牌子，蒙牛、伊利各占一半。虽然我们都有各自的品牌，但我们还有一个共有品牌'内蒙古草原牌'和'呼和浩特市乳都牌'。伊利在上海 A 股表现好，我们在香港的红筹股也会表现好，反之亦然。蒙牛和伊利的目标是共同把草原乳业做大，因此蒙牛和伊利，是休戚相关的。"

牛根生认为，蒙牛所在的乳品行业，市场竞争还停留在低级竞争阶段，牛根生总结出了"集体营销""合同评审"的营销理念，和"品位服务"的服务理念，在市场竞争中体现了明显的优势。

蒙牛派驻工地的工程技术人员，从不请客吃饭，而为客户提供的是高品位的技术服务，受到了客户的高度评价。在甲方的年终表彰会上，蒙牛派驻的工程技术人员，被评为"优秀工程师""优秀服务人员""优秀项目部"等荣誉。

但是，牛根生同时也发现这些派驻人员，经常诋毁同行企业。当问到原因时，员工答道：他们（指同行企业）经常在甲方面前放我们的"烂药"。在乳品行业，大多数企业还是传统的营销方式，所以他们的业务员大多都擅长市场公关，而对技术知之甚少，在市场竞争中，真正要"亮绝活"的时候，他们往往陷入被动挨打的境地。他们又不愿意向本企业求援，因为一旦告诉企业自己"这不懂、那不懂"的话，耀武扬威的经销精英的面子将挂不住，这正是传统营销模式的弊端所在。面对能文能武竞争对手的时候，当然会想尽办法诋毁。其实，他们是最需要帮助的"弱势群体"。

由于牛根生提倡"技术经营"，所以蒙牛的业务员大多懂技术、懂市场。他们大多可以即进行市场运作，又可以提供技术服务。

于是，牛根生脑海里开始酝酿"竞争伙伴"的概念，要求公司的业务员和工程技术人员，帮助自己的竞争对手。牛根生告诉他们："他骂你，你帮助他；他还骂你，你还帮助他；如果他还要骂你的话，除非他不是中国人投的胎。"牛根生要求公司的业务员和工程技术人员必须做到这一点。

随着时间的推移，效果非常明显。在市场竞争中，凡与蒙牛打过交道的企业，再也没有诋毁公司的现象发生了。在局部范围内实现了公平竞争的良好氛围。

企业家应该明白，竞争不是坏事，竞争就意味着推陈出新，竞争是企业发展的原动力。应该感谢那些勇于创新的竞争对手，他们才是促进我们企业发展的好朋友。

由以上事例可以看出，一些现代企业家有意无意地将老子的某些管理思想应用于现代企业管理实践，即显示出明显的管理效果。要想使老子管理思想在现代企业管理中体现出更大威力，实现老子"无为而治"的理想管理目标，有必要在现代企业管理中，借鉴老子母亲管理思想，构建现代企业管理体系，以促进这一理想目标的实现。下面，我们就对如何在现代企业中建构基于老子母亲管理思想的、"无为而治"的管理体系进行探讨。

9.2 建立"母亲管理"的哲学基础："人性自然论"假设

每一种管理思想，都有自己的一套理论体系，范畴之间存在着紧密的逻辑关系。就像"体用关系"一样，有其体必有其用，有其用必有其体，如果支离破碎地加以应用，效果自然会大打折扣。这也许就是很多人应用老子管理思想进行管理，而效果不佳的一个重要原因。因此，应用老子母亲管理思想进行现代企业管理，必须坚持体用结合、系统借鉴的原则。

正如"经济人假设（X理论）"是科学管理的理论前提，"社会人假设（Y理论）"是行为科学管理的理论前提一样，"人性自然论"假设是老子母亲管理思想体系的理论前提和基础。现代企业要想建立"无为而治"的管理体系，首先就要建立以"人性自然论"为前提的管理人性假设。只有承认"人性自然"的理论前提，才会采取"自然无为"的管理手段，才有可能最终实现"无为而治"的管理目标。

由本书第 6 章的论述可知，老子的"人性自然论"理论认为：人的本性是自然质朴的，根本没有善恶的分别，天地遵循自然无为的方式进行管理，最终实现万物的自然生长。将此理论应用于现代企业管理，就是指：企业员工的个性是形形色色的，本质上并没有好坏优劣之分，管理者应顺应被管理者不同的个性特征，采取不同的管理方式，因势利导地加以管理，才能收到良好的管理效果。

9.2.1　被管理者的个性是形形色色的

老子母亲管理思想认为，被管理者的个性是形形色色的，正如自然界的万物千奇百怪，没有两片叶子是完全相同的。管理者应根据不同管理对象，调整相应的管理方法和手段，顺势而为，这才符合"道法自然"的无为管理方式。

"道"是万物的本原，它化育万物，成为万物的母亲；而万物由于秉受"道"的不同，而显出不同的个性特征。正所谓"龙生九子，各有不同"。正是这各种个性特征，才使自然界显得丰富多彩。事物的个性特征是多样性的存在，没有好坏优劣之分，而且是很难转变的。正如《庄子·骈拇》中所说："彼正正者，不失其性命之情。故合者不为骈，而枝者不为跂；长者不为有余，短者不为不足。是故凫胫虽短，续之则忧；鹤胫虽长，断之则悲。故性长非所断，性短非所续，无所去忧也。"庄子认为，所谓的至理正道，就是不违反事物各得其所而又顺应自然的真情。所以说合在一块的不算是并生，旁出枝生的不算是多余；长的不算是有余，短的不算是不足。因此，野鸭的腿虽然很短，续长一截就有忧患；鹤的腿虽然很长，截去一段就会痛苦。事物原本长得很长的不可以随意截短，原本长得很短的也不可以随意续长，这样各种事物也就没有必要去排解忧患了。虽然鹤与凫的脖子一个长一个短，但都是事物的本性，如果强硬地要求整齐划一，必然是对本性的摧残。

"道"对万物的管理正是顺应了万物的这种个性特征，让万物按照各自的天性自由发展，才得以使万物生机盎然。管理者也应像"道"一样，根据被管理者的不同特点，采取不同的管理方式，才能在不违反被管理者天性的前提下,顺畅地进行管理。关于这一点,庄子"庖丁解牛"的故事给我们提供了一个很好的启示。

庖丁(姓丁的厨师)为梁惠王解牛,技术十分娴熟,进刀之迅速,出刀之利落,让梁惠王看了以后极为赞叹。梁惠王问他为何如此神奇,他说:"我的技术高超,不只是因为熟练,而是掌握了其中的规律,摸清了牛的骨骼结构,所以,我这把刀虽然用了十九年,解剖的牛已有几千头,可是刀口还是像新磨过的一样锋利。因为牛的骨节之间是有间隙的,而刀刃是磨得很薄的,用很薄的刀刃来分解有间隙的骨节,当然是宽绰而有余地的了。"(《庄子·养生主》)其实管理也是如此,如果管理者能够像庖丁一样,把握好被管理者的特性,根据被管理者的不同个性特征,调整相应的管理方法和管理手段,自然能够收到良好的管理效果。

管理无定法。西方现代管理理论最初把人性假设主要分为"X"和"Y"两种,即"经济人假设"和"社会人假设",基于不同的人性假设采取不同的管理方法和管理手段。"经济人假设"认为,人性是恶的,天生就是要追名逐利,并且天生懒惰,因此对被管理者应该用强制的手段进行管理;"社会人假设"认为,人性是善的,社会性需要的满足往往比经济上的满足更能激励人,管理者不仅要用规章制度来管理,还要使管理人性化,通过满足员工归属感、交往和友谊的需要来激发员工的积极性。

事实证明,这些对人性的划分都是非常僵化和偏颇的,现实生活中人的个性特征是形形色色的,不同人的脾气禀性、情趣爱好、能力潜质都不一样,无法用一种或几种片面的人性假设加以概括。因此,后来又出现了"复杂人假设"的提法,主张管理者应根据被管理者的不同情况,灵活地采取不同的管理措施进行管理,也就是说要因人而异、因事而异、因时而异,不能千篇一律。这与老子"自然人性论"的观点极为相似。

最近,坊间流传着这样一则故事:"弟子问曰:师父您有时候打人骂人,有时对人又彬彬有礼,这里面有什么玄机吗?师父说:对待上等人直指人心,可打可骂,以真面目待他;对待中等人要多隐喻他,要讲分寸,他受不了打骂;对待下等人要面带微笑,双手合十,他很脆弱、心眼小,只配用世俗的礼节对待他们。"这是因材施教,也是因材管理的典型例子。师傅或管理者对待不同的修行者或被管理者，应当针对其不同的个性特征，采取不同的方式进行教导和管理，这样才能收到事半功倍的良好效果。

近年，很多企业管理者对 80 后员工的管理感到头疼，有人甚至说以后再也不招 80 后员工了。其实这种观点是错误的。时代变化了，管理对象不同了，管理者的管理方法也应随之进行相应的调整。如果依然延续管理老员工的方法来管理 80 后员工，就会像"刻舟求剑"一样，当然收不到好的效果。优秀的管理者应根据 80 后员工的个性特点，选择适合的管理方式进行管理。

80 后员工有哪些特点呢？根据对一些网络观点的整理，归纳得出：80 后员工最大特点就是独立性强，凡事有自己的主见，不愿随波逐流。这也是很多管理者认为 80 后员工不服管的主要原因。

对于 80 后员工的这个特点，应该辩证地加以看待。其实，80 后员工的这个特点看似缺点，实则却是优点。21 世纪是一个创新取胜的时代，一个优秀的管理者应大力支持员工的个性独立。只有员工性格独立，才容易产生独立见解，才能有所创新。如果一个企业都是由一群唯唯诺诺的"奴才"组成，这样的企业能有什么前途呢？因此，针对 80 后员工个性独立、不服管束的特点，管理者应尽量给他们放权，让他们"自己管理自己"。管理者可以让员工自愿组成若干小组，并由他们选出自己的领导。管理者只要给这个小组下达相应的工作任务和最终考核目标就行了，至于他们怎样完成，则尽量少去管它。这样既调动了他们的积极性，又锻炼了队伍，管理起来还轻松愉快，管理者又何乐而不为呢？老子说："我无为而民自化，我好静而民自正，我无事而民自富，我无欲而民自朴。"正是管理者的看似"无为"，反而调动了被管理者的积极性和主动性，让被管理者自觉、自动、自发地进行自我管理，应该是一件两全其美的好事。从某种意义上说，管理者对被管理者的管理越少，管理的效果反而会越好。

牧羊人都有个经验，他绝不去管理羊群中的每一只羊，而是从羊群中找出一只头羊，只要管好这只头羊，其他的羊就自然跟着走了。企业的管理同样如此，管理者千万不要以为自己什么都能干，什么都要管，这样不仅搞得自己疲劳不说，效果反而不好。在管理上，往往都是"上有为，则下无为"。

管理者做得越多,手下员工的能力就会越差。因为员工缺少足够的锻炼机会,能力上自然得不到有效提升。这就是"蜀中无大将,廖化充先锋"的原因。三国时期,诸葛亮凡事都要亲力亲为,不注意培养和锻炼人才,最后当外敌入侵时,竟然连守城的大将都找不出。虽然"鞠躬尽瘁,死而后已"([三国]诸葛亮:《后出师表》),也终是"出师未捷身先死,长使英雄泪满襟"([唐]杜甫:《蜀相》)。这个教训,是后世管理者们应该认真谨记的。

9.2.2 被管理者本质上没有好坏优劣之分

老子母亲管理思想认为,被管理者的本性都是一样纯朴自然的,并没有好坏优劣之分,管理者对被管理者应采取一视同仁的态度进行管理。只要管理得当,被管理者就能很好地自我发展,发挥其最大效能。

企业的管理者好比家庭中的母亲,被管理者好比家庭中的孩子。母亲对待自己的孩子,一般都会一视同仁地看待,不会有高低贵贱之分。"人性自然论"在企业管理中的运用,就是让管理者对待员工要像母亲一样,用一种"自然"的心态,平等地看待他们,结合员工的具体状况,有针对性地进行管理。正如老子所说:"天地不仁,以万物为刍狗。圣人不仁,以百姓为刍狗。"(第5章)一个优秀的管理者绝不抱怨被管理者素质不高,而是针对被管理者的现状,选择适当的方式进行管理。

《史记·孙子吴起列传》记载:孙子向吴王阖闾进献《兵法十三篇》,吴王看后大悦。吴王让孙子用宫女演练兵法,宫女不听孙武号令,任意嬉戏打闹。孙子虽然三令五申,仍然有宫女不听号令。于是孙子下令将领头的吴王喜爱的两个妃子斩首示众,其他众宫女才知道法令的严格,不再嬉戏打闹,逐步做到令行禁止,演练得以成功。吴王虽然心痛两位爱妃,但看到孙子确有军事才能,于是拜孙子为将军。吴王在孙子的辅佐下终于实现了"西破强楚,北威齐、晋,南服越人"的霸业。

管理者的管理对象往往是由不得管理者自己选择的,就像孙子不能选择是否训练吴王的宫女一样。难道孙子面对吴王的苛刻要求,可以抱怨吗?

员工并没有好坏之分,只要你能正确地进行管理,就能取得良好的效果。正如老子所说:"是以圣人常善救人,故无弃人。常善救物,故无弃物。"(第

27章)《史记·孟尝君列传》记录了战国时齐国的孟尝君门下的一帮"鸡鸣狗盗"之徒，顺利帮孟尝君渡过难关的事。

　　战国时期，齐国的孟尝君喜欢招纳各种人做门客，号称宾客三千。他对宾客是来者不拒，有才能的让他们各尽其能，没有才能的也提供食宿。有一次，孟尝君率领众宾客出使秦国。秦昭王将他留下，想让他当相国。孟尝君不敢得罪秦昭王，只好留下来。不久，大臣们劝秦王说："留下孟尝君对秦国是不利的，他出身王族，在齐国有封地，有家人，怎么会真心为秦国办事呢？"秦昭王觉得有理，便改变了主意，把孟尝君和他的手下人软禁起来，只等找个借口杀掉。

　　秦昭王有个最受宠爱的妃子，只要妃子说一，昭王绝不说二。孟尝君派人去求她救助。妃子答应了，条件是拿齐国一件天下无双的狐白裘（用白色狐腋的皮毛做成的皮衣）做报酬。这可叫孟尝君作难了，因为刚到秦国，他便把这件狐白裘献给了秦昭王。就在这时候，有一个门客说："我能把狐白裘找来！"说完就走了。原来这个门客最善于钻狗洞偷东西。他先摸清情况，知道昭王特别喜爱那件狐裘，一时舍不得穿，放在宫中的贮藏室里。他便借着月光，逃过巡逻人的眼睛，轻易地钻进贮藏室把狐裘偷了出来。妃子见到狐白裘高兴极了，想方设法说服秦昭王放弃了杀孟尝君的念头，并准备过两天为他饯行，送他回齐国。

　　孟尝君不敢再等两天，立即率领手下人连夜骑马偷偷向东出逃。到了函谷关（现在的河南省灵宝县，当时是秦国的东大门）正是半夜。按照秦国法律，函谷关每天鸡叫才开门，半夜时候，鸡怎么能叫呢？大家正犯愁时，只听几声"喔、喔、喔"的雄鸡啼鸣，接着城关外的雄鸡也都跟着打起鸣来。原来，孟尝君的另一个门客会学鸡叫，而鸡只要听到第一声啼叫，就立刻会跟着叫起来的。守关的士兵听到鸡叫，虽然觉得奇怪，也只得起来打开关门，放他们出去。天亮了，秦昭王得知孟尝君一行已经逃走，立刻派出人马追赶。当追到函谷关时，人家早已出关多时了。孟尝君正是靠着鸡鸣狗盗之士逃回了齐国。西方有句谚语说：垃圾就是放错了地方的资源。只要你根据其个人特长，把他放在相应的位置上，调动他的积极性，就能发挥相应的作用。

　　有谁能相信，当今全球著名的海尔集团，在创业之初，竟然是从要求员工不准在车间小便开始的呢？

海尔创立于 1984 年。经过三十几年的创业，海尔从亏空 147 万的小作坊发展成年销售额逾千亿的国际化集团，从一个濒临倒闭的小厂成长为中国家电第一品牌、世界第四大白色家电制造商。海尔的发展，是新中国成立以来，特别是改革开放以来，中国家电业从小到大、从中国走向世界的一个缩影。

但是在 1984 年 12 月，35 岁的张瑞敏成为青岛电冰箱总厂当年第四任厂长时，"厂里只有 600 多人，是一家亏空 147 万的集体所有制小厂。工人都觉得没有什么指望，生产的产品都卖不出去，没什么人干活。'每天 8 点钟上班，但到 9 点钟就没人在厂里了，扔手榴弹都炸不到人'，工人们如此评价当时的经营场面"，张瑞敏说，当时正好是冬天，厂房里连窗户都没了，工人们把木质的窗框全部拆下来烤火用。

张瑞敏进厂后，先从抓劳动纪律开始。他制定了 13 条劳动纪律，包括不准在车间大小便、不准偷抢厂里物资等最基础的条例。对于违反规章制度的员工，就抓出来严肃处理。通过整顿纪律，很多人开始收敛，也逐渐对工厂恢复信心。

14 年以后，日本有个财团想到中国来投资。日本人非常精明，他不主动投资，因为主动投资风险非常大，他要找一家厂商进行合作，合作是 21 世纪最成功的一种方法。但是要找一个合作对象就必须与他们的理念是接轨的，后来通过介绍说青岛的海尔不错，于是日企总裁就带了二十多名日本人来到了青岛海尔。日本人认为，一个企业管理得好与差，看 3 个地方就知道了，第一是洗手间，第二是仓库，第三是生产现场。日本人来到海尔的工作现场后纷纷竖起了大拇指："哇，员工素质真高啊，效率真高！"日本人轻易不表扬别人，他能竖起大拇指赞叹的话，说明海尔在生产管理上的确有过人之处。但是日本人不甘心，他一定要找出海尔员工的一些弱点，其中一个日本人趁大家没有注意到他的时候，从兜里掏出一副白色的手套，偷偷摸摸地往设备的死角擦了一把，没看就装到了兜里。他想，这个手套肯定是黑的，如果手套是黑的话，在谈判过程中击败他们的证据就有了。他告诉他的同事尽管谈，放开谈，我有证据在口袋里装着。他来到谈判室在拿出手套的那一瞬间，他震惊了，因为手套仍然是白的！日本员工做不到的，海尔的员工做到了。这时刚好赶上海尔资金紧张，日本人放心投入的资金解决了海尔的燃眉之急。

难道当初的员工就是坏员工，后来的员工就是好员工吗？非也！一个优秀的管理者，就是要善于对员工因势利导地进行管理，针对员工不同的现状，采取不同的管理方法和措施。员工本质上并没有优劣之分，是管理者的管理措施和方法造就了不一样的员工。

9.3　"三宝"智慧在现代企业管理中的应用

确立"人性自然论"假设是实施老子母亲管理的重要前提，要想把老子母亲管理思想落到实处，还必须遵循相应的管理规范对企业进行管理，才有可能实现老子所提倡的"无为而治"的管理目标。下面就以老子"三宝"思想为引导，对现代企业如何将老子母亲管理规范应用于现代企业管理实践，逐一加以探讨。

9.3.1　"慈"的管理智慧

9.3.1.1　"柔弱"：像母亲一样以柔克刚

现实中，母亲的形象一般都是比较柔弱的，但柔弱的表面下却蕴藏着无穷的力量。家庭中，正是她们用柔弱的肩膀，扛起了家庭的重担。对于子女的管教，她们虽然缺少严厉的批评和打骂，却让孩子十分听从。我们也知道，有一些处于危难中的母亲，为了保护自己的孩子，在紧要关头，能爆发出惊人的力量。这些都是母亲柔弱战胜刚强，或柔弱胜过刚强的例子。现实企业管理中，柔性管理越来越成为一种趋势。

"柔性管理"是与制度管理相对应的管理形式。所谓"柔性管理"，是指运用人的心理和行为规律，采用激励手段和非强制方式在组织成员内心产生说服力，对人的思想、意志及人际关系协调进行"精神控制"，从而使成员自觉协同实现组织目标的管理形式。近年，正像工业经济通过产业革命替代农业经济而兴起一样，知识经济正通过新的科技革命替代工业经济而兴起。随着经济形态的变革，社会管理理论和方法也要做出相应调整。在农业文明时代，管理模式是家庭式和作坊式的结构，管理的指导思想主要来源于经验，人们的实践行为更多地受到大自然规律的左右。工业文明时代的管理模式是"金字塔式"的等级结构，即马克斯·韦伯所描述的"官僚体制"结构。为了提高生产效率，管理者更多地运用制度、规范等硬性管理手段对员工进行管理，员工的积极性和创造性受到极大压抑。随着电子计算机、网络、移动通讯等先进沟通手段的使用，知识经济时代的企业越来越向扁平化、虚拟化的组织结构转变，企业原有的劳资关系和雇佣关系将受到挑战。企业对员工的管理逐渐由工业经济时期的紧密形态向松散形态转变，管理手段也逐渐由硬性管理向柔性管理转变。

兴起于 20 世纪 80 年代的企业文化管理，就是一种典型的"柔性管理"，在企业管理中能够起到以柔克刚的效果。传统的西方管理学家认为，管理就是计划、组织、监督和控制等内容。实际上这些都是一种消极、被动的管理方式，而不是积极主动的管理方式。真正的管理应该是关心、引导、教育、感化和沟通。盛田昭夫就曾指出："衡量一个经理的才能要看他是否能得力地组织大量人员，看他或者她如何最有效地发挥每一个人的能力，并且使他们齐心协力，协调一致。这就是管理。他不能根据收支平衡表上的结算来衡量，不论你干得如何，结算可能今天是黑的，明天是红的。最近我告诉我的经理们：'在雇员们眼里，你们不应是一个钢丝索上的杂技演员，你们应设法吸引大批员工，让他们自觉自愿并热诚地跟随你们去为公司的发展做出贡献。'如果做到这一点，结算表自然不会辜负你的。"①

企业管理的首要对象是人，对人的管理不能像管物一样采取死板和冷冰冰的强制管理，而应该是偏向情感和心灵的柔性管理。中国古代很多思想家就非常重视对人的柔性管理，反对仅仅依靠制度、法令的刚性管理。儒家的代表人物孔子即说："道之以政，齐之以刑，民免而无耻。道之以德，齐之以礼，有耻且格。"（《论语·为政第二》）意思是说，用政治和刑罚的手段来

---

① [日]盛田昭夫. 日本制造[M]. 上海：三联出版社，1988：163.

管理百姓，百姓只求免于处罚，而不会有羞耻之心；用道德和礼仪来管理百姓，百姓不仅有羞耻之心，而且还会自觉地严格要求自己。中国古代社会多数情况下采用的都是"德主刑辅"或"外儒内法"、刚柔相济的综合管理模式。历史证明凡是采用严刑峻法的朝代都非常短命，如"夏桀""商纣""秦始皇"，而几个特别明显的盛世时代，如汉代、唐代，多数时期都是特别提倡柔性管理的。

企业文化管理实际上就是一种对人心的管理，其核心是关心人、重视人、理解人、激励人。企业文化管理的特点就是将管理制度柔化到企业文化中，重在形成一种好习惯和氛围，尽量少用惩罚、束缚。马来西亚华人企业家郭鹤年说："管理不能只靠制度，更重要的是靠人，制度是人订出来的，也要人去执行。只有上上下下有感情，合作得好，才能调动个人的才能。"①惠普的创始人之一比尔·休利特也曾指出："惠普的所有政策和措施都是来自于一个信念，那就是我们相信每一个员工都有把工作做好的愿望。只要公司能够给他们提供一个合适的舞台和环境，员工必定全力以赴。"这些优秀的企业家都看到了柔性管理对于凝聚人心、调动员工积极性的重要作用，尤其是在知识经济兴起的今天，"人"日益成为企业发展的核心资源。对待员工再也不能光靠制度进行强制管理，而要多采用柔性的文化手段，为员工创造良好的工作环境和工作心情，借以调动广大员工的积极性。

企业文化理论的代表人物威廉·大内在其名著《Z 理论：美国企业界怎样迎接日本的挑战》一书中就曾指出，Z 公司一般把对于下级和同事的广泛关切看作是工作关系的自然部分。人与人之间的关系趋向于无拘无束，并且着重于全体人员在工作中互相打交道，而不是那种经理只和工人，办事员只和机械师打交道的关系。这种全面关切的方向是整个组织的中心特点。它必然保持一种强烈的平等环境——这是所有 Z 型组织都具备的一个特点。……平等主义是 Z 型组织的一个核心特点，平等主义意味着技工在不受监督的情况下，可以自主地酌情处理问题，因为他们是受到信任

---

① 潘承烈，虞祖尧等. 中国古代管理思想之今论[M]. 北京：中国人民大学出版社，2001：60.

的。……一个等级制度机构，亦即一个官僚主义机构的成功是昂贵的①。美国管理科学院和国际企业科学院院士、哈佛商学院教授克里斯托弗·巴特利特在他的《个性化的公司》一书中也说，在旧的企业组织环境中，人际关系实质上主要为经营合同所限制，员工和经营单位都想保护自身的利益。新的组织环境要求形成一条更有组织的、具有家庭成员般情感的纽带，这种纽带要求员工依靠彼此判断和相互承诺。简言之，它需要一种以诚信为基础的企业文化为依托②。

越来越多的理论和现实证明，以柔性管理为主的企业文化管理正日益成为现代企业管理发展的重要趋势。现代企业管理者应适时地由以制度为主的硬性管理方式向以文化为主的柔性管理方式转变，在企业中营造和谐宽松的管理氛围，激发员工的积极性和创造性。

9.3.1.2　"慈爱"：像母亲一样爱护员工

如果问母亲的最大特点是什么？绝大多数人都会说：是慈爱。世间，母亲对子女的爱是最伟大无私的，她们甚至可以为子女的安全和幸福不惜牺牲自己的生命。汶川地震之后，当救援人员把埋在废墟中的一名年轻妇女的尸体掀开时，赫然发现一名正在熟睡的婴儿，母亲用自己的身体拯救了婴儿的生命，而自己却永远离开了人世。这是多么令人震撼和感动的一幕！母亲的慈爱是多么巨大的一种力量！试想，如果一个企业能够像母亲一样慈爱地对待自己的员工，有哪个员工不会竭尽全力地为企业做出奉献呢？

老子管理思想首要的管理原则就是"慈"，就是说管理者要像母亲对待子女一样，以慈爱的方式对待被管理者。被管理者不是管理者的对手或工具，而是与管理者同舟共济的活生生的人，管理者要想调动被管理者的积极性和主动性，就必须采取"慈"的方式进行管理。《孟子·离娄篇下》说："君之视臣如手足，则臣视君如腹心；君之视臣如犬马，则臣视君如国人；君之视臣如土芥，则臣视君如寇仇。"君主与臣下的关系是相互的，君主把

---

① [美]威廉·大内. Z 理论：美国企业界怎样迎接日本的挑战[M]. 北京：中国社会科学出版社，1984：67 – 72.

② [美]克里斯托弗. 巴特利特. 个性化的公司[M]. 南京：江苏人民出版社，1999：87-88.

臣下看成自己的手足，臣下就会把君主看成自己的腹心；君主把臣下看成犬马，臣下就会把君主看成路人；君主把臣下看成是泥土草芥，臣下就会把君主看成仇敌。"天道好还"，管理者用什么样的态度对待被管理者，被管理者就会用什么样的态度予以回应。管理者要想得到员工的忠心，就必须用慈爱的方式对待下属。因此《荀子·君道》上才说："有社稷者而不能爱民，不能利民，而求民之亲爱己，不可得也。民不亲不爱，而其为己用、为己死，不可得也。"国君不爱民、不利民，却想让百姓爱自己，为自己卖命，是绝对不可能的。这也正是为什么老子把"慈"作为他的管理第一"法宝"的原因。

现实中，很多企业的老板抱怨自己企业的员工对企业不忠诚、不敬业，他们有没有想过自己是如何对待员工的呢？如果老板对待员工就像对待仇人一样戒备，像对待奴隶一样呼来喝去、不尊重，怎么可能得到员工的忠诚和敬业呢？有考古学家认为，像埃及金字塔这样宏大的工程，是很难由被动、遭受严厉监管的奴隶们完成的，很可能是自由人工作的结果。近年考古发现，越来越印证了这一观点。

现代企业中，很多管理者都喜欢用处罚的方式进行管理，迟到罚款、事情做不好罚款、开会手机响罚款、不按时提交工作日志罚款，虽然能起到一定的警示作用，但搞得人心惶惶，员工怨声载道。潘乃樾认为，在管理中实施严刑酷法，迷信片面的法制威力，是管理者无能的表现，其结果不仅不能起到禁恶的作用，反而会促使邪恶的滋生。《淮南子》中就有这样一段话："鸟穷则啄，兽穷则触，人穷则诈。严刑峻法，不可以禁奸。"意思是说，要想通过严刑峻法来提高管理效率是不可能的，只会把事情越搞越糟。因此，老子告诫管理者们千万不要迷信法制刑罚，他说："夫乐杀人者，则不可得志于天下矣"（第31章）。在法制管理中，执法、刑罚绝不是目的，只能"不得已而用之"，管理者决不能以此为乐，否则就会引火烧身，落个不可收拾的下场。员工受到了处罚，肯定心怀不满，遇到合适的时机就会体现出来，比如消极怠工、故意毁坏物品、对于有损公司声誉的事件不予理睬等，甚至在自己利益受到损害时采取过激行为对公司进行报复。这对于企业来说是得不偿失的。我曾经遇到过一个企业，在处理辞退员工问题上比较武断，该给的补偿不给，还扬言爱上哪告上哪告去。结果员工不仅把企业告到了劳动监察，同时还告到社保稽核和劳动仲裁，而且还隔三差五地到公司闹事，动不动就把 110 叫来，搞得公司老板焦头烂额。本来是很小的事，很容易解决，却越搞越大，最后公司不仅进行了补偿，还受到稽核的处罚，真是赔了夫人又折兵。

在对待员工的问题上，最好的办法就是采取温和的方式进行处理。其实员工一般都还是比较容易沟通的，如果公司真的有困难，员工一般也能够理解，但如果公司采取强硬的方式进行处理，往往会适得其反。俗话说：光脚的不怕穿鞋的。如果把员工惹急了，跟公司纠缠起来，最终损失的还是公司自己。

老子从人本管理思想出发，不仅有力地抨击了片面的法制苛政，主张不可蓄怨于民，还从积极的方面指出管理者要以德化民，他说："重积德，则无不克"。（第 59 章）管理者只有通过提升自己的道德修养，以"慈爱"的手段进行管理，才能把组织治理好①。这里的"慈"不仅是对内部员工的"慈"，还有对外部客户的"慈"，对自然万物的"慈"，甚至是对竞争对手的"慈"，是一种真正的"大慈"。老子说"慈故能勇"，只有具备大慈的人，才可能会有大勇。只有善待员工、善待自然、善待对手，你才会赢得无穷的力量；只有关心人、爱护人、尊重人、团结人、培养人、提升人，满足员工不同层次的需求，才能使广大员工形成一个坚强、和谐、进步的集体，这样的团队才是不可战胜的。

现代企业要想实现"慈爱"管理，应做到以下几点：

第一，尊重和爱护员工。

无论企业管理的直接对象是什么，最终对象还是人。著名管理学家玛丽·帕克·福莱特（Mary Parker Follett）即认为，管理就是"通过他人来完成工作的艺术"②。因此，如何处理好管理者与被管理者的关系，就成为企业管理的重要课题。现代企业管理者无不重视人在企业发展中的重要作用。

---

① 潘乃樾.老子与现代管理[M]. 北京：中国经济出版社，1996：19-21.
② 周三多.管理学基础[M]. 北京：高等教育出版社，2000：3.

经验学派代表人物、美国著名管理学家德鲁克即说："人是我们最大的资产。"日本索尼公司董事长盛田昭夫也说："人并不是单纯为了钱而工作，如果你要发挥人的作用，钱并不是最有效的工具。你要发挥人的作用，就应该把他们融为一家，对待他们像对待受尊敬的家人一样。"[1]他说："从长远的观点来看，可以这么说，无论领导人多么有手腕，取得多么大的成功，企业的将来归根结底还是掌握在全体职员们的手中，说得夸张一点，主宰企业命运的，正是职员们!"[2]曾任日本丰田汽车公司经理石田退三也深有感慨地说："事业在于人，任何工厂，任何事业，要想大为发展，最要紧的一条就是造就人才。"[3]这些管理学家和企业家，对企业中人的作用都给予了极度关注和极高评价，他们所表达的意思无非是说，员工对企业发展的作用至关重要，一个企业要想发展，首要的原则就是要重视员工、尊重员工。

中国古代历来都非常重视人的作用，"天时不如地利，地利不如人和"（《孟子·公孙丑下》）的说法是我们再熟悉不过的了。另外《易经·系辞上》也说："二人同心，其利断金；同心之言，其臭（气味）如兰。"《淮南子·主术训》上也有："众智之所为，无不成也。"《淮南子·兵训略》有："千人同心，则得千人之力；万人异心，则无一人之用。"中国文化"重人"的思想使中国人做事首先重视做人，干事业首先重视集合人。历来成就伟大事业的人物，都靠人才的网罗、人力的应用、人智的发挥，才达于成功[4]。我的导师黎永泰教授指出，新经济时期的管理，必须是"以人为中心"的管理。它确立人在企业中的主体、主导、主动、主创地位；它为员工创造全面发展的条件；它使管理有助于发展人的潜能；它使企业成为员工人生的舞台；它强调在经营中必须坚持以人为本和以科学为本相结合，只有尊重客观规律才能落实人的中心地位；它强调在面对经营的空间时，要坚持以人为本和以市场为本相结合，只有全力开拓市场才有人的中心地位；它强调在面对经营的实践时，要坚持以人为本和以创新为本相结合，只有在实践中不断创新，才能

① [日]盛田昭夫. 日本制造[M]. 北京：三联出版社，1988：147.

② 潘乃樾. 老子与现代管理[M]. 北京：中国经济出版社，1996：18.

③ 张立文，张绪通，刘大椿.玄境——道学与中国文化[M]. 北京：人民出版社，1996：52.

④ 黎永泰，黎伟. 企业管理的文化阶梯[M]. 成都：四川人民出版社，2002：286.

确保人的中心地位①。

　　凡是运转良好的企业，没有一个不是把尊重和爱护员工放在首位的。汤姆·彼得斯和小罗伯特·沃特在《寻求优势》（又名《追求卓越》）一书中即指出："优秀公司的经理每根血管都渗透了关心人的精神""尊重每一个人是压倒一切的主题"。管理大师德鲁克发现，日本二战后的迅速崛起，关键在于重视管理哲学，强调人本管理②。著名的日本索尼公司就是一个充分尊重员工的优秀公司，它的董事长盛田昭夫说："日本公司的成功之道，并无任何秘诀和不可与外人言传的公式，不是理论，不是计划，也不是政府和政策，而是人，只有人才能使企业获得成功。"③美国微软公司在人力资源管理方面是企业成功的典范。为了招聘到所需的人才，微软公司负责招聘的工作人员每年要访问130所大学，审阅12万份简历，举行7400次面谈。难怪当比尔·盖茨被问到他为公司所做的最大贡献是什么时，他回答说："我聘用了一批精明强干的人"。

　　在管理实践活动中人们发现，通过对员工的尊重、关心和爱护，达到管理者和被管理者之间的情感交流和沟通，比依靠任何完备严格的规章制度更能激励起员工的积极性和工作热情，从而提高管理绩效④。美欧的许多企业已经逐渐把经营管理哲学的"P"和"L"原则，由过去的Profit（盈）和Loss（亏），转化为People（人）和Love（爱），这就表明，现代西方管理观念正在朝着东方伦理管理的方向靠拢。美国学者汤姆·彼德斯和南希·奥斯汀在所著的《赢得优势——领导艺术的较量》一书中指出：管理问题从根本上讲是人的问题，只有尊重每一个人的价值和贡献，才能充分发挥每一个人的积极性。管理作为一种艺术和方法，就是要以人为中心，使职工有主人翁的责任感，在精神上的满足，能在工作中成就事业。他们的结论是：尊重职工，相依职工，发挥他们的积极性⑤。我的导师黎永泰教授认为：爱人、敬人、

---

① 黎永泰，黎伟. 创业企业文化设计[M]. 北京：清华大学出版社，2005：114-115.

② 王利明. 古代管理思想与现代企业的人本管理[M]. 太原：山西财经大学学报，2001（1）.

③ 潘承烈，虞祖尧等. 中国古代管理思想之今识[M]. 北京：中国人民大学出版社，2001：143.

④ 马涛. 传统的创新——东方管理学引论[M]. 石家庄：河北人民出版社，2001：4.

⑤ Tomas Peterson，The Benefit and Arts of Leadership，Cambridge：Basil Blackwell，P195-202.

重人、育人，不仅成为企业对员工的指南，而且更成为公众对企业的指南。能做到这一点的企业，必有浓厚的内外基础，必能成可大可久的基业①。

我们知道，企业最重要的资源是人，最难管理的也是人，因此一个企业对人力资源管理投入再多的资源、对人力资源管理工作给予再高的重视都不为过。但现实是，目前人力资源管理工作在企业中受重视的程度并不高，甚至有国外管理学家提出要消灭人力资源部门。如美国管理咨询大师拉姆·查兰就指出："是时候跟人力资源部说再见了。"他认为，多数首席人力资源官都是以流程为导向的通才，只熟知人员福利、薪酬和劳工关系，专注于参与、授权和管理文化等内部事务。他们没能将人力资源与真正的商业需求结合起来，不了解关键决策是如何制定的，分析不出员工或整个组织为何没能达成企业的业绩目标，不能像首席财务官那样，成为很好的董事会成员和值得信赖的合伙人，并凭借他们的技能，将员工和业务数据联系起来，从而找出企业的优势和劣势、令员工与其职位相匹配，并为企业战略提供人才方面的建议。因此他主张："减少首席人力资源官职位，将人力资源部门一分为二。一部分可以称之为行政人力资源（HR-A），主要管理薪酬和福利，向 CFO 汇报。这样，CFO 便能将薪酬视为吸引人才的重要条件，而不是主要成本。另一部分称为领导力与组织人力资源（HR-LO），主要关注提高员工的业务能力，直接向 CEO 汇报。"②

当然，我认为这只是对人力资源部门没有起到足够作用的一种略带偏激的宣泄，我相信只要企业是由人组成的这种形态不改变，企业人力资源管理的功能就必然要存在，承接这一职能的部门也必然不会消失。当然，那些从事人力资源管理工作的人员也要进行一下深刻的反思：为什么一些企业对人力资源管理工作存在不满，为什么有些企业不重视人力资源工作？首先，我们看到目前很多从事人力资源管理工作的人员，多数人的专业度并不是很高，绝大多数人都不是科班出身。我曾经在一个人力资源的 QQ 群里做过粗略的调查，竟然发现有 80%～90% 的人力资源管理从业者原本并不是学人力

---

① 黎永泰，黎伟. 企业管理的文化阶梯[M]. 成都：四川人民出版社，2002: 287.

② [美] 拉姆·查兰.分拆人力资源部.[M]. 北京：哈佛商业评论（中文版），2014（7）.

资源专业的，或原来不是从事人力资源工作的。而且，以我从事过人力资源专业教学和实践的经验看，那些即使人力资源管理专业科班出身的人，在专业度，尤其是实战能力上也是相当薄弱的。因为从书本上学到的东西，与现实的差距是很大的。举个简单的例子，即使一个学生在薪酬管理学课上拿了满分，真正让他做一个简单的工资表可能都不会做。正因为某些人力资源管理从业者的专业度不够，导致某些企业管理者确实看不到人力资源工作的专业度和对企业发展的重要性；另一方面，也可能因为当前企业人力资源管理工作的高度还不够，工作的重心仍然停留在传统的人事工作上，还没有满足企业管理者的需要，没有让企业管理者看到人力资源管理工作对企业的巨大价值。

正如美国密歇根大学罗斯商学院教授、人力资源领域的管理大师戴维·尤里奇（Dave Ulrich）在《人力资源转型》（Human Resource Champion，又译为《人力资源冠军》）中所指出的，HR 不能仅仅关注于基础的事务性工作和员工关系，还要成为企业的战略合作伙伴和企业变革的推动者，后者才是企业所有者更关心的。这也正是当前中国多数 HR 们身上存在的问题，他们花费很多的时间和精力在一些具体事务上，而企业老板所关注的战略合作伙伴和企业变革推动者的角色却很少关注。也就难怪他们在企业无法受到老板的重视了。戴维·尤里奇指出，争论"我们是否应该取消 HR 部门"，是个愚蠢而毫无意义的问题。他说："如果 HR 无法增加价值和改善业绩，当然应该取消它；如果 HR 能够创造价值或达成成果，就得保留它。"他认为，未来 10 年，应该是 HR 的时代。随着技术发展、全球化、利润增长和客户需求等因素迫使企业变革脚步加快，组织能力和人员素质成了管理的中心课题①。因此，企业的人力资源管理从业者还需多从自身找差距，努力提高自己的专业知识和能力，争取为企业发展提供强大助力！

据调查，目前从事人力资源管理工作的员工中，至少有 60%~70%的人对自己在企业中的地位并不满意，认为自己在公司只处于从属的地位，得不

---

① [美]戴维·尤里奇. 人力资源转型：为组织创造价值和达成成果，[M]. 北京：电子工业出版社，2015：前言，23.

到领导的重视,待遇也相对较低,因此很多人力资源从业者都有转行的打算。一方面是企业对人力资源工作存在不满,另一方面人力资源从业者对自己的处境也不满意,这说明双方对人力资源工作的认识还存在一定差距,企业人力资源管理工作还有很大提升空间。

第二,顺应员工的意愿。

关于什么是"无为而治",《淮南子》里的一则故事说得非常形象:一个大力士拉着牛尾巴牵牛,即使拉断了牛尾巴,也不能牵走它。而一个 10 岁的牧童,用桑条穿着牛鼻子轻轻一拉,就把牛牵走了。这里的大力士拉着牛尾巴牵牛,就是逆自然规律做事,即强作妄为,是"有为";小牧童牵着牛鼻子拉牛,是按照自然规律顺势而为,就是"无为"。可见,老子所说的"无为"并不是什么都不做,而是顺着事物的自然之"道"而为。只要顺着事物的自然规律去做事,就是"无为而治"。同理,在企业管理中,只要顺应企业发展的客观规律和员工的集体意愿去管理就是"无为而治"。

在企业中究竟应该采取民主式管理,还是独裁式管理,一直是管理学界争论不休的话题。美国密歇根大学社会学研究中心的利克特(Rensis Likert)教授,在对专权独裁式、温和独裁式、协商式、民主参与式四种管理体制进行研究后指出,采取第四种管理体制的企业,生产效率要比一般企业高 10%～40%。他认为,独裁的管理方式永远不能达到民主管理所能达到的生产水平和员工对工作的满意感[1]。这个研究结果说明,对被管理者实行民主管理,并不会导致组织的混乱,反而会大大促进组织向良性的方向发展。

在知识经济时代,人才的竞争是一切竞争的核心,掌握了人才就等于掌握了最佳的资源,等于抢占了竞争的制高点。而人才是千差万别的,尤其是富有创新精神、敬业精神的人才,多数都是极富个性的。一个优秀的管理者,只有顺应现代企业管理的发展趋势,顺应员工的个性需求进行管理,才能把企业管好。日本的土光敏夫在《经营管理之道》中说:"我不喜欢管理者这种提法,因为它容易使人联想到上级管理部下,人管人。说到底,一个人只有发自内心地去采取自主行动时,他才会最大限度地感到生活的意义。"可

---

① 马涛. 传统的创新－东方管理学引论[M]. 石家庄: 河北人民出版社, 2001:242.

见，在现代企业管理中，顺应员工的意愿是相当重要的。

在现实管理中，我们经常看到一些管理者对下属员工动不动就大发雷霆，喜欢一意孤行，不愿意听取员工的意见，这样的企业是很难长久的。老子说："善用人者为之下，是谓不争之德，是谓用人之力，是谓配天之极。"（第68章）一个好的领导，只有善处下位，以谦虚的姿态对待员工，多与员工沟通，听取员工的呼声和建议，才能促进企业健康发展。美国艾博切特在他的《二十二种新管理工具》修订本序中就引用了老子上面这段话，并进行阐述说："这几句话至少已有两千年的历史，它代表识见不凡的管理者长久以来都在努力，却仍然没有人能够接近的一种道的境界。从某种意义来看，管理者的历史，也就是试图实践这项基本观念的一段历史。"①这段话说的是比较中肯的。老子说："圣人无常心，以百姓心为心"（第49章）一个好的管理者，一定是顺应民意去管理的，否则组织必然会落个四分五裂的下场。

很多人都说"企业文化就是老板文化"，对于这种观点，本人并不完全认同。企业文化固然是老板极力推动的，但绝非完全是老板一人的文化，必然是时代文化、民族文化、行业文化、员工文化等因素共同作用的结果。一个健康的企业文化一定是民主的、顺应民意的企业文化，老板文化必须顺应员工文化，才能得以维持和延续；否则即使老板强势推行自己的文化理念，员工也会因不买账而分崩离析。

9.3.2 "俭"的管理智慧

9.3.2.1 "守静"：像母亲一样以静制动

"慈母手中线，游子身上衣。临行密密缝，意恐迟迟归。"（[唐]李白:《游子吟》）。每次读到这首诗的时候，我们眼前就会浮现出一位慈祥的母亲，静静地坐在灯下，一针一线地为孩子缝制衣服的情景。现在，虽然很少有人再穿母亲亲手缝制的衣服了，但母亲对孩子那份默默付出的爱却从来没有改变。她们没有过多的言辞，却能影响我们一生；她们没有伟大的壮举，但在

---

① 熊礼汇，袁振明.老子与现代管理[M]. 上海：学林出版社，1999: 20.

孩子们心中，她们的形象却无比伟大。这就是"静"的力量，不用过多的语言，却让我们一生魂牵梦萦。

老子非常重视"静"的作用，认为"清静"是宇宙万物的根本状态。他说："静胜躁，寒胜热，清静为天下正"（第45章），又说"致虚极，守静笃……归根曰静，是谓复命。复命曰常，知常曰明。不知常，妄作凶"（第16章）。"清静"是天地的根本，只有执守"清静"，才能体悟常道；如果不能知晓常道，而恣意妄为，就会招致凶险。由此可见，"守静"在老子母亲管理思想中的地位非常重要，是对组织进行正确管理的根本原则。

在现代企业管理中，经常会遇到这样一个问题：究竟什么样的企业才是有前途的企业。是一个平静无波的企业，还是一个轰轰烈烈的企业？按照老子的说法，当然是一个平静无波的企业更好一些。老子说："清静为天下正"，一个平静无波的企业才是企业健康运转的正常状态。美国著名管理学家彼德·德鲁克的一句话对老子的这个观点进行了准确论证，他说："一个平静无波的工厂，必是管理上了轨道。如果一个工厂常是高潮迭起，在参观者看来大家忙得不可开交，就必是管理不良。管理好的工厂，总是单调无味，没有任何激动人的事件。那是因为凡是可能发生的危机都早已预见，且已将解决办法变成例行工作了。"[1]无独有偶，英国著名管理学家帕金森在《帕金森管理经典》一书中也说："成就最大的企业通常是那种不事声张，干着相对来说令人厌烦的工作的企业。因为那里从来不会发生危机，老板早有预见，把每一件事都安排得井然有序，整个企业在宁静的氛围中有条不紊地开展工作。"[2]他们的这些观点虽然在时间上与老子相差两千多年，但在内容上却有着惊人的相似性。可见，无论时间如何变化，管理的道理却是相通的。

为什么企业管理需要"清静"呢？企业的发展需要一个稳定的内外环境，如果企业在管理上总是变动不居、朝令夕改，企业的员工就会手足无措，外部客户也会产生不安全感，这样的企业是很难得到信任的。因此，企业的管理者在管理过程中不要频繁地变换政策规章，而应保持相对的稳定性。

关于如何实现"无为而治"，老子用著名的"治大国，若烹小鲜"（第

---

[1] [美]彼得·德鲁克.卓有成效的管理者[M]. 北京：机械工业出版社，2005：前言.

[2] 修平.老板与老子的对话[M]. 北京：中国经济出版社，2006：152.

60 章）这句话给予了形象的注解。老子认为国君治理国家，就要像煎小鱼那样，不要过分搅扰，这样才能把天下治理好，受到百姓的拥戴。苏轼对这句话的解释是："烹小鲜者不可挠，治大国者不可烦，烦则人劳，挠则鱼烂，圣人无为，使人各安其自然，外无所烦，内无所畏，则物莫能侵，虽鬼无所用其神。"（[明]焦竑《老子翼》）煎小鱼不能老翻动，老翻动，鱼就会烂；治理国家不能过度劳烦，过度劳烦，百姓就会困顿。因此，圣人采取无为的方式治理国家，让每个人都顺应自然的天性发展，这样无论从内还是从外，都不会受到侵扰。美国前总统里根在国情咨文中，就曾引用"治大国，若烹小鲜"一句，说明管理一个国家，要像煎小鱼一样，不能随便折腾。胡锦涛同志在 2008 年 12 月 18 日纪念党的十一届三中全会召开 30周年大会的讲话中，也提到了"不折腾"3 个字，他说："我们的伟大目标是，到我们党成立 100 年时建成惠及十几亿人口的更高水平的小康社会，到新中国成立 100 年时基本实现现代化，建成富强民主文明和谐的社会主义现代化国家。只要我们不动摇、不懈怠、不折腾，坚定不移地推进改革开放，坚定不移地走中国特色社会主义道路，就一定能够胜利实现这一宏伟蓝图和奋斗目标。"这句话明确地指出了保持国家政策稳定的重要，只要我们能够坚持改革开放和社会主义方向不动摇，我们的伟大理想就一定能够实现。

近年来，管理创新的呼声很高，这当然是正确的。但也要有所区分，不是所有方面都要不断创新。对企业来讲，企业的生产技术和产品等要根据市场和人们需求变化不断地发展创新，但企业的战略、宗旨、理念、制度规范等却要保持相对的稳定性，不能总是变来变去，否则就会令人难以把握。正如惠普前 CEO 约翰·杨所说："我们的基本原则，从创办人构思出来后一直维持不变。我们把核心价值和实务分得清清楚楚，核心价值不变，但是实务做法可以改变。"[①]彼德·德鲁克也有类似的观点，他说："我们问：'保持现状，会有什么后果？'如果答案是：'不会有变化'，那么我们又何必横生枝节？"[②]

---

① [美]詹姆斯·柯林斯，杰里·波拉斯.基业长青[M]. 北京：中信出版社，2004:32

② 修平，老板与老子的对话，中国经济出版社，2006：152.

中国历史上"萧规曹随"的故事，说的就是这个道理。汉惠帝二年（公元前 193 年），萧何死。曹参为汉相国，施政办事，一遵萧何约束，无所变更。曹参日夜饮酒，整日无所事事。惠帝以为是欺负他年轻，就让曹参的儿子曹窋规劝其父。曹窋按照惠帝的意思劝谏曹参，曹参听后大怒，责骂并痛打了曹窋。第二天上朝时，惠帝问曹参为什么打曹窋？曹参不直接回答，脱帽答道："陛下您认为在英明决断方面和高帝（刘邦）相比，哪个更厉害呢？"惠帝说："朕哪里能比得上先帝啊！"曹参又问："那陛下看我和萧何相比，哪个能力更强呢？"惠帝回答说："你也好像比不上萧何啊。"曹参说："陛下说得太对了。高帝与萧何定天下，法令既明，各项国家制度和条例都非常好。现在陛下领导我们治理天下，我们忠于职守，遵循各项制度条例而不犯错误，不是很好吗？"汉惠帝听了曹参的解释后说："我明白了，你不必再说了！"曹参在朝廷任丞相三年，极力主张清静无为不扰民，遵照萧何制定好的法规治理国家，使西汉政治稳定、经济发展、人民生活日渐提高。他死后，百姓们编了一首歌谣称颂他说："萧何定法律，明白又整齐；曹参接任后，遵守不偏离。施政贵清静，百姓心欢喜。"从这则故事可以看出，从表面看曹参作为一名丞相，整日无所事事，只知饮酒作乐，似乎不对。但他遵循制定好的方针政策不做改变，保持了社会的稳定，有利于百姓生活的安定和社会经济的发展。这说明创新对组织的发展固然重要，但适当的守成也非常必要。现代企业在确立了相应的战略方针、规章制度以后，也尽量不要轻易改变，以便使这些战略方针、规章制度能够深入人心，让员工各司其职，按部就班地工作，保证企业的稳定发展。

除了保持企业的相对稳定外，"守静"的另一层含义是"归根复命"，即保持企业的根本使命不动摇。老子说："归根曰静，静曰复命，复命曰常。"他认为，"静"就是指复归于自己的"根本"，这才叫把握了"常道"。对于企业而言，就是在经营上尽量不偏离自己的主业。现在，很多企业在发展到一定程度后，喜欢采取多元化的战略，什么赚钱做什么，最后往往因为战线铺得太长，而损失惨重。实际上，世界上很多知名的大公司都是专业化很强的公司，比如 SONY 专做电器，强生专做婴儿用品，惠普专做打印机等。一提到这些公司的名字，马上就会联想到它的产品。而那些总是变来变去的公司，在人们的脑海里很少能留下什么印迹。专业化的一个直接结果就是质量能够得到有效保证，正如一句广告词所说："因为专注，所以专业"。"不忘初心，方得始终"，企业在发展过程中，一定要随时反省自己，反观自己的使命，尽量不要偏离自己的主业。只有这样，公司才能在行业中长久保持领先地位。

9.3.2.2 "无为"：像母亲一样用行为引导员工

如果有人问，在你的一生中，谁对你的影响最大？我想多数人会说是自己的母亲。母亲是我们人生的第一位老师：她给我们喂第一口奶，教我们说第一句话，扶我们走第一步路，在我们成长中不断地指导和教育我们。但她绝不会代替我们做这些事，而是让我们自己不断地去尝试、学习、成长。这就是典型的"无为而治"。作为一名企业的管理者，也应像母亲一样，通过教育，引导员工做事，而不是凡事都自己亲力亲为。

正如著名管理学家玛丽·帕克·福莱特所说的，管理就是"通过他人来完成工作"。这句话明确地指出了管理者与被管理者的不同分工，管理者主要职责是进行组织协调，被管理者主要负责执行。孔子认为：为政之道，首在"正名"。他说："名不正，则言不顺；言不顺，则事不成；事不成，则礼乐不兴；礼乐不兴，则刑罚不中；刑罚不中，则民无所措手足。"所谓"正名"，就是要明辨职位的名分（名称和职权），孔子认为这是为政的根本。因为职位的名分不明确，就不可能正确地行使职权，也就无法圆满地完成管理工作。

在企业里，有些管理者对自己的定位不够清晰，尤其是一些从专业岗位上提升起来的管理者，看到下属做事不如意时，就情愿自己去做，省得一次次给员工纠正，还不如自己做得快、做得好。久而久之，员工慢慢产生了依赖心理，有些明明该自己做的事，也不愿承担了。员工会想，反正我做事你也看不上，我做不好还挨批评，既然你愿意自己做，那你就做，我还乐得轻松。企业里，很多管理者之所以觉得自己做得很累，多数是由这个原因造成的。这样不仅让自己变得很累，而且无法培养下属，长此以往就会导致恶性循环，造成企业后继无人。

　　一个好的管理者，绝不会直接告诉员工怎么做或者自己代替员工去做，而是启发员工思考如何去做。正如高建华在《笑着离开惠普》一书中所说的，国内很多企业的管理者一般都喜欢显示自己解决问题的能力，通过展现这种能力的过程来换取成就感。他们在指导下属时也习惯于亲自上阵。这样做解决问题的速度最快，管理者在第一时间告诉员工答案，员工回去一试，果然见效，立竿见影。但是当员工再次出现问题时，他还是不知道该怎么办，只好又跑来求助上司，久而久之就成了习惯，遇到难题找领导。管理者解决一个部下的问题很容易，如果有十个部下怎么办？如果每个部下都有问题的话，上司就成了救火队员。在跨国公司里面，衡量一个管理者有没有本事，不是看他自己能不能解决问题，而是看他能不能教会部下解决问题，让部下具备解决问题的能力，这是一个原则性的问题[①]。

　　《基业长青》一书明确指出，管理者的作用应该是"造钟，而不是报时"。书中原话是这样的："想象你遇到一位有特异功能的人，他在白天或晚上的任何时候，都能够依据太阳和星星说出正确的日期和时间。例如说'现在是1401年4月23日，凌晨2时36分12秒'。这个人一定是一位令人惊异的报时者，我们很可能因为他的报时能力对他佩服得五体投地。但是如果这个人不报时，转而制造了一个永远可以报时、甚至在他百年之后仍然能报时的时钟，岂不是更令人赞叹不已吗？"[②]所谓"造钟"就是管理者一定要摆正自己的位置，把工作的重点放在制定企业的运行规则，而不是亲自去报时。

　　本人有多年的管理咨询和企业工作经验，基本都是从事人力资源管理工作。无论是在管理咨询工作还是具体的人力资源工作中，一般都是从梳理和优化企业的部门与岗位职责开始的。这与孔子所说的"正名"有异曲同工之处。职责梳理就是要明确不同部门和岗位的责、权、利，使管理者和员工能够各司其职，把自己的本职工作做好。如果管理者与被管理者的职责权限不明晰，管理者去做执行者的事，用老子的话说，就是"代大匠斫"，其结果就是"希有不伤其手矣"（第74章）。也就是说，如果一个管理者代替下属去做执行的事，很少有不出问题的。一个好的管理者，首先要做好下属员工

① 高建华.笑着离开惠普[M].北京：商务印书馆，2006：59-61.

② [美]詹姆斯·C·柯林斯，杰里·I·波拉斯.基业长青[M]. 北京：中信出版社，2002：27.

的组织管理工作,在分配和安排好下属工作的同时,对下属员工进行必要的业务培训和指导,辅导员工把工作做好,而不是越俎代庖,直接替下属去做。

学会这种"无为"的管理方法,具体的要做到以下两个方面:

第一,管理要简单化。

管理问题可能是人类所面临的最复杂的问题。即便最小的管理问题,其所涉的变量之多,变量变化之复杂都是难以想象的。虽然现代管理学建立了许许多多的模型,用于描述管理问题,现代计算机技术也使处理多变量的可能性大大增加。但如果试图以某种固定的公式、模型或专家系统来解决管理问题,仍然是不可能的。

然而按照老子的观点,管理又应该是一种最简单的行为。老子认为,最好的管理就是没有管理,或者说是让被管理者感觉不到管理。他说:"太上,不知有之。其次,亲而誉之。其次,畏之。其次,侮之。"最好的管理者就是让被管理者感觉不到他的存在。就像人整日在空气中,鱼整日在水中而不觉一样,自然而然地运行,随心所欲地发展。这样的条件就是充分掌握管理"大道",按照"道"(即企业的运行规律及人性的规律)发展管理,顺应各自的规律运行,这样就不觉得你在管理了。任何事物都有一定的规律,管理者必须按照这些规律而不能违背,顺着事物的规律去做事,就是"无为而治"。

管理的目的是使一群人能够协调一致地完成同一目标。行为设计得越复杂,"百姓"准确理解行为的难度就越大,协调起来就越困难。因此,老子说:"天下多忌讳而民弥贫。民多利器国家滋昏。人多技巧,奇物滋起。法令滋彰盗贼多有。故圣人云我无为而民自化,我好静而民自正,我无事而民自富,我无欲而民自朴。"(第57章)管理应该以尽可能简单、尽可能朴实的方式进行,而不能追求表面的"高级"或刻意的"复杂"。

18世纪西方就流行着一句口号:"最懒惰的政府是最好的政府"①。近年来,在管理学界,也流传着这样一种说法,就是"管得越少,管得越好"。一个管理者,并非管理得越多,管理效果就越好,而是恰恰相反,只有管得越少,才能管得越好。GE前总裁杰克·韦尔奇就曾告诫管理者们说:"管理

---

① 陈鼓应. 老子注译及评介[M]. 北京:中华书局,2003:35.

人员应该放轻松一些，也让员工们的神经放松下来，让他们自由地表现，尽量少地管理他们。最后你会发现，员工们精神振奋，生产力极大提高，而管理人员唯一所要做的，就是站在一旁观望。"①无独有偶，我国唐代著名宰相魏征在写给唐太宗的《谏太公十思疏》中，也有类似的言论，他说："简能而任之，择善而从之，则智者尽其谋，勇者竭其力，仁者播其惠，信者效其忠；文武并用，垂拱而治。何必劳神苦思，代百司之职役哉？"简言之就是，一个好的国君，只要能善于选拔人才和使用人才，充分调动他们的积极性，就可以达到"垂拱而治"的局面。

美国的贝尔实验室因为有不少发明创造而蜚声世界，它的管理之道就是"无为而治"四个字，真正体现了高科技企业的文化特色。因为真正的科技发明什么时候出现是很难预定的，"无为而治"反映了宽松自由的研究氛围，比较符合科学研究的特点。

管理简单化最基本的内容是职责明晰，即确定每一件事都有一个人（或一组人）负责，而且只有一个人（或一组人）负责。做到这一点就能保证需要做的事都有人在做，而且出现问题也有人负责，承担责任。

管理简单化的第二个内容是管理方法与手段要尽量简化，使人们能够一目了然，而不是考智力。

有些管理者在制定管理制度时，为了显示自己的水平，往往把内容搞得非常复杂。比如绩效管理，什么 KPI、KAI、KRI、EVA、BSC、360 度等等，搞得员工焦头烂额、怨声载道，不仅没有起到绩效提升的作用，反而浪费了人力、物力、财力，把绩效管理搞成了累赘。在我看来，绩效考核其实就像是学生的小测验，小测验是检验学生最近这段时间学得怎么样，绩效考核是检验员工最近工作得怎么样。没有小测验，学生平时学习没有压力，可能会导致期末什么都没有学到；没有绩效考核，可能导致员工平时工作不到位，年底绩效滑坡。绩效考核的目的就是及时提醒员工做好工作，避免年底算总账。绩效考核指标的设置其实也很简单，就是"做什么考什么，想要做到什么程度就设置什么样的考核标准"（这两句话在我的绩效管理培训课程上被

---

① [美]杰克·韦尔奇.创新经营实战全书[M]. 哈尔滨：黑龙江人民出版社，2002：101.

称为两条"金玉良言",是简化绩效管理,使绩效管理易于落实和取得绩效拉动效果的重要指导思想。我把这种方法称为 KWI(Key Work Indicator)法,即关键工作指标法。)工具是为人服务的,千万不能被工具所束缚。各种绩效指标设置方法都是为绩效管理服务的,要学习借鉴各种方法,并做到"运用之妙存乎一心",灵活加以运用,切不可拘泥于哪一种方法,从而陷入为了考核而考核的僵化局面。

管理简单化的第三个内容是制度、规定应尽可能少。就像楚汉相争时,刘邦定的"约法三章"一样,仅仅"杀人者死,伤人及盗抵罪"这三条,抓住了当时社会矛盾的要害,取消了秦朝的繁文苛法,受到了百姓的欢迎。我在做管理咨询和人力资源管理工作时,一个很重要的工作就是做制度梳理。把公司级和各部门级的制度进行详细梳理,该废止的废止,该修订的修订,该合并的合并,然后汇集成册,以后每年在此基础上进行增减修订,以减少制度的繁琐、冲突。有些公司,在出台制度和规定的时候,往往过于随意,遇到一个问题就出台一个制度或管理办法,导致制度满天飞,又很难长期坚持,让人感觉是朝令夕改,反而无所适从。我在担任公司人事总监或副总的时候,在出台公司管理制度的问题上一般都非常谨慎,我对人力资源部的员工说:公司的制度关系到每个员工的切身利益,我们在出台制度的时候一定要反复研讨,不能过于仓促,如果拿不准,宁可先放着不发;如果随意发出来,往往会遗患无穷。制度在出台前要反复论证,出台后就一定要坚持执行,否则就会失去公司制度的权威,以后再出台什么制度,员工也不会当真,这样的制度出台再多又有什么用呢?

制度在执行的过程中,如果不能做到令行禁止,而是出尔反尔、朝令夕改,这是最消耗组织战斗力的[①]。最近几年,管理界讨论最热的一个话题恐怕就是"执行力"了。很多人认为中国企业影响管理效率的根本原因是员工的执行力弱。本人认为,执行力从本质上应该是个伪命题。首先,被管理者执行力的强弱取决于管理者的组织协调监督,如果你没有对员工实行规范化的管理,试图做出一个决定,员工就可以不折不扣地去执行,这是一种不切

---

① 罗晓光,申静.《老子》中的管理思想[M]. 哈尔滨:黑龙江人民出版社,1998:103-108.

实际的幻想，也是管理者推卸责任的表现。其次，企业执行力弱的根本原因不在员工，而在管理者。一个企业里，带头破坏制度的人往往不是员工而是领导。正如孔子所说的："其身正，不令而行；其身不正，虽令不从。"（《论语·子路》）如果管理者能够以身作则，严格要求自己，按制度办事，员工有不听从的吗？正如社会上流传的一个顺口溜所说的："问题出在前三排，根源还在主席台"。企业如果存在执行弱的问题，应首先从领导方面找问题。首先，管理者在分配任务的时候一定要明确，什么事在什么时间之前完成，做到什么程度，不能模棱两可。在绩效管理指标的设置上，有一个 SMART 原则，即明确的（SPECIFIC）、可评估的（MEASURABLE）、有行为导向的（ACTION-ORIENTED）、切实可行的（REALISTIC）、受时间和资源限制的（TIME- AND RESOURCE-CONSTRAINED）。管理者在给下属安排任务时，不妨加以借鉴。其次，在任务执行的过程中要及时跟进，对完成进度进行把控，不能平时不跟催，等到时间快结束时再检查，那时如果完不成再着急也已经晚了。在我所做的一个管理咨询项目中就存在这样的现象。项目的甲方是一家被外资收购的中国化妆品公司，外资在收购后全面引进了外方的绩效考核办法，即重点考核作为年终结果的业绩和净利润指标，而缺少过程监管指标。从而导致企业在一年当中平时管理松散，业绩没人过问，等到年终考核，才发现业绩大幅度滑坡，这时再着急也已经悔之晚矣。所以我认为，其实绩效考核就相当于学生的小测验，小测验的目的是让学生检测一下自己哪些知识没有掌握，以便及时弥补；考核的目的则是让员工知道自己哪些方面做得不好，能够及时调整，避免秋后算总账时就来不及了。

现代企业中，组织严密、规章精细，这无疑是符合现代化大生产需要。但是，过分强调正式组织的"命令—接受"机制，就有可能损害员工个人的主观能动性，特别是当一个企业试图通过创新来谋求发展时，为员工提供一个自由发挥的环境是至关重要的。美国赫尔曼·米勒公司的马克斯·德普富先生说："人们普遍认为，美国的经理们必须去激发职工的积极性。这完全是瞎说！职工都有自己的积极性。人们之所以需要工作是因为希望得到自由发挥的机会，参与进去，负起责任，并且充分表现出自己的潜力。领导的职能不是用规章制度去束缚职工，而是让才能和智慧自由发挥、施展，这是我们所有成功企业的共同主题。"只要领导希望企业充满活力，经常创新，就要创造一个有利于员工发挥其主观能动性的环境。老子反复强调一定要让"民"（百姓）自我发展，而不要过多干涉，即所谓"功成事遂，百姓皆谓我自然"。管理者要"无为"，让百姓感到"自然"，就不应对下属有过多的指教和干涉。如果管理者只在大的原则上做出规定，而让下属尽可能地发挥自己的能量，不干涉他们的具体行为，无疑比一切都由管理者个人决定，连下属的一言一行都加以严格规定，将下属仅仅作为执行的工具，对工作有利得多[1]。

第二，管理要充分授权。

近年，国内经常听到一些知名高管"过劳死"的事件，如2004年4月8日爱立信（中国）有限公司总裁杨迈由于不堪连日超负荷工作，在健身房跑步时心脏骤停，终年54岁；2004年11月7日均瑶集团董事长、总裁王均瑶因患肠癌晚期，并发肺部感染、呼吸衰竭，抢救无效逝世，终年38岁；2005年9月18日网易公司代理首席执行官孙德棣病逝，终年38岁。北京易普斯企业咨询服务中心对1576名高级管理人员所做的健康调查显示，近70%的高级管理人员感觉自己当前承受的压力较大，其中21%认为自己压力极大[2]。国内某媒体发布的一份"国内人群压力排行榜"显示，在接受调查的人群中，压力最大的是企业管理者，并远远高于其他人群[3]。

为什么管理者们会这么累呢？其中一个重要原因就是他们没有充分授权，凡事都要自己过问，这样当然就会很累了。我在做管理咨询工作时，遇到过一个某集团公司的董事长，我刚到他们公司，就迫不及待地接见我，并且非常恳切地对我说："您赶紧帮帮我吧，我实在是太累了，我都不知道是员工给我打工，还是我在给员工打工。公司规模越大，我就越累。好想放松一下，也像其他老板一样，打打球、钓钓鱼、旅旅游，但就是停不下来。"在调研过程中，我们发现，他的几个手下也充满了抱怨，说董事长大权独揽，他们手中什么权力都没有，想做事都没机会。由此可见，董事长累的原因很

① 罗晓光，申静.《老子》中的管理思想[M]. 哈尔滨：黑龙江人民出版社，1998：3-8.
② 全金.无为管理：经理人的快意管理学[M]. 北京：中国时代经济出版社，2008：1.
③ 方雄.放羊式管理[M]. 北京：中国纺织出版社，2007：4.

大程度上是由于不愿意授权。当然深层原因是，公司缺乏制衡机制，董事长不敢轻易授权。

《圣经》里就记载了这样一则故事：带领以色列人走出埃及的摩西，事必躬亲，一天到晚忙个不停。对此，他的岳父就给他提出了一个建议，让他从百姓中选拔一些有才能的人，派他们作"千夫长、百夫长、五十夫长、十夫长"，通过他们来管理百姓。在这个基础上，制定明确的法令，昭告民众；建立等级制度，授权委任管理；通过各个层次的"长"们分级负责，把大部分的事情放在下边，只有最重要的事务才提交摩西。这样一来，摩西就变得轻松多了。这个故事说明，一个有效的管理者，必须是一个充分的授权者，要相信企业中的每一个人。当上司信赖他们，给予他们一定的权力的时候，当他们在工作、劳动的实践中感到可以多多少少掌握自己命运的时候，工作效率、工作成果就会大大提高，企业就可以得到丰厚的回报。

权利和义务应该是对等的，企业管理者通过层层授权，让企业的每个员工都拥有相应的权利，员工们也必然会尽力奉献自己的才能，最终实现企业组织的自主管理。《最终竞争力》的作者爱德华·E.劳勒三世指出："大量证据表明，通过采用一种让其雇员更多参与组织运营的管理模式，许多组织能够获得竞争优势。"拥有高素质的员工并不能保证组织拥有持久的竞争优势，甚至即使是短期的优势。如果员工没有被动员或者组织系统没有发挥正确作用，员工的才智就可能被浪费，并且高素质的员工可能投奔到竞争对手那里为其工作，这就限制了优势的持续性[1]。

中国的历代典籍都历数了领导者不可过分独揽大权的道理，如《管子·形势解》说："独任之国，劳而多祸。"《荀子·尧问》说："诸侯得师者王，得友者霸，得疑者存，自为谋而莫己若者亡。"《慎子·民杂》指出："若使君之智最贤，以一君而尽赡下则劳，劳则有倦，倦则衰，衰则不赡之道也。"刘邦也说："夫运筹帷幄之中，决胜千里之外，吾不如子房……"（《史记·高祖本纪》）吴兢《贞观政要·求谏》中说："一日万机，一人听断，虽复忧劳，安能尽善？"《旧唐书·高祖本纪》说："以天下之广，岂可独断于一人之虑？"

---

① [美]爱德华 E.劳勒三世.最终竞争力[M]. 北京：机械工业出版社，2005：4-10.

《元史·许衡列传》说:"天下之大,兆民之众,事有万变,日有万机,人君以一身一心而酬酢之,欲言之无失,岂能易哉?"清代顾炎武在《日知录》中也说:"尽天下一切之权收之在上,而万机之广,固非一人所能操也。"以上这些言论都反复强调领导者不能独揽一切事务,而应抓住事务的根本,否则事无巨细一律过手,人累坏了,事业没有发展,不能不令人扼腕叹息。君主即使智慧是最高的,但要以一人的智慧代替全部臣下,就会无比辛劳,辛劳必然疲倦,疲倦就会衰弱,衰弱就会回到连平常人智慧都不如的道路上去,领导者也就成了庸人了[1]。

老子曾经提出了三种管理者的划分,他说:"太上,不知有之。其次,亲而誉之。其次,畏之。其次,侮之。信不足焉,有不信焉。悠兮其贵言,功成事遂,百姓皆谓:我自然。"老子认为,最好的管理者就是被管理者根本就感觉不到他的存在,其次被管理者亲近和称赞他,其次被管理者都很畏惧他,再次就是被管理者都很厌恶他。实际上,管理者并不需要太多地发号施令,只要给被管理者充分地自由和权力,被管理者自然能够自我发展。优秀的管理思想往往是相通的,美国学者 K. 布兰查德和 S. 约翰逊合著的畅销书《一分钟经理》中即说:一个有效率的经理,"不是一个亲政的经理",下属"很少见到他"。——订完目标后,上司的任务就是"密切观察我的活动",及时给下属以"称赞"和批评。要想下属有献身精神,有主人翁态度,就要给他自己做主的权利,使他感到这是"自己的"事情。没有主人翁的权力和地位,主人翁的意识和态度是决不会从天上掉下来的。正如很多企业的员工们说的:"你把我当成三流人员对待,我就给你做三流的工作;你把我看成是一流,你就会得到一流的结果,至少我会尽自己最大的努力。"

对于当今企业实行自主管理的必要性和可能性,美国学者劳伦斯·米勒在其名著《美国企业精神》中,作了精辟有力的分析。他说:"以往对部下颐指气使的管理人员,明天就要被视为绝种的怪兽。从事复杂工作的员工,是不能颐指气使的,而只能从正面加以诱导。"美国学者戴维·布拉福德和阿伦·科恩合著的《追求卓越的管理》认为,"育才型领导"是未来理想的

---

① 黎永泰,黎伟.企业管理的文化阶梯[M].成都:四川人民出版社,2002:326.

领导模式，他们"绝不是以自己为中心的，负责一切的，对部下控制过多的英雄"；"育才型管理者会使用影响力，但不是控制一切；会帮助寻找答案，但本身并不提供一切答案；会参与解决问题，但不要求以自我为中心；会运用权力，但不指挥一切；会负担责任，但不把别的人挤在一边。"①

企业经营，既受制于经济规律，又要遵循自身运行发展的规律，而要使其依循规律运行，必须注意提供一个宽松的内部环境。3M 公司总裁李维士·李尔说："最佳的管理，乃是能让员工发挥个性、创造力的无为而治。"对此，美国内陆银行总裁大卫·拜伦说得更为具体和形象，他说："我在管理工作上，一直谨守着两句格言，一是'决不让自己超量工作'，二是'授权他人，然后就完全忘掉这回事，决不干涉'"②。日本索尼公司董事长盛田昭夫也说，如果一家公司的大事小事全由经理人员一手包办，那么这个公司无法运转。衡量一个经理的才能要看他是否能得力地组织大量人员，看他或者她如何最有效地发挥每一个人的能力，并且使他们齐心协力，协调一致。他告诫公司的经理们："在雇员们眼里，你们不应是一个钢丝索上的杂技演员，你们应设法吸引大批员工，让他们自觉自愿并热诚地跟随你们去为公司的发展做出贡献。"人需要钱，但也需要工作中的愉快和对工作的自豪感。如果能让一个年轻人在工作中挑大梁，即使没有职称，他也会相信他的前途美好而乐于努力工作。日本商界最成功的人物从不对下属事无巨细要求，他们只指出大的方向，然后帮助下属树立信心，做好工作。有了这种态度，他们便可得到独创的技术和新颖的想法③。海尔集团董事局主席张瑞敏也认为："实现管理的最高层次自主管理，是我的目标，海尔的管理并不是为了达到某个数字标准，而是提升整个企业的凝聚力，增强每个职工的责任感，如果真正达到自主管理，数字都是次要的了。"④可见，在企业管理中，实现充分放权和自主管理是非常重要的。

迈克尔·哈默指出："传统的管理概念正走向道路的终点。管理概念作

① 潘乃樾.老子与现代管理[M]．北京：中国经济出版社，1996：55-57．

② 虞祖尧等.管理思想探源[M]．北京：新华出版社，1990：230．

③ [日]盛田昭夫.日本制造[M]．上海：三联出版社，1988：156-200．

④ 张德，吴剑平.文化管理－对科学管理的超越[M]．北京：清华大学出版社，2008：20．

为一个重要的观念本身，作为组织的一个重要部分，都过时了。"①所谓管理终结，是指传统的以主客二元为特征的管理方式的终结。基于知识与信息的生产作业过程及其构成要素的一系列变化，使得传统的基于物质与能量资源的、按照劳动分工理论建立起来的企业生产组织管理模式受到了严峻的挑战。"有为"的管理者已经不能像往常那样照个人的控制力、决策力来管理整个组织。"假如我们坚持'一切智慧在于最高层'这种观点，那么就注定会有运行不良的组织机构。"②

现代企业面临的外部环境变化越来越迅速，传统高度专业化的功能部门日益被视作联合的障碍而不断地被拆除，命令控制型的层级式"官僚"组织结构因效率低下、成本费用剧增而被无情地革除。为了适应新的生产管理的需要，必须要求有新的组织模式替代旧的组织模式。在这种背景下，像精益企业、学习型组织、扁平型组织、网络型组织、虚拟组织、变形虫组织等组织概念和形式不断涌现。这些组织结构形式表现在主客体关系上，就是独断专行的领导方式不再有效，员工将充分自主，管理成为一种服务与满足。领导最重要的工作是当"教练"，给予员工技术支持和精神鼓励，使企业运作充满生机与乐趣。由于员工拥有越来越多的经营决策权，因而他们决定企业经营的成功与失败，正如摩托罗拉公司前总裁盖尔文（Robon Galvin）曾说过：面对顾客时，业务员具有董事长的权利。因此，现代企业管理者在管理过程中应时刻保持"不欲碌碌如玉，珞珞如石"（第 39 章）的谦逊态度，切不可自以为是，随心所欲地包揽一切。

美国通用汽车公司的创始人、经理威廉·杜兰特在创业成功后，转而用带有强烈个人专权色彩的办法治理公司，又使公司处于岌岌可危的境地。斯隆接管了这家公司之后，一反杜兰特的做法，实行分权制，把公司的一部分权力分授给下属，但把有些大权仍揽在自己手里，通过协调做到了集权与分权的和谐，使通用汽车公司又兴盛起来。

---

① 迈克尔·哈默.管理结束之后[C]//罗文.吉布森.重思未来.海口：海南出版社，1999：120.

② 迈克尔·哈默.管理结束之后[C]//罗文.吉布森.重思未来.海口：海南出版社，1999：117.

9.3.2.3　"俭"：像母亲一样俭约持家

老子说："俭故能广"。这里的"俭"主要有两层含义：

第一，《老子》一书的"俭"字，首先是"自我约束，不放纵"的意思。

我们知道，一部汽车最危险的时候是高速行驶的时候，一个企业也是如此。很多企业，挺过了初创时期的各种磨难，却最终倒在了快速发展的道路上。这是什么原因呢？因为一个企业在初创时期，规模较小，发展比较困难，往往能够小心谨慎地运作；而一旦企业步入高速发展的轨道，顺风顺水，管理者就容易被胜利冲昏头脑，做事缺乏约束，最终导致快速灭亡。

我曾在一家投资公司做人力资源总监工作，之前这家公司虽然刚刚成立六个月，却换了七任人力资源总监，人力资源管理状况可想而知。我进入该公司后，对该公司的人力资源体系进行了系统的梳理和优化，使其人力资源管理工作在短短两三个月时间就步入了正轨。仅半年时间，该公司就由我刚去时的4家分公司发展到16家分公司。董事长在半年总结会上兴致勃勃，宣布要在下半年将分公司总数翻一番，扩展到32家。后来在我的极力劝说下，才同意暂停急剧扩张，最终年底还是扩展到了25家分公司。同时公司的业绩也飞速提升，其中一家分公司的业务就相当于我刚去时全公司的业绩总和。在这种背景下，总裁的自我个性也急剧膨胀，经常动不动就冲员工发火。一次，某分公司的六七个员工午饭后在会议室趴着午休，他看到后一顿大骂，并要求这些员工马上离开公司。虽然我和分公司的总经理一再劝说，总裁仍然坚持己见，最终还是把这几个员工辞退了。这件事在员工中造成了很坏影响，先后有二十几名员工选择离职。我在与员工沟通离职原因时，他们说在这样的公司工作缺乏安全感，总裁太不把员工当人。由于管理理念的差异，我最终也选择离开了这家公司。据说，后来这家公司的人力资源总监又陷入了频繁更换的节奏，最终这个总裁也被换掉了。

老子说："俭故能广"。管理者在工作中一定要注意约束自己的言行，不可随性而为，这样才能赢得下属的尊敬和拥护，否则必然导致分崩离析。唐代著名宰相魏征写的《谏太宗十思疏》，就是规劝管理者一定要约束自己的言行，以确保管理的公正廉明。他说："诚能见可欲则思知足以自戒，将有作则思知止以安人，念高危则思谦冲而自牧，惧满溢则思江海下百川，乐盘游则思三驱以为度，忧懈怠则思慎始而敬终，虑壅蔽则思虚心以纳下，惧谗邪则思正身以黜恶，恩所加则思无因喜以谬赏，罚所及则思无因怒而滥刑"。管理者，尤其是高层管理者的言行，带有很强的示范效应，因此对自己的言行一定要严加约束。"楚王好细腰，宫娥多饿死"说的就是这个道理。管理者只有严于律己，才能成为被管理者的表率，促进管理的高效。越是企业顺利发展的时候，管理者就越要严格要求自己。中国自古就有"生于忧患，死于安乐"（《孟子·告子下》）的教诲，西方也有"上帝欲让其灭亡，先让其疯狂"的提醒。尽管如此，仍然有不少企业继续上演着盛极而衰的旧剧，山东的秦池、郑州的亚细亚等，都莫不如此。

第二，"俭"的另外一层含义是"节俭"。

我们常说，中华民族是一个勤劳俭朴的民族，其中很大程度上说的就是家庭中母亲的角色。母亲为了保证家庭的稳固和生活富足，往往都养成了节俭的习惯。一个女人在结婚前还可能会买许多花枝招展的衣服，但结婚后，尤其是有了小孩以后，大多都全身心地放在丈夫和孩子身上，处处都非常节俭。中国有句俗话说："男人是耙子，女人是匣子。"说的就是女人在一个家庭中的重要，没有女人（母亲）的节俭，男人挣得再多也攒不下。企业的发展也是如此，如果企业不注意节俭，铺张浪费，即使发展得再好，最终也会趋于破败，这样的例子不在少数。

有专家指出，当下的时代进入了一个"节俭管理"的时代。随着企业发展进入微利时代，为了控制成本，提高效益，企业不可避免地要进行节俭管理。在企业之间的生存角逐中，成本控制与技术领先，始终是企业竞争的两大利器，但由于技术研发周期长、见效慢、风险大，企业更多时候只能通过成本控制来获得竞争优势。国外的成本管理由来已久，早在20世纪五六十年代，日本就提出了精细化管理，从品质控制、全面质量管理、无缺点运动到精益生产，取得了巨大的成功，造就了一大批著名的日本企业。到了九十年代，通用公司提出了六西格玛管理法，几年里经营成本降低了数十亿美元。

全球最大的连锁超市沃尔玛公司，之所以能够取得今日的成就，其中一个重要原因就是成功地实施了成本领先战略。他们的低成本策略主要有：（1）购货环节采取向工厂直接购货、统一购货和辅助供应商减少成本。（2）存货环节采取建立高效运转的配送中心以保持低成本存货。在沃尔玛各店铺销售的商品中，87%左右的商品由配送中心提供，库存成本比正常情况下降低了50%。（3）运输环节，沃尔玛采取了自身拥有车队的方法，并辅之全球定位的高科技管理手段，保证车队总是处在一种准确、高效、快速、满负荷的状态。沃尔玛各店铺从向总部订货到实现补货，仅需 2 天，而竞争对手需要 4 至 5 天才能实现补货一次。据沃尔玛自己的统计，沃尔玛的商品运往商店的成本占商品总成本的比例只有 3%，而竞争对手则需要 4.5%～5%。（4）日常经费管理环节进行严格控制。在行业平均水平为 5%的情况下，沃尔玛整个公司的管理费用仅占公司销售额的 2%。为维持低成本的日常管理，沃尔玛在各个幼小的环节上都实施节俭措施。如办公室不置办昂贵的办公用品和豪华装饰，店铺装修尽量简洁。沃尔玛的高层管理人员也一贯保持节俭作风，即使是总裁也不例外，首任总裁山姆与公司的经理们出差，经常几人同住一间房，平时开一辆旧二手车，坐飞机也只坐经济舱。正是基于这个成本领先战略，使沃尔玛这个既不经营赚钱的汽车、石油，更不生产获利丰厚的飞机、大炮，而是卖"廉价衬衫和鱼竿"的商贩，多年位居世界 500 强之首。

对于一般企业而言，节俭管理可以从以下几个方面加以考虑：

1．加强生产成本控制，包括企业研发、物流、生产等诸多环节的成本。研发上要善于寻找低价的替代材料，以降低原材料费用支出；物流上优化采购线路，提高单路运输效率；生产上，选择制造外包，让其他更具成本优势的企业来完成产品生产，自己则专注于经营自己的核心能力。

2．加强资金管理，主要涉及筹资、投资、用资 3 个方面。在筹资方面，进行资本结构分析，确定最佳的权益资本与债务资本的比率，同时保证筹资的时间与用资时间相匹配，减少筹资费用的浪费；投资方面，注意量力而行，根据自身的资金情况有计划地投资，平衡投资回报率与投资风险大小，实行投资组合，避免投资失败；用资方面，精打细算，严格管理应收应付、预收预付资金，加速资金周转，通过周转速度来弥补单位利润的不足，提高资金利用率。

3．优化人事组织。推行扁平化管理，精简组织机构，减少管理层级，以岗定人，合理搭配人才，用最少的人做最多的事，裁撤职能重复的事业部，通过共享作业或服务来降低人力成本。

总之，通过一系列举措，围绕成本控制，使得物尽其用、财尽其使、人尽其才，这可称之为节俭管理的要义①。

9.3.3　"不敢为天下先"的管理智慧

9.3.3.1　"知止"：像母亲一样张弛有度

我们在日常生活中，往往看到女性（母亲）比较保守稳重，一般不会急躁冒进。正是女性的这种特点，保证了家庭的稳定。常言说："真理再往前走一步就是谬误。"锐意进取固然重要，但如果一味地进取，而不适时地停下来进行必要的思考和休整，往往会遭受挫折和损失。所以，在企业发展过程中，适时的"知止"是非常必要的。

中国古语讲："一张一弛，文武之道"。事物的发展是螺旋式上升，波浪式前进的。没有任何一种事物能够保持长久的发展态势不变，适时地调整和停顿，反而有利于事物健康地发展。

第一，企业发展过程中要进行适时地停顿调整，不可一味冒进。

老子说："持而盈之不如其已；揣而锐之不可长保；金玉满堂莫之能守；富贵而骄，自遗其咎。"（第9章）事物发展到一定程度都会有一个极限，就像蚕一样，生长一段时期后就要停下来蜕皮，然后再继续发展。一个企业的发展虽然不会像蚕蜕皮那样明显，但也存在由一个阶段向另一个阶段的过渡期。如果在这些关键时期，企业管理者不知适时地停下来，对企业各方面进行必要的调整，而一味地盲目向前冲，最终很可能会冲得越猛，死得越惨。因此，老子说："物壮则老，谓之不道，不道早已。"（第30章）就像不断向碗里加水终会溢出，总想把匕首磨得更锋利反而容易折断一样，事物发展过头了，就会走向反面，反而会加速灭亡。因此，适时的停顿是非常必要的。松下幸之助就说："过度竞争乃罪恶"，"彼此间要有适当的竞争，但必须视过度的竞争为罪恶，应该加以排除。尤其资本雄厚的大企业，在商业界居于领导地位，更需要特别审慎。……如果大企业率先进行这种竞争，必会引发

---

① 杨泽如.节俭管理提升我国银行业竞争力[J]. 北京：现代商业，2008（12）.

如世界大战般的大混乱，使世界趋于极度衰疲，信用全失。"①

第二，企业在顺境时要头脑冷静，不能被胜利冲昏头脑。

在企业发展过程中，企业的管理者一定要沉着冷静，把握好企业发展的节奏，切不可被一时的繁荣冲昏头脑，而不加节制地大肆扩张。否则扩张得越快，灭亡得就会越迅速，到时悔之晚矣。阿里巴巴的创始人马云经常说："企业的管理者最重要的不是选择什么，而是面对众多的机会说不。"当一个企业的发展正如日中天时，摆在企业面前的机会是相当多的，企业如何在这些貌似的机会面前知道适可而止，勇敢地说不，是非常重要的。如果管理者被胜利冲昏头脑，一味指挥员工向前冲，最后的结果往往会欲速则不达。所以老子说："保此道者不欲盈，夫唯不盈故能蔽而新成。"（第 15 章）又说："知足不辱，知止不殆，可以长久。"（第 44 章）就是告诫管理者，在企业发展中要知道适时地说"不"，切不可一味盲目扩张，这样才能保证企业长久的发展。

第三，企业要经常反思自己的创业初衷，不离自己的使命。

老子主张要"复归于婴儿"（第 28 章），就是要我们经常反思自己，回归到我们初始的目标和状态上去，也就是不忘"初心"。有些企业在发展过程中，容易被眼前的利益所左右，什么来钱容易就做什么，把握不住自己的方向，结果很可能什么都做不好，最终不得不又回到原点上重新开始。《华严经》中有一句话，叫："不忘初心，方得始终"。企业的管理者一定要善于把握企业的发展方向，在面对各种诱惑时，学会说"不"；在企业不断发展壮大时，学会做减法，回归到自己的主业，复归于"婴儿"，这样才能集中优势兵力，形成自己的核心竞争力，确保在竞争中立于不败之地。当前很多民营企业提出"二次创业""二次再造"，就是一种"复归于婴儿"的表现，使企业回归创业时的"初心"，保持婴儿的进取状态，不断变革创新，为企业再次腾飞创造条件、积蓄力量。

---

① 潘乃樾. 老子与现代管理[M]. 北京: 中国经济出版社, 1996: 137.

9.3.3.2 "不争"：像母亲一样谦下无私

俗话说："每一个成功的男人背后，都有一个伟大的女人。"平时，我们看到社会上崭露头角的，大多都是男人，很少有女性，但人们赞美最多的却是母亲。母亲（或女性）大多是无名英雄，她们总是站在自己丈夫和孩子的身后，默默地支持他们。虽然缺少了出头露面的光鲜，甘做幕后英雄，却赢得了社会最多的赞誉。这就是老子所说的："夫唯不争，故天下莫能与之争。"（第22章）这个道理是非常深刻的，企业家们应好好揣摩，并在企业管理中加以恰当运用。

那么，如何将这种"不争而争"的思想运用于企业管理呢？

第一，谦下不争，后其身而身先。

经常有人讲"商场如战场"，意即指现代商业竞争的残酷，不是你死就是我活。但老子却认为，面对残酷的竞争，只有"谦下不争"才能最后赢得胜利。

首先，面对强敌时，要学会"以柔克刚"，通过"不争"来保全自己。老子说："见小曰明，守柔曰强"（第52章），能够洞察细小的地方才能称得上眼光好，只有能够善守柔弱之道才是真正的强大。一个企业任何时候都不能锋芒毕露、咄咄逼人，尤其在面对强大的竞争对手时，更要善处下位，不与人争，努力发展自己。只有自己强大了，才能真正地赢得竞争。因此，老子说："夫唯不争，故天下莫能与之争"。以我国的华为公司为例。华为创办于1988年，是从小型交换机起家的一家通信设备制造公司。经过二十几年的发展，华为已经成为中国电信市场的主要供应商之一，并已成功进入全球市场，产品行销40多个国家和地区。作为信息行业的后来者，华为在追赶世界著名公司的过程中，用二十多年的时间走完人家几十年所走的路程，能够有今天这样骄人的业绩，与华为公司艰苦卓绝的奋斗是分不开的。在与众多世界级对手的竞争中，华为并不把主要精力放在销售竞争上，而是努力提升自己的产品质量和产品性能，通过质优价廉的产品和过硬的技术赢得顾客的信任，最终赢得竞争。从一开始，华为就把销售取得的点滴利润几乎全部集中在研发上，集中力量形成局部的突围，在国际品牌的夹缝中获得生存机会，并逐渐取得技术的领先和利润空间的扩大。正是依靠自身坚实的努力，才使华为公司能够从众多的竞争对手中脱颖而出，成为中国在世界信息舞台上的一颗耀眼新星①。真正懂得竞争的企业总是善于提升自身的实力，与自己竞争，多练内功，这才是赢得竞争的根本。华为公司之所以能够在全球竞争中崛起，靠的就是不断地提升和发展自己。只有自己强大了，才能达到"天下莫能与之争"。

其次，本企业与其他企业共同发展时，不要过分炫耀自己，要以谦下的姿态参与企业间的交往。企业如人，"谦受益，满招损"，无论企业发展多么顺畅，都不能过分乐观和放松对自己的要求。很多企业，在发展初期做得都很好，兢兢业业，一步一个脚印地向前走。但等到企业有一定成就了，就开始骄傲自满，放松了内部管理，很多问题也便接踵而至。历史上的很多企业盛极而衰，甚至倒下，多数都与此有关。近年，联想集团提出自己患上了"大企业病"。柳传志认为，从某种程度上也是由于骄傲自满引起的。因此说，企业只有用谦下的姿态处理内外关系，才能赢得良性的发展环境，有利于企业的永续经营。

第二，服务社会，无私奉献。

很多企业管理者总是把"利益"挂在嘴边，他们的借口便是"追求利益是企业的天职"。但殊不知，越是对利益孜孜以求的人，最后却往往事与愿违。老子说："圣人后其身而身先，外其身而身存。非以其无私邪！故能成其私。"（第7章）企业的发展也是如此，如果一个企业总是以向社会索取为目标，过于看重利益，不顾产品和服务的质量，甚至为赢取利益而不择手段，这样反倒会把企业搞垮。我国改革开放以后，有多少曾经盛极一时的企业，急功近利，只知一味索取，不愿意为社会提供优质产品和服务，最后落得一败涂地的下场。像山东的秦池、上海的三株口服液、吉林的太阳神，尽管它们靠大量的广告投入，创造了一时的虚假繁荣，但终因其不能为社会提供真实优质的产品而轰然倒下。更有甚者，像三鹿集团等乳品公司，通过向奶粉中添加对人体有害的三氯氰胺等物质，提高奶粉的蛋白质含量，不仅害了百姓，最终也害了自己。这种不合"道"的竭泽而渔的短视做法，为有道者所

---

① 闽南企业管理网.创新为华为发展提速.[EB/OL]. http: //www.mnqg.com/html/news_3.asp?id=10810.

不齿。

老子说:"将欲取之,必固与之。"(第36章)虽然获取利润是企业的天职,但利润的获得必须来自对社会的贡献。企业要把努力提升生产力、为社会提供生存发展的必需品以及改善人们生活质量放在首位。只要你对社会做出了贡献,社会自然会给予相应的回报,根本不必总是把利润挂在嘴边。美国著名管理学家彼德·德鲁克即指出:"企业目标的唯一有效定义就是要创造顾客"。他告诫企业管理者不要"只顾盈利而不爱服务",若不管用户需求、服务不佳,企业在竞争中必然受挫,自然也就难以盈利;而采用追求"创造顾客"管理模式,盈利就会成为必然的结果①。世界上所有优秀企业的发展无不证明了这一点。

以日本的松下公司为例,松下因从小生于贫穷之家,深知贫穷的痛苦,认为企业家应有一种使命感:生产丰富的物质,以改善人类的生活,使整个社会脱离贫困之境。因此他主张企业家应不断努力生产,把所有物质制造得如自来水一般丰富而价廉,这便是松下的"自来水经营哲学"。

1932年5月5日,在松下电器公司的创业纪念日上,松下幸之助向全体员工表明了"自来水经营哲学"的理念,要求全体员工遵照执行。松下"自来水经营哲学"的基本思想是:

"企业的经营管理者首先是一个责任者,负有对自己、对员工、对社会大众、对国家民族的多重责任。一个经营管理者仅仅顾及自己赚钱和员工的福利,还是很不够的,而要以创造价廉物美的产品为途径,造福社会大众,促进国家民族乃至全人类社会的发展。

"企业家的使命是在全社会克服贫穷,为人民建立乐土。如果一切东西都像自来水那样,能够随便取用,社会的贫穷现象就会有所改变。经营者应追求的目标是:向消费者提供像自来水那样充足而廉价的产品,这也是每一个经营者的义务和使命。

"我们的任务就是制造像自来水一样多的电气用具,这是我们的使命。实际上,这是不容易办到的,但我们要尽力使物品的价格降低到最便宜的

---

① 田云刚,郭日军.老子守柔思想与企业柔性化管理[J].太原:山西高等学校社会科学学报,2003(7).

水准。

"我们搞生产的目的，是丰富人们日常生活的必需品，充实人们生活的内容，这是我生平最大的愿望。松下电器公司要以此为使命，以此为目标，我期待早日完成使命。请诸位一定要了解我的真意，在自己的岗位上，各尽其责，全力以赴，完成任务，今后要更上一层楼。"

松下公司始终把为社会提供廉价的商品，造福社会大众和全人类为己任，不仅为公司的全体员工树立了崇高的历史使命，调动了他们共同参与企业发展的自觉性，而且在这一使命的指引下，生产出了大量符合社会大众需求的物美价廉的产品，获得了世界人民的认同，为企业赢得了飞速的发展。正是因为松下公司并非把获得利益放在企业发展的首位，而是把奉献社会作为自己的使命，才为企业赢得了永续发展的条件。

老子说："将欲取之，必固与之。"（第 36 章）企业看似无私奉献，最终却被社会所认可和接受，反而获得了存在的价值。正如老子所说："后其身而身先，外其身而身存""非以其无私耶，故能成其私""天地所以能长且久者，以其不自生，故能长生。"（第 7 章）正是企业自己无私的奉献，让企业得以长存。

9.4 "无为而治"管理目标在现代企业管理中的体现——"安""富""久"

通过前面各章的分析可知，老子母亲管理思想的理想目标，是实现"小国寡民"中所描述的那种祥和、安宁、富足的美好图景，也可以说是追求一种和谐、温馨、恬淡的生活氛围。"无为而治"的管理境界，在国家管理上表现出"勇""广""长"（cháng）的特征，体现在现代企业管理中又会是怎样一种景象呢？

本人认为老子"无为而治"的管理境界，在企业管理中，由于与国家管理追求的目标不同，体现的结果也会有所不同，相应地将体现为"安""富""久"的理想状态。这里的"安"是指企业发展要有一个安定团结的内部环境、稳定高效的员工队伍，这是企业发展的前提；"富"是指企业获得丰厚的财富回报，这是企业发展的重要目标，创造利润是企业的天职；"久"是指企业获得长久的发展，实现基业长青，这是企业发展的最终追求，任何企业都不想干两天就垮，都希望做成"百年老店"。

老子认为，在国家治理上，"慈"能带来民众的勇于担当（"勇"）；"俭"能带来国家的土地宽广富有（"广"）；"不争"能带来国家的长治久安（"长"cháng）。而老子管理思想应用于现代企业管理，也能够带来相应的管理效果："慈"能使员工乐于奉献，在企业安心工作；"俭"能使企业降低成本、减少内耗，给企业带来富有；"不争"能使企业避免无谓的内外纷争，带来企业的基业长青。为了与国家治理的效果相区分，我在此把老子管理思想应用于企业管理的效果概括为"安""富""久"，以代表企业稳定发展、财富积累和基业长青。

关于企业管理的目标，不同人有不同的看法。台湾学者余世维认为，企业发展要经历五个阶段，不同时期应追求不同的发展目标。刚开始是"小"；第二个是"稳"，扎扎实实获得客户认可；第三个是"强"，集中精力做好一件事，比如你的摩托车做得比别人好，就叫作"强"。"强"过来才是"大"，"大"就是规模，最后才是"久"，像可口可乐、西门子，这些百年以上的都是做得长久的企业①。

余世维用五个阶段，概括了企业不同时期的发展目标，归纳起来与上面所说"安""富""久"的目标非常相似。第一二阶段的"小"和"稳"可以合并为"安"；第三四阶段的"强"和"大"可以归纳为"富"，因为没有"富"就不可能强大；第五个阶段正好与上面"久"的概括相一致。这说明，用"安""富""久"来概括老子管理思想在现代企业管理中体现出的管理目标，与现代企业管理所追求的目标是基本吻合的。可以说，无论企业在哪个发展阶段或全过程，无论企业的规模大小，"安""富""久"3个目标，都是多数企业的基本追求。

下面就对企业管理的这3个理想目标分别加以论述。

---

① 华龙网-重庆晨报.[EB/OL].http://www.sina.com.cn 2008年04月24日 14：00

9.4.1　安：现代企业的和谐安定之道

"安"即安定、安稳，是老子母亲管理思想中"勇"的结果在企业管理中的体现。"安"是企业发展的前提条件，一个企业只有内部和谐安定，全体员工心往一处想，劲往一处使，才能充满活力和创造力，这样的企业才有发展前途。台湾学者曾仕强先生认为："自古以来，中国式管理便以安人为最终目的。"他说："安人的目的，在于'同心协力'，把组织成员的力量汇集起来，产生'和'的品质，达到'万事成'的效果。从'和'当中所发出的'合力'，才是真正的'同心'，组织成员好像一家人那样，自然'家和万事成'。"①

一个企业要想顺利发展，首先必须使企业内部的全体员工同心协力，这应该是管理的首要目的。俄罗斯有一个"天鹅、梭子鱼和虾"的寓言，说梭子鱼、虾和天鹅 3 个家伙不知什么时候成了好朋友，一天他们同时发现一辆车，车上有许多好吃的东西。于是就想把车子从路上拖下来，3 个家伙一齐拉起沉重的绳子，他们铆足了劲，使出了平生的力气，可是，无论他们怎样拖呀、拉呀、推呀，小车还是在老地方，一步也动不了。原来，天鹅使劲往天上提，虾一步步向后倒拖，梭子鱼又朝着池塘拉，最终车子还是停在原地没有动。这则寓言形象地说明，一个组织中的个人，不管多么有才能，如果不能团结在一起，形成一种合力，最终对组织目标的实现也是无济于事的。

席酉民在《和谐管理》一书中指出："企业价值的生成一定蕴涵着某种企业运行的和谐机理，即创造更多价值的企业，一定是内部与外部存在更多'和谐'，即表现出更强系统整体与其所追求的主题协同，并与外部环境需要相适应的企业"，因此，"组织和谐就应成为企业竞争优势来源研究应该关注的焦点"。他认为，企业组织的人群集合，优秀个体的集合，并不就意味着一定会形成一个绩优的团队，而且还有可能出现个体的内耗；企业优良的技术资源，如果得不到生产、销售等保障，就无任何经济价值可言；企业精美

---

① 曾仕强.中国式管理[M]. 北京：中国社会科学出版社，2005：4、11.

的产品，如果不能迎合市场客户的需要，就只能等同于一堆废铜烂铁①。可见，没有"组织和谐"，企业的任何资源对于企业的发展都无济于事，不仅不能产生良好的结果，反而会造成内耗。因此，"组织和谐"对于企业发展至关重要。

正如陈鼓应先生所言："爱心加上同情感，这是人类友好相处的基本动力。保有'慈'的法宝，社会焉有不和谐?"②在企业管理中，企业管理者在"慈"的思想指导下，采取柔性的方式对企业进行管理，使企业员工凝结成一个团结的集体，必将实现企业和谐安定的局面，从而为企业发展创造良好的内在动力。

9.4.2　富：现代企业的发展壮大之道

创造利润是企业的天职。一个国家不能创造财富，就会瓦解；一个企业不能创造利润，也就没有了存在的价值。

老子并不反对富有，他说："我无事而民自富"（第 55 章），就是说管理者不过多地干涉百姓生活，也不为满足自己的私欲而大兴土木，浪费国家财富，百姓的生活自然会富裕起来。其次，老子还说："知足者富"（第 33 章），本人认为这并不是像有些人想的那样，是一种自我满足的心理安慰，而是说只要不过度地膨胀自己的私欲，使财富得到适当的积累，自然就能够富裕。同时，他还说："富贵而骄，自遗其咎"（第 9 章），过度地穷奢极侈，即使再富有，也会变得穷困潦倒，受到命运的惩罚。因此，老子把"俭"作为国家富裕的重要手段之一，说"俭故能广"（第 67 章），就是说国家统治者只有限制自己的私欲，不过多地干涉和侵扰百姓的生活，国家才能变得富足起来。

一个企业也是如此。一方面，企业的管理者要限制自己的权力欲望，充分地相信和依靠员工，不过多地干涉员工的活动，给他们充分授权，让其自我管理、自由发展，使其充分发挥自己的聪明才智，这样企业才能得到迅猛

---

① 席酉民，尚玉钒.和谐管理理论[M]. 北京：中国人民大学出版社，2002: 38.
② 陈鼓应.老子注释及评价[M]. 北京：中华书局，1984: 320.

的发展；另一方面，企业管理者还应在企业中大力推行节俭管理，少搞一些华而不实的宣传推广活动，不铺张浪费，减少企业的开支，降低企业运营成本。这样，一方面开源，一方面节流，企业的财富自然能够得到有效的积累，企业也就会慢慢富起来了。

9.4.3　久：现代企业的基业长青之道

企业短命是困扰当代管理学家的一个重要课题。据美国《财富》杂志统计，20 世纪 70 年代全球排名 500 强企业，到 80 年代有三分之一跌出榜外。日本中小型企业能够维持经营 10 年的只有 18.3%，20 年以上的只有 8.5%，而 30 年以上的则不到 5%[①]。我国的情况更甚，平均寿命只有 7～8 岁，民营企业为 2.9 岁。即使是规模较大的跨国公司的平均寿命也只有 11～12 岁，世界 500 强平均寿命 40～42 岁，1000 强平均寿命才 30 岁[②]。企业的发展，不是看谁最先到达目标，而是看谁最后一个倒下。因此，如何实现企业的"基业长青"就显得尤为重要。

老子把自己提倡的"道"看作是一个"长生久视之道"。他说："有国之母可以长久，是谓深根固柢，长生久视之道。"（第 59 章）一个国家要想长存，就必须坚固自己的根本，而这个根本就是"治人事天莫若啬"（同上），即提醒统治者不要过于劳民伤财。其次，就是不要太计较个人的得失，老子说："天地所以能长且久者，以其不自生，故能长生。"（第 7 章）天地之所以能够长久存在，正是因为他们"利而不害，生而不宰"，把自己的得失置之度外。另外，老子还说："知足不辱，知止不殆，可以长久"（第 44 章）、"持而盈之不如其已；揣而锐之不可长保"（第 9 章）、"不自见故明；不自是故彰；不自伐故有功；不自矜故长"（第 22 章）。老子的这些言论，归结到一点，就是"不争"，国家不与民争利、天地不与万物争功、百姓不与他人争名，等等。因此，老子总结说："不敢为天下先，故能成器长。"不管是企业还是其他组织，只要你不刻意地与他人争名夺利，而是采取合作共赢的姿

---

① 陈雅依. 经济转型期中国企业短命综合症之我见[J]. 桂林：改革与战略，2002（11）.

② 马秀贞. 当辉煌已成往事——浅析中国名牌企业"短命"现象[J]. 北京：中外管理导报，2000（9）.

态相处，就能够"长生久视""基业长青"。

20世纪90年代，美国著名管理学家詹姆斯·柯林斯和杰里·波勒斯出版的《基业长青》，刚一出版便风靡全球，受到各国企业家和管理者们的热烈追捧。该书一个重要的观点就是："最成功的公司"并非"以追求最大利润为首要目的"，"它们同样为一种核心理念指引，这种理念包括核心价值和超越只知赚钱的使命感。但有趣的是，高瞻远瞩公司要比纯粹以盈利为目标的公司赚更多钱。"另外，该书还指出，"最成功的公司"并非"最注重击败竞争对手"，而是"最注重战胜自己，反而不把成功和击败对手当作最终目标。能够击败对手是他们不断自问'如何自我改进，使明天做得比今天更好'的附带结果"①。该书的这些观点，与老子的"不争而善胜""后其身而身先，外其身而身存"等观点有着异曲同工之妙。

9.4.4　企业管理实现"无为而治"管理目标的思维路线图

依据老子"三宝"思想对企业进行管理，能够实现企业"安""富""久"的管理目标，说明老子母亲管理思想确实能够应用于现代企业管理实践，并能取得良好的管理效果。

从以上的分析中，我们可以归纳出一条老子母亲管理思想在现代企业管理中应用的路线图：

首先，老子由"道"这个万物的总根源和总规律推出了一系列的管理规范，即"德"；之后，老子把这些基本规范归结为"三宝"智慧，即"慈""俭"和"不敢为天下先"；"三宝"智慧给国家管理所带来的效果是"勇""广""长"（cháng）；"三宝"智慧应用于现代企业管理，能够使现代企业实现"安""富""久"的理想目标。

---

① [美]詹姆斯. 柯林斯，杰里.波勒斯. 基业长青[M]. 北京：中信出版社，2004：13.

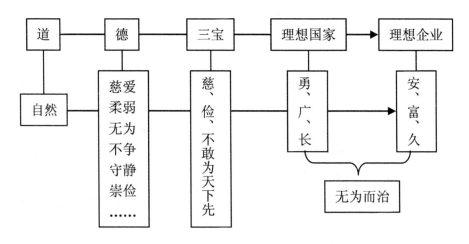

图 9.1　企业管理实现"无为而治"管理目标的思维路线图

由以上的分析可知，无论是国家还是企业，老子所提出的"无为而治"的管理目标都不是遥不可及的。只要我们能够顺应事物的发展规律，采取慈爱、无为、不争等自然无为的方式进行管理，使事物按其自身规律自由发展，而不做过多干涉，就能够实现"无为而治"的管理目标。

我国唐朝的著名宰相魏征在写给唐太宗的《谏太宗十思疏》中，就形象地描述了这种管理状态获取的途径。他说："简能而任之，择善而从之，则智者尽其谋，勇者竭其力，仁者播其惠，信者效其忠；文武并用，垂拱而治。何必劳神苦思，代百司之职役哉？"就是说，一个好的国君，只要能善于选拔人才和使用人才，就能最大限度地调动他们的积极性和主动性，充分发挥他们的聪明才智，努力把自己的本职工作做好。这样，国君即使不用费什么心思，就可以把国家治理好。

在我国历史上，以道家"无为而治"思想为指导，而兴盛起来的封建王朝确实不少，如"文景之治""贞观之治""开元盛世"和"乾嘉盛世"等，成为国人最为骄傲的辉煌年代。这说明，"无为而治"的管理目标是完全可以实现的。近年来，已经有越来越多的企业家，如柳传志、张瑞敏、牛根生、薛永新、任正非、严介和等，主动地学习和借鉴老子管理思想，应用于企业管理实践，都取得了非常好的管理效果。

根据老子管理思想的观点，要想实现"无为而治"的管理目标，就要按照"三宝"的思想进行管理。首先是"慈"，对被管理者慈爱；其次是"俭"，不要对被管理者进行过度管理；再次是"不敢为天下先"，即不与民争利。"慈故能勇"，获得下属的衷心支持与拥护，愿意自觉为企业付出；"俭故能广"，企业对员工的束缚少了，员工更能发挥其主动性与创造性，从而创造更多的财富；"不敢为天下先，故能成器长"，不与民争利，总是把下属的利益放在首位，必然能够得到下属的长久拥戴。

当然，老子所强调的"自然无为"的原则，现在企业相当多的管理活动还远没有达到。很多企业仍然热衷于引进各种可以编码处理的量化管理方法，加强人为管理的因素。如果这种人为规定的管理程序和机构的增长，并不能带来管理实际效果的同步增长，管理活动的价值就会降低，进而带来社会生产和生活秩序的紊乱和效能的低下。因此，如何设计一套优良的管理体制、程序和方法，充分发挥被管理者自身的主动性和创造性，力求用尽可能少的管理成本达到尽可能高的效益，至少在某些方面达到"无为而治"的效果，应该是管理科学研究的重要方向。

9.5 管理的实践：打开"无为而治"之门的"七把金钥匙"

9.5.1 "无为而治"的管理实践探索

博士毕业后的这些年中，本人做过管理咨询，也在企业中做过人力资源总监和人事行政副总。基于对老子无为而治思想的理解，我在企业中首先在自己的部门推行无为而治的管理，然后再向全公司进行推广。实践证明，效果是非常好的。以本人在某家资产管理有限公司为例。在我去当人力资源总监之前，公司成立不到半年，即换了七任人力资源总监，公司人力资源管理状况可想而知。

9.5.1.1 用人以慈：圣人常善救人，故无弃人

本人到岗后，并没有对现有部门人员进行任何撤换，而是在工作中，逐步对他们的职责进行梳理和调整，明确各自的岗位和职责。当时的人力资源部除了我之外共有 5 名员工。我通过与下属员工的分别沟通与观察，了解每位员工的专业技能、个性特征和兴趣爱好，考察其与现有岗位的匹配程度。

有一名招聘经理，因其长期招聘效果不佳，总裁授意我要么将其辞退，要么转到分公司去做人事。经过我与其沟通，他既不愿意离职也不愿意去分公司，说希望能够跟我好好学习专业的人力资源知识和技能。老子说："圣人常善救人，故无弃人。"（第 27 章）既然他有好学之心，我就应该帮助他。因为总裁对他招聘能力不满意，继续做招聘工作肯定是不行了，我就问他还做过人资的其他什么工作。他说原来在一家保险公司做过培训。因为之前公司没有专门设置培训模块的岗位，我正准备招聘一位做培训的员工，于是就想让他试试。一试才知道，他对培训其实是一窍不通。没办法，只得一步步地教和带。好在他还好学，我就先让他弄一个公司的培训管理办法出来，目的是让他了解企业培训体系的全貌。他开始连什么是培训体系都不知道，我就让他从网上查。先了解别人是怎么做的，然后再综合成一个符合公司需要的。开始他把由几个文件直接粘贴在一起就发给我了，我很生气，让他拿回去重改。经过几次反复修改，终于有些培训体系的样子了，我又详细地进行修改，然后发给他。他一看，感觉确实不一样。后来，经过公司集体会议讨论通过，公司培训管理制度正式颁布实施。之后，我又陆续指导他进行新员工入职培训、培训课程开发、培训讲师开发等工作，公司的培训工作就这样一步步地开展起来了。第一次做新员工培训的时候，他非常紧张，也不知道讲什么，我不断地鼓励他，帮助他完善课件。培训前，又帮他热场，使他非常顺利地完成了第一次新员工培训。后来，我又指导他组织员工开展定期的团队活动，与品牌中心合作，创办公司的企业文化内刊。把公司培训和企业文化建设搞得有声有色。他再也不是总裁眼中那个招聘效果极差、差点被开除的不合格员工了。

还有一名女同事，原来是做员工关系主管岗位的，工作内容主要是为员工做社保和办理员工入离职的员工异动手续。这位同事虽然是女孩，但性格比较泼辣，做事粗枝大叶，无论在社保还是员工入离职手续的办理上经常出错，尤其是出现员工已经离职，却没有及时进行社保减员，给公司造成经济损失和法律风险。鉴于此，我有意对其工作岗位进行调整。经过与其沟通，她自己也不太喜欢做这个工作，也想进行调整。于是我便问她想做什么岗位。她说，听说您准备在公司推行绩效考核管理，我想跟您学做这块工作。我说，绩效考核工作涉及面很广，你原来没有接触过，做起来难度会比较大点，你有信心做好吗？她说，相信有您的指导一定没问题的。因为正准备推行绩效管理，她主动请缨。我便答应让她试一下。在接下来的工作中，无论是做岗位职责梳理、还是绩效考核指标提取，以及后期的绩效考核表收发、统计、总结等，她都做得一丝不苟。而且她做事很有韧性，待人不卑不亢，坚持原则，非常有效地促进了绩效管理工作的推进。后来，又增加了积分奖励制度，从设置积分项、积分标准，到每月的积分统计表收集，每季度的积分汇总、排名，都做得井井有条。

当前，社保问题是企业面临的重大风险，在我接任人力资源总监前，公司遗留的五起员工矛盾问题，有两起就是社保问题。针对这一现状，在将员工关系主管调岗的情况下，新招了一名非常有经验的劳动关系主管，负责员工社保和公积金工作，后期应其要求，逐步接触部分薪酬工作，负责分公司提报薪酬测算表的审核。因为薪酬工作是人力资源工作的一个重要核心，让其逐步学习薪酬知识，也为了给薪酬工作做好备份，以便为薪酬经理万一离职时做好替补。员工关系的其他工作，专门分配给另一名年轻的女员工，由于她心比较细，做事比较认真，交由她负责员工信息、入离职管理、合同管理、考勤统计等工作，让人比较放心。公司原有两名招聘经理，其中一名男同事转为培训主管后，还剩一名女同事。原来他们之间并没有明确的分工，为了满足公司迅速扩张对招聘大量中高层员工的需要，我新招聘了一名有相关行业猎头背景的男员工，专门负责公司业务总监级以上员工的招聘工作，另一名女招聘经理专门负责总部及职能员工的招聘工作。各分公司还分别设立了一名人事行政专员（随着分公司规模的扩大，有些分公司的人事和行政岗位分设），负责当地员工的人事行政工作。

9.5.1.2 为政以道：道常无为，而无不为，侯王若能守之，万物将自化

（1）明确职责：在人力资源管理岗位配置基本完善的情况下，我开始组织部门内岗位说明书的撰写，以便将各岗位职责进一步明确下来。后来又将此项工作逐步向全公司进行推广，使各岗位职责明晰，避免扯皮现象发生。进而，开始组织对部门内的工作流程进行梳理，由每位员工提报自己岗位工

作所涉及的重点流程，与相关岗位人员不断进行讨论优化。然后将讨论通过后的流程制成流程图固化下来，并设计相应的表单及说明文字，基本上通过看流程，就知道应该怎么做了。即使该岗位的员工出现离职，后续者也能够很快上手。流程文件制作完成后，以文件的形式在公司内部下发，使其他部门的员工在办理人资工作时，都能够做到有据可循，不会再像没头苍蝇一样到处乱撞。

（2）完善制度：在此基础上，开始对公司的人力资源管理制度进行完善和优化，首先健全的是薪酬管理制度。公司虽然历任多个人事总监，但一直没有完整的薪酬管理制度，本人在进行充分内外部调研的基础上，经过与公司高层反复修订，制定了符合公司发展需要的薪酬管理制度和薪酬管理体系，对公司的薪酬管理提供了非常有效的指导。我用一张薪点表，将员工的薪级、薪档与员工的考核、晋升紧密结合，让每位员工都知道自己目前的位置，以及未来的发展方向，真正做到明明白白工作，清清楚楚拿薪。

（3）推进考核：之后，我又在全公司开始推行绩效考核。由于公司刚刚起步，工资成本压力较大，我在原有薪酬水平的基础上，从员工的工资中拿出一定的比例作为绩效工资，以月度为周期进行考核，根据考核结果进行发放。此项工作在推进过程中，首先就遭受到本部门员工的反对。他们普遍认为，自己入职时，与公司确定的工资并没有说包含绩效工资，现在从原有工资拿出一部分工资进行考核，相当于变相降工资。当然，我能理解他们的想法，但如果想让全公司员工能够接受，首先要说服本部门员工支持，否则绩效考核工作很难推广。我向他们解释说，公司与你确定的工资是全额工资没错，但这个工资一定是在你比较完美完成本职工作前提下的工资，如果你现在不能完全符合要求地完成本职工作，怎么可以拿全额工资呢？如果在没有考核的情况下，大家都拿固定工资，相当于是"吃大锅饭"，实际上就是"奖懒罚勤""鞭打快牛"，员工的士气就会低落，公司的发展就会缺乏后劲。同时，绩效考核还与员工的晋升和调薪息息相关，在短期内看似多少会影响员工的当期收入，但从长远看是对员工有利的。经过我的解释，部门内部员工都理解了绩效考核的意义，开始转而支持这项工作，并成了向公司其他部门员工讲解的宣传员，对于绩效考核在公司的顺利推动起到了重要作用。

　　在设计绩效考核指标时，我打破当前比较流行的 KPI（关键绩效指标）、BSC（平衡计分卡）和 360 度等考核形式的束缚，注重与员工本职工作的紧密结合，考核指标从岗位职责和工作计划总结表中进行提取，既反映日常工作（常规指标），又反映当期计划工作（专项指标），且指标根据实际工作重点的变化进行调整，避免指标过于僵化。绩效考核就像一个"指挥棒"，需要员工做什么就设置什么样的考核指标，需要员工做到什么程度，就设置什么样的考核标准，对员工工作有较大的指导意义。

　　在绩效考核结果落地应用的时候，也首先遇到了来自人资系统内部同事的不满，有员工反映，很多其他部门领导在给员工打分时，给的分数都比较高，就只有人资系统给员工打的分数比较低。对此，我专门在人资系统内部群发邮件，耐心地向他们解释：第一，人资部门是绩效考核制度的制定和组织实施部门，应该做好表率作用，如果人资部门在贯彻绩效管理的过程中都打人情分，走过场，其他部门就会更加敷衍，这样绩效管理工作就会很难开展。第二，绩效考核的目的是为了促进员工的绩效改进和提升，打分的目的是为了提醒员工哪些工作做得不好，哪些工作还有待提升。刚开始的时候一定要严格，要让员工感觉到痛，否则就不会受重视。通过领导对员工工作绩效考核的打分，员工认识到自己工作存在的不足，在以后的工作中予以改进，领导下次就不会再在这项上扣分了。员工个人能力和工作水平提升了，绩效考核分数自然会逐步提高。第三，有些部门领导给员工绩效考核打分一开始就放水，看似是对员工好，实则是害了员工和自己。一则，员工不能够通过考核了解自己哪些地方做得不好，就无法进行针对性的改进和提升。再则，还会使员工养成侥幸心理，认为自己即使做不好，领导也不会打低分，导致员工得过且过地混日子，时间长了反而是害了员工。同时，针对个别领导给下属员工不切实际地打高分的问题，我专门组织公司部门领导会议，对情况严重的部门进行不点名批评，并提醒部门负责人，一定要利用好绩效管理这个有力的管理工具。绩效考核如果利用好了，能够对部门的管理和工作起到巨大的推动作用。如果一味地给员工打高分，不仅不能实现压力的逐级传导，还会让员工对部门领导的管理权威产生轻视，对管理者非常不利。如果一个部门员工的分数一直很高，而管理者的绩效分数却很低，那只能说明管理者不称职。同时，我还制定措施，领导对员工打分不管是加分还是扣分，都必须说明理由。通过这些举措，整个公司的绩效管理工作推进非常顺利，公司的整体业绩也有了突飞猛进的提升。

9.5.1.3　安人以善：天道无亲，常与善人

（1）员工培训：员工培训是企业发展不竭的动力来源。首先，建立针对全公司的企业培训体系，完善公司的讲师选拔和培训课程积累工作。结合员工绩效考核和积分奖励制度，规定各级管理者每年必须推出一定数量用于公司全员和本部门的培训课程，每个考核周期必须完成一定数量的课程培训，需要提交培训课程视频或照片+录音、课件做考核依据，每个考核周期结束前，由培训主管专门负责搜集汇总。通过这项规定，公司的培训课程和讲师体系就搭建起来了，公司的培训工作逐步步入正轨。其次，在人资系统内部，由于之前人资部门员工的业务知识和工作经验都比较薄弱，我先是组织全国的 HR 到北京本部进行了一次系统的人力资源专业知识和办公软件的培训。然后，规定每周五的下午固定抽出两个小时为专门的业务学习时间。先由我对公司整体的人力资源体系进行系统讲解，接下来由总部各个业务模块的员工对各分公司 HR 进行分模块的培训。再后来就是组织各分公司 HR 之间的相互交流。通过这样的系列培训，公司整体的人力资源管理水平有了迅速的提升。

（2）企业文化建设：人力资源管理是企业管理的核心纽带，人力资源管理顺畅了，公司的发展才能平稳。由于我把企业的人力资源管理搞得井井有条，公司总经理可以专心致力于公司业务的发展，公司各项工作开始逐步进入正轨。在此基础上，我开始着手进行企业的文化建设，努力为企业塑造一种"家"的氛围。首先，从协调部门及员工间的关系入手，每季度组织员工外出旅游一次，每个月组织各类兴趣小组活动一次。通过这些活动，增进了部门之间的了解，拉进了同事的感情，融洽了工作氛围。一般公司里，财务和人事部门之间的关系是比较紧张的，在我来公司前本公司的财务和人事部门的关系也是如此。在某次出游时，我主动跟财务总监搞好关系，做好服务，拉近感情。吃饭的时候，还主动敬酒，并有意被财务总监灌醉，让她知道自

己是一个心无芥蒂的人。从此,财务和人事部门上下的关系都变得非常融洽。

（3）员工关怀:为了使企业形成融洽的工作氛围,让员工感受到家一样的温暖,我在新员工入职培训时,就跟他们说:"人力资源部是你们的娘家,你们入职时最先遇到和离职时最后离开的都是人力资源部,我们把你们招进来就要对你们负责。你们在工作中有任何问题,都可以跟人力资源部反映,我们会尽力给你们解决。你们应得的利益,我们都一定会为你们争取。你们只要干好自己的工作,其他都可以交由我们来处理。"员工听了心里都很温暖。我是这样说的,也确实是这样做的。我要求部门员工一定要改变原来对员工态度强硬、傲慢的做法,要耐心、热心地为员工服务和解答问题。遇到有态度不好时,我就会给予及时的批评和纠正,有时还要代下属向员工道歉。慢慢地,员工对人力资源部同事的态度也越来越亲切。

日常工作中,我一有空就到各职场去巡视一遍,主动跟员工聊一下,问一下员工跟领导的关系怎么样,工作上有什么困难需要解决,空调是否好用,办公环境是否舒适等。这些虽然不全是人力资源部门的工作,但我认为凡是与人有关的事,人力资源部门都要关心。人力资源部门的工作就是让员工安心、舒心、顺心,这样员工才能更好地投入工作。我尤其重视有离职倾向员工的沟通,一向坚持:员工入职时,可以不沟通,但员工离职时,只要有时间一定要每个员工都要沟通。正如曾仕强教授所说的:员工离职是件很严重的事。员工离开,肯定是公司存在这样或那样令员工不满意的事。员工抱定要离职时,往往更容易敞开心扉,愿意说一些心里话。我在与离职员工沟通时,总是鼓励他们说出自己离职的真实原因,如果真是公司的原因,能够挽回的,尽力挽回。因为新招一名员工的成本要比保留一个老员工高得多。俗话说:员工往往都是因为公司而来,因为主管领导而去。在与离职员工沟通时,我经常会多问一句,是不是你的上级领导对你不公,如果真是这样,我会主动找员工的上级进行沟通,即使是员工去意已决,也尽量协调好其与上级领导的关系,让他不要带着情绪走。

在我的主持下,公司还开始了企业文化内刊的建设,使内刊成为企业宣传、部门交流和员工展示的平台,成为凝聚公司各部门和员工的纽带。

我始终认为:在企业,人力资源管理是根本,不管企业的哪个部门,都是由人组成的，都需要对人进行管理，需要激发员工的积极性。因此说，企业管理"安人"是基础，只有员工安定、安稳、安心了，企业才能平稳发展。

在我的努力下，公司人力资源系统的工作一天天步入正轨，部门员工的状态也一天比一天好转，由最初时的沮丧、悲观，变得逐渐开心、自信起来。部门员工的工作各司其职，职责明确、责任清晰，制度健全、流程规范。月初有计划，过程有指导和记录，月终有总结和考核，各项工作秩序井然、质量改善。而我的工作反而变得非常简单，各个方面的事情均由相应的员工负责，我只负责内外部关系的协调和处理他们解决不了的事，基本上达到了"无为而治"。人力资源部门的工作越来越受到公司领导和同事的认可，并将这种管理方式逐步向全公司进行推广，整个公司的管理面貌也发生了很大改观。公司的业务发展迅猛，规模迅速扩大。为了便于人力资源信息的及时更新和传递，我将人力资源管理工作逐步电子化，并引入 E-HR 管理系统，不仅人力资源部门的人数没有增加，工作效率和准确度反而有所提升。

9.5.2　"无为而治"管理实践的总结

以上，是我按照老子无为而治的理念，在部门管理和人力资源管理上的应用尝试。虽然不能说有多成功，但至少在一定程度上实现了"无为而治"的管理效果。总结出来就是，在公司层面，要想实现管理上的"无为而治"，一定要做到以下几点：

1. 优化员工岗位：让适合的人做适合的事；
2. 明确岗位职责：让员工知道做什么；
3. 加强专业培训：让员工知道怎么做；
4. 理清制度流程：让员工知道按什么规则、程序做；
5. 完善绩效管理：让员工知道要做到什么程度，做好了有什么奖励，做不好有什么处罚；
6. 健全薪酬制度：让员工知道什么岗位级别和能力有什么样的薪酬待遇；
7. 加强文化建设：建立员工正确的价值观和行为准则，提高员工的满意度和积极性。

通过这七步来构建企业管理的"渠道"（管理机制），让员工能够在"道"中有序地完成工作，这样基本上可以初步实现企业的无为而治。

在具体工作上，要想实现企业的"无为而治"，就要确保管理者在"无为"（不过多参与）的情况下，下属员工也能够达到"自治"（自主有效工作），也就是要明确达到"无为而治"的条件：

1.上级能够有效分配工作；

2.下属能够有效工作；

3.上级能够有效指导；

4.下属工作能够得到有效检查。

只有这样，管理者才敢"无为"（不用自己亲自去做具体的事）。如果领导不能有效为下属分配和安排工作，下属就会茫然和无所适从；如果下属不能有效完成工作，上级领导就不能完全放手让他去做事；上级领导不能对下属工作进行有效培训和指导，下属就不知道如何去做好，遇到困难也无法得到有效解决；而没有对下属工作进行有效检查和考核，下属干好干坏一个样，也无法确保工作的有效达成。这四项正好是"PDCA 循环"（Plan 计划、Do 执行、Check 检查和 Action 纠正）的内容，只不过在执行过程中，更强调了管理者的指导，不能简单地把任务分配后就不管了，而是要指导和协助下属完成工作。当下属遇到困难时给予必要的指导，当下属需要与其他部门和领导协调时，帮助他完成。在工作中，管理者和下属的工作重点不同，管理者完成统筹和协调的工作，下属员工完成具体执行的工作。管理者看似无为，实际上是为了更好地有为，目的是使下属员工发挥更大的协作效果。

有些管理者，在管理的岗位上，却做着普通员工的工作，这就是老子所说的"代大匠斫"，"夫代大匠斫者，希有不伤其手矣"（第74章）。

管理者在管理上要想实现无为而治，首先就要建立"管理之道"，即"建章立制"。老子说："道生一，一生二，二生三，三生万物"（第42章），"本原之道"不仅生化万物，而且生化出"万物之道"，宇宙有总体之道，万物也皆各有道。又说："万物莫不尊道，而贵德"（第51章），就是说万物在管理上，首先要"明道"（认识万物之道），其次是"尊道"（尊重万物自身之道），再次是"顺道"（按照各自的道性去管理）。具体到企业管理上就是，管理者首先要明确各维度的管理之道，如部门与岗位职责、管理制度和流程等，也就是"建章立制"。

其次，要选择正确的管理方法和手段，即"管理之德"。"管理就要管得合理"，要理顺，要管得合理。老子提醒管理者们，要善于建立组织的"管理之道"，管理者和被管理者各自遵循其道行事，同时管理者对被管理者要遵循"慈""俭""不争"等有效的管理方法和手段进行管理，就有望形成组织"无为而治"的管理局面。就像自然界的各种物质都遵循自然法则一样，万物都知道该做什么不该做什么，该怎么去做，这样整个自然界才会有序地发展，才会形成自然界的"无为而治"。

9.5.3　打开"无为而治"之门的"七把金钥匙"

为了使自己探索的"无为而治"管理经验让更多的人了解，让更多的企

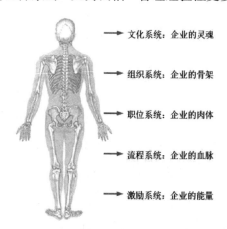

图 9.2　企业有机的五大系统

业受益，我总结出一套"基于人力资源的企业管理体系建构"理论，以人体模型为参照，构建一套企业管理的有机体，打造企业自主运行的管理机制。这个体系共分为五大系统，分别是文化系统、组织系统、职位系统、流程系统和激励系统（薪酬和绩效），见图 9.2。以人体来比喻企业，那么文化系统相当于是企业的大脑和灵魂；组织系统相当于企业的骨架；职位系统是相当于企业的肉体；流程系统相当于企业的神经和血脉；激励系统就像人的两条腿，是企业的能量和动力来源。

这五大系统共同组成了企业的有机体,就像人体的每个器官都健康,人体才能健康一样,只有这五大系统能够健康高效地运行,企业整体才能健康高效地运转。为了建构企业这五大系统,在工作实践中,我总结出通过七项工作加以完成,见图 9.3。同时,为了推动企业这七项工作的有效实施,我对各模块的工作内容都设计了相应的课程,对各系统设计和优化的方法进行详细地讲解和指导。这七项工作和七门课程分别是:

文化系统搭建——"企业文化管理体系建设"课程,组织系统搭建——"组织职位设计与优化"课程,职位系统搭建——"工作分析与岗位说明书撰写"课程和"职位晋升与任职资格体系建设"课程,流程系统搭建——"流程管理体系设计与优化"课程,激励系统搭建——"薪酬管理体系建设"课程和"绩效管理体系建设"课程。

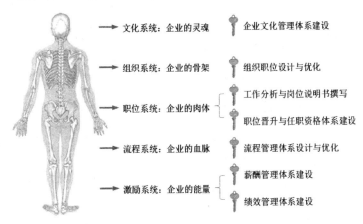

图 9.3 构建企业有机体的七项工作

通过以上七门课的学习和落地,可以系统地构建一个运行平稳高效的企业有机体,以推动企业运行的自主化和有序化:

1.通过企业文化管理体系建设,为企业设计正确的使命、愿景、价值观和行为准则,指导企业所有制度、规范的制定和企业活动的开展;

2.通过组织职位设计与优化,进行公司的部门与岗位设置和优化,通过部门职责和岗位职责承接公司战略职能的层层落实,实现战略目标的层层分解,优化不同部门、岗位之间的分工、协作关系,减少推诿和扯皮现象,降低内耗;

3.通过工作分析与岗位说明书撰写，进一步明确各部门与岗位的职责和任务，明确每个岗位应该做什么、怎么做、做到什么程度和由什么人做等问题，使公司战略所需职能进一步落实和明确；

4.通过职位晋升通道与任职资格体系建设，使每一个岗位上的员工都能看到自己未来发展的方向和目标，明确自己达到理想岗位层级所需要的条件，便于员工进行职业生涯规划和制定学习成长计划，与企业发展一道成长；

5.通过流程管理体系设计与优化，使各岗位的员工都能明确各项工作应该遵循什么程序进行，每个环节应该从事的具体工作和结果，明确不同岗位的权限范围，避免无效劳动和秩序混乱；

6.通过薪酬管理体系建设，将员工薪酬水平与岗位层级挂钩，使员工明确了解公司薪酬设计的依据、当前薪酬水平、未来发展预期等，以便对自己的薪酬待遇做到心中有数，增强其工作的公平感，明确未来的努力目标；

7.通过绩效管理体系建设，让员工明确自己在考核期内，应重点做什么事、做到什么程度，做好了有什么样的奖励，做不好有什么样的处罚，真正做到奖勤罚懒，"清清楚楚地工作，明明白白地拿钱"，避免吃"大锅饭"和"鞭打快牛"现象的发生。

通过以上七个方面的工作，用组织建设为企业搭建"骨架"，用职位建设为骨架赋予"血肉"，用流程建设为企业赋予"神经和血脉"，用薪酬和绩效体系建设为企业赋予"动力"，用企业文化建设为企业赋予了"思想和灵魂"。

如果这几个系统建设能够优质、有效地完成，就可以把企业建成一个像人一样自主运行的有机体，就有可能使企业走上自主管理和自我发展的道路，为企业运行实现"无为而治"创造条件。

因此，本人把这七门课称为打开企业"无为而治"之门的"七把金钥匙"，有了这"七把金钥匙"，企业便有可能走上实现"无为而治"之路。

9.5.4　"七把金钥匙"的验证与推广

近几年，本人将这套理论体系在几家不同行业和类型的企业进行推广试验，有金融业、高科技企业，也有传统制造企业，都取得了非常好的效果，均在一定程度上实现了"无为而治"的管理局面，从而证明是行之有效的。

实践证明，老子无为而治的管理目标是完全可以实现的，之所以自古以来真正实现无为而治管理境界的并不多，一个非常重要的原因就是缺乏系统化应用，没有为达到无为而治的结果创造系统性的条件。这也正是为什么老子会不无惋惜地说"吾言甚易知、甚易行，天下莫能知、莫能行"（第70章）的原因。老子认为他的主张非常简单易行，可惜却很少有人能够真正了解和切实应用。之所以出现这种现象，原因就是，老子只是提出了一个宏观的目标和一些宽泛的指导思想，却没有提供具体的实施方法和步骤。

老子"无为而治"的做法概括起来就是：准确地认识和把握万物之道，然后只要顺应万物之道，采取自然无为的方式进行管理，就可以实现"无为而治"，也就是他所说的"人法地，地法天，天法道，道法自然"的过程。由老子对"无为而治"之道的论述可知：认识和把握万物之道是"无为而治"必不可少的前提。在企业管理中，这个"万物之道"就是依据企业的个性特征，建立和完善企业的运营管理机制。我们在企业管理上，要准确认识和把握企业各个模块运行的内在逻辑，制定相应的管理标准和流程，促使企业各个环节按照这个运行机制进行工作，使企业各个业务单元按照自身的职责、权限、流程，按部就班地工作，就可以实现企业相对的"无为而治"。

经过几年的工作实践，本人深刻认识到，要想实现老子所提倡的无为而治，关键就是制度、规范、流程、文化等"道路、渠道"（即"道"）的建设，有了"道"，员工便可依"道"而行，就会使企业进入自组织的运行系统，就能实现企业"无为而治"的管理局面。本人通过自己的实践摸索和总结，初步提炼出了"七把金钥匙"这套实现"无为而治"的具体方法和步骤，算是对老子无为而治管理思想体系的一个补充。今后，本人将把自己的这些经验传递给更多的企业和管理者，希望能够帮助更多的企业实现老子所提出的"无为而治"的理想！

第 10 章　老子母亲管理思想现代应用的辩证思考

10.1　自组织理论对老子"无为而治"思想可行性的现代证明

以前，人们对老子"无为而治"管理思想的理解有一定偏差，以为"无为而治"只是一种管理手段，就是管理者通过"清静无为"的方式对组织进行管理。实际上"无为而治"更多地表现为一种管理状态，就是那种"我无为而民自化，我好静而民自正，我无事而民自富，我无欲而民自朴"的理想境界。可见，老子"无为而治"的管理思想，是管理手段与管理目标的紧密结合。从某种意义上说，整部《老子》实际上就是一部论述什么是"无为而治"、为什么要实现"无为而治"和如何实现"无为而治"的管理学著作。

老子"无为而治"的管理思想无论在古代还是现代，无论在国家管理还是企业管理方面，都显示了奇特的功效。中国古代一些优秀的帝王借鉴老子"无为而治"的管理思想，成就了汉唐盛世等光辉历史；现代企业家借鉴老子"无为而治"管理思想，促进了企业的健康发展。国内企业家如张瑞敏、牛根生、薛永新、冯仑、潘石屹，国外的如日本的松下幸之助、芬兰诺基亚总裁奥利拉、法国阿尔斯通总裁安南·博格等，都深受老子管理思想影响。这说明，老子母亲管理思想在现代企业管理中是可以得到有效应用的。

20 世纪 60 年代以来，一批世界著名学者提出的"自组织理论"，更为老子母亲管理思想的可行性提供了有力的科学证明。自 1967 年比利时物理学家普里高津提出耗散结构理论以来，人们便开始对系统内部非线性作用的强大力量和在一定条件下系统自行组织发展的现象给予了越来越多的关注。自组织理论就是从 20 世纪 60 年代末期开始建立，并发展起来的一种系统理论。它的研究对象主要是复杂自组织系统（包括生命系统、社会系统）的形成和发展机制问题，即在一定条件下，系统是如何自动地由无序走向有序，由低级有序走向高级有序的。

所谓"自组织系统"，即是指："无需外界特定指令而能自行组织、自行创生、自行演化，能够自主从无序走向有序，形成有结构的系统"。自组织理论认为："自组织是自然界和社会长期深化选择和形成的非常优化的进化方式，它是自然界各个子系统演化过程中，已经形成一套有效利用自然资源、物质和能量的利用率较高的循环方法和道路。自然界经过长期演化，已经证明自组织的方式比被组织方式更为优秀。"[①]而老子的"无为而治"思想，用现在的话说，就是探讨如何使一个只能依靠外界特定指令推动的"他组织"（或称"被组织"），向一个无需外界特定指令而能自行组织、自行创生、自行演化（即"我无为而民自化"）的"自组织"转变的智慧。

自组织理论认为，人应该是自组织人，是有差别的、可塑的和有自由的人。人类社会的组织性来源于人的本性。美国学者弗朗西斯·福山以等级性与自发性、理性与非理性为坐标，把人类组织的来源分成四个象限矩阵（见图 10.1）[②]，分别是自然的组织，宗教的组织，政治的组织和自组织的组织。

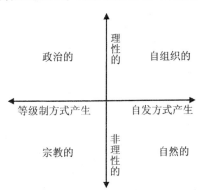

图 10.1　人类组织的来源

在现代化中，人的行为的主流肯定不是宗教的和自然的，而是理性的，

① 吴彤.自组织方法论研究[M]. 北京：清华大学出版社，2001：3、12-13.

② [美]弗朗西斯·福山. 大分裂：人类本性与社会秩序的重建[M]. 北京：中国社会科学出版社，2002：241.

既表现为他组织性，又表现出自组织性。

自组织理论并不是一个单一的理论，而是一个理论群。它是由耗散结构理论、协同学理论、突变理论、超循环理论、分形结构理论和混沌理论等组成的。这些理论都是从不同角度为自组织的形成，提供了不同的理论基础和方法论。耗散结构理论为自组织的形成提供了条件方法论；协同学理论为自组织的形成提供了动力学方法论；突变理论为自组织的形成提供了演化途径方法论；超循环理论为自组织的形成提供了结合方法论；分形结构理论为自组织的形成提供了结构方法论；混沌理论为自组织的形成提供了演化过程和图景方法论。

自组织理论为从社会局部系统到企业、个人等复杂系统的研究提供了新的理论视角和方法。特别是 20 世纪 90 年代以来，企业面临着日益复杂多变和超竞争的外部环境，传统的通过控制来保持秩序以获得效率，以及通过战略规划和战术计划来预测未来结果并开展有效经营越来越困难，而复杂系统所具有的内在自组织功能，却能很好地解决这一问题。事实上，市场经济中的现代企业是一个独立的、具有法人地位的经济实体，是一个由目标、人力、物资、设备、资金、信息和知识等组成的有机的社会经济系统，它既是一个投入产出的技术转换系统，又是一个由各种各样契约组合而成的社会管理系统。这决定了它必然是一个多目标、多层次、开放的、动态的复杂系统。

自泰勒以来的科学管理，强调计划——控制对企业管理的重要作用，虽然可以更为有效地利用物质资源，有助于处理组织与组织之间甚至跨越国界的复杂的相互作用。但严密的控制措施本身包含着自我破坏机制：集中控制的程度越高，就越不合个人的口味；越是为了提高效率而把活动集中化，则满足当地需要和需要个人酌情处理的灵活性就越低；控制职能的制度化由于现代技术的发展而不断加深，但大量的规则、制度以及其他措施又可能使人与组织两者都产生机能失调的后果，等等。传统模式中，计划——控制导致了官僚机构和等级，造成对个人的主动性和创造精神压抑，也造成信息传播的严重僵化。

自组织理论认为，系统的有序是由系统内部要素之间协同作用形成的，协同作用是任何复杂系统本身所固有的自组织能力，是形成系统有序结构的内部作用力。它是指系统在没有外部指令的条件下，其内部子系统之间能够按照某种规则自动形成一定的结构或功能。根据此原理，企业组织要达到自组织状态，就必须对企业系统进行和谐管理：建立企业系统的共同愿景。企业要素之间能否做到协同，根本原因在于能否把部门和个人愿景转化为企业的共同愿景。当部门和个人愿景融入企业的共同愿景中，部门和每个人渴望实现的目标才会与企业目标相一致。各部门和个人则会产生自我调节、相互协调的动力，形成实现共同愿景的合力和凝聚力。只有在这种管理方式下，企业才能做到无论管理者在与不在，员工都会依照企业目标进行自发的协调和自我管理，真正实现企业系统的自组织①。大量的研究表明，一些在其起点以被组织方式形成的系统，通过一定的调节改造为自组织方式运行是可以、可能的，而且似乎只有这样组织才能维持下去、运行下去②。因此，哈肯形象地说："如果没有外部命令，而是靠某种相互默契，工人们协同工作，各尽职责来生产产品，我们把这种过程称之为自组织"③。

从自组织理论的角度看，不应该试图去进行这种指挥——控制的管理过程，而应在真实的经历和过程中进行发现和描绘。这种自组织意味着，通过放大或突出人们对方向的整体认知，新的行为方式就会自然产生，从而推动系统的整体模式向新模式转变。因而，管理者可能并不需要去寻找特定的解决方案，而可能会去倾听发现"系统自身想往哪儿发展"。它不同于所谓"自动化"，因为"自动化"只是相对机械、工具、信息而言，而相对于人的心智、智能、知识等高层次的问题，就很难谈什么"自动化"，而必须讲"自觉化"——这是一种经过内涵的修养所进行的随机而又具有自律性的管理行为。用孔子的话来说，就是"随心所欲不逾矩"。因此，最好的选择是，在管理控制和自我组织之间需要保持一种适宜的平衡和一致性④。这种自组织管理是以发挥被管理对象的主动性、积极性为核心，通过被管理对象自身的

---

① 任志新. 系统自组织理论在企业管理中的运用[J]. 北京：商业时代，2006（5）.

② 吴彤. 自组织方法论研究[M]. 北京：清华大学出版社，2001：13.

③ [德]哈肯. 协同学[M]. 北京：原子能出版社，1984：240~241.

④ Tony M. Guiness and Robert E. Morgan. Strategy，dynamiccapabilities and complex science: management rhetoric vs reality.Strategic Change, 9, p.209-220（2000）.

作用使被管理系统达到最优状态，从而实现管理的要求①。而这恰是与中国古代老子"无为而治"的管理思想在某种程度上是相吻合的。

"无为"是老子管理哲学的最高原则。就其主体而言，"无为而治"是"无为"与"治"的决策管理方式的紧密结合，是其"道常无为"世界观的现实应用。老子说："道常无为，而无不为。侯王若能守之，万物将自化。"（第37章）既然作为万事万物根据的"道"都以"自然"为法则，那么统治者治理国家也应顺其自然，不要将其主观意志强加于社会政治生活，而应以"无为而治"进行决策和管理。当然，"无为"绝不是要人们什么都不干。事实上，国家政权和统治者、领导者的"无为"，将导致百姓更加有为。老子说："为无为，则无不治"。这就意味着，管理者对私人活动的束缚、干预应减少或放松，使私人有更多的自由，从事自己愿意从事的活动。这将有利于私人的活力和积极性的增长，从而使社会经济和文化的发展出现更加活跃的局面。

"无为"也不是主张听天由命，消极地、盲目地听任自然的支配，而是要人在符合自然要求（即"道"）的情况下行动。只有人的思想行动充分符合于自然的要求，才能在花费力气较少，遇到的挫折和损失也较小的情况下达到自己的目的，即"无为而无不为"。反之，如果违反自然要求蛮干、胡为，不仅会枉费气力，而且会遭受惨重失败；并且往往费力越大，失败得越惨。用老子的话说就是，"为者败之，执者失之"（第29章）。

作为领导方法，"无为"就是要求领导人要善于抓大事，把握组织发展的规律和发展方向，而把那些具体的工作分配给具体的机构和人员去做，不应该事无大小都亲自插手。这样，分工协作，权责分明，各展其长，各尽其力，领导人能把整体的以及各部分的工作都做得井井有条，取得最佳效果，也就做到了"无为而无不为"。反之，如果领导人事事插手，不仅很难取得良好的效果，还会束缚下面干部的手脚，使他们养成依赖性，失去责任感，遇事推诿。单位越大，分工越复杂，这种领导方法的危害越严重。老子把这种错误的领导方法比做"代大匠斫"，他说："夫代大匠斫者，希有不伤其手矣。"（第74章）这是个非常生动、形象的比喻，意思是说代替木匠去砍木

---

① 姜璐，时龙.自组织管理理论[M].北京：北京师范大学出版社，1995:28

头，很少有不伤到手指的。老子所说的"代大匠斫"，也就是我们现代管理中所说的"辛辛苦苦的官僚主义"的领导方法。我们在现实管理中，经常看到一些领导因担心员工干不好事情而亲自出马。结果把自己搞得很累，员工能力又得不到锻炼和提高，从而造成恶性循环，搞得自己痛苦不堪。

现代社会的商业竞争，已经演变到了新的阶段和层次，由单极转向多极，从区域遍及全球，科技日新月异，信息层出不穷。在这种情况下，老子的"自然无为"的思维方式将是对付社会巨变的一种行之有效、弹性、柔性的管理策略。随着企业生产规模的不断膨胀，部门不断扩张，人员不断扩充，企业活动所涉及的层面也越来越广、越来越深，即使再精明能干、智力不凡的领导者也无法面面俱到、事必躬亲，样样"有为"。所以，在现代企业管理中，领导者在决策上应做到"有所为，有所不为"。这就要求管理者能辨别轻重，分清主次，在有关全局和长远利益的"大事"上有所为，而无关紧要的琐碎"小事"则有所不为。就现代企业而言，高明的管理者应该是领导和激发众人才智的"导演"，而不是扮演什么具体角色的"演员"。

早在科学管理时代，法约尔就曾极力反对上层领导者"在工作细节上耗费大量时间"，却"总是忙忙碌碌"，而主张"一个企业，经理应始终设法保持对重大事情的研究、领导和检查的思维自由和必要的行动自由"。在当下，推行"自然无为"的管理原则，是企业顺应客观规律、尊重自然规律、走向成功的必然选择。在企业管理中，管理者不能随心所欲，为所欲为，而要顺其自然，遵循自然规律和社会规律。被誉为日本"经营之神"的松下幸之助在回答"你的经营秘诀是什么"的问题时强调："我并没有什么秘诀，我经营的唯一方法是经常顺应自然的法则去做事。"松下幸之助的这种管理理念实际上正是老子"无为而治""道法自然"思想的充分体现。在现代企业管理中，要想"功成事遂"，就必须追求一种"自然无为"的管理境界。唯有如此，企业才能立于不败之地①。

管理既是历史的，也是现实的，它既受制于历史文化，也是时代发展的产物，不同的社会经济形态，决定着不同的管理模式。21世纪是知识经济

① 张爱军，彭新武. 自组织与"无为而治"[J]. 武汉：湖北教育学院学报2006（3）.

大发展的时期，知识经济时代的管理将大大区别于工业经济时代。工业经济时代的管理是以机器为中心的，人作为机器的附属，始终围绕机器而转，管理手段主要靠制度，员工处于被动、强制的状态之下；知识经济时代的管理更注重企业中人的因素，是以人为中心的管理，重在调动人的积极性和创造性，管理的手段主要是文化，通过塑造适宜企业发展、乐于为员工所接受的企业文化，达到员工自我管理的目的。正如周斌、杜军（2007）所指出的，传统的管理模式在一定程度上束缚了人的个性和创造力，而未来的社会由于员工的知识更加的丰富，获取信息的手段更加的便捷，这样就可能形成全新的管理模式：（1）人人都是管理的主体，员工即是决策的参与者，也是决策的执行者；（2）以人为本，顺应人性，尊重人格。（3）通过管理文化的构建，创造一种高度和谐、友善、亲切、融合的氛围，使企业成为一个密切协作的团体；（4）遵循形式，顺应社会经济运行的自然法则，使管理成为一个自然的历史过程，这样就使企业成为一个自组织、自调节的有机整体，企业因此能够协调、有序、高效地运行①。

相对于工业经济时代强硬的制度管理，知识经济时代的管理显得更为柔性化和人性化，因此这时的管理又可以称为柔性管理或人性管理。老子管理思想的最大特点是"无为而治"，就是通过"柔弱""慈爱""清静""无为""不争"等管理方式，为员工创建一个宽松、和谐、舒适的管理环境，让员工顺应自己的本性，自由自在地发展。这样的管理同知识经济时代的柔性化管理和人性管理，有着异曲同工的效果。历史往往具有惊人的相似性，老子母亲管理思想在经历了两千多年的世事变迁之后，在今天这个社会和经济高速发展的时代，又重新显露出它的光辉和魅力，它必将以崭新的姿态，实现一种更高层次的回归。

10.2　实验方法对老子母亲管理思想现代有效性的检验

以上，是通过对自组织理论的分析，对老子母亲管理思想现实可行性的

---

① 周斌，杜军.管理思想发展的趋势研究综述[J]. 武汉：中国水运，2007（6）.

论证。为了证明老子母亲管理思想现代应用的有效性，我还深入企业之中，利用半年左右的时间，对老子母亲管理思想在现代企业管理中的应用效果进行了检验。

　　管理学的研究方法主要包括实证研究和理论研究两类，实证研究又可以分为实验研究和非实验研究（见图10.2）。实验研究方法（简称"实验法"），是一种受控的观测方法，"通过一个或多个自变量的变化来评估它对一个或多个因变量产生的效应"[①]。实验法是自然科学研究的常用方法，在现代企业管理研究中也被广泛使用。实验法在保证研究成果的真实性、可靠性和实用性等方面，具有较大优越性。

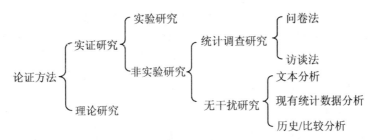

图 10.2　管理学的研究方法

　　一般认为，实验法是自然科学和工程技术的主要研究方法，管理研究中应用相对较少。其实一直以来，实验方法不仅是经典的自然科学的基本研究方法，而且也逐渐成为社会科学的主要研究方法之一[②]。正是通过泰勒、梅奥等开始的一系列实验研究对科学管理、行为管理的基础理论的形成所提供的支持，才逐步使管理学成为一门独立的科学领域[③]。西方管理史实际上就是一部顽强的实验探求史：泰勒正是依靠20多年的实验研究，而成为科学管理之父。此后，吉尔布雷斯的动作实验、梅奥的霍桑试验、麦克利兰的想象作业法、莫尔斯和洛希的比较实验和西蒙的决策选择反应试验等等，使管理学一步步地走入了科学的殿堂[④]。

---

① 李怀祖. 管理研究方法论[M]. 西安：西安交通大学出版社，2000：128.

② 万迪昉，谢刚，乔志林. 管理学新视角：实验管理学[J]. 北京：科学学研究，2003（2）.

③ 王达政. 理解管理学[J]. 南京：现代管理科学，2007（5）.

④ 黄煜峰. 管理学要十分重视实验研究[J]. 上海：华东经济管理，2001（6）.

当前国内企业管理研究中，大量使用的还是非实验研究法，尤其是统计调查法，即通过广泛的问卷调查，验证研究者提出的理论假设正确与否。统计调查法的好处就是操作简便，得出的结论比较明显，代表性强等。但是，由于企业管理是一项实践性很强的社会活动，不同企业间存在的个体差异较大，而且时效性很强，光靠这种近似静止的、横断面似的统计调查，往往不足以说明个别企业的典型特征，也不能反应企业管理发展的全貌。统计调查研究的这些局限，往往会导致一些研究成果与企业的管理实践存在较大差距，无法很好地在企业管理实践中得到应用。因此，近年来实验研究方法再次为研究者们所重视，越来越多地被引入现代企业管理研究之中。

本人在进行"老子母亲管理思想与现代企业管理研究"的课题研究中，深刻体会到统计调查法的局限，因而尝试将实验方法引入课题研究之中，进行了一些初步探索，取得了一定的收获。下面就将本次研究的具体情况和体会简述如下。

10.2.1　实证研究遇到的困境

本人在进行"老子母亲管理思想与现代企业管理研究"课题的研究中发现，虽然多数研究可以通过问卷调查的方式进行，但并不能适用于所有方面。调查研究方法只能对一些理论假设进行证明，但并不能对研究成果的可行性进行检验。比如，我可以通过调查研究来验证"现代企业管理需要老子管理思想"，但并不能用此方法来检测"老子母亲管理思想体系"现代应用的可行性。因为你很难确定，现代企业管理成效中，究竟哪些成分借鉴了老子母亲管理思想，并且这些成分恰好正是现代企业管理取得成功的因素。因此，对于这类课题的验证，通过实验方法来加以检验就比较合适。研究者可以将设计出的"管理理论模型"拿到现实企业中加以实际应用，然后通过实践结果来检验其现实可行性。

我在研究过程中，正是采用了这种方式，将所设计出的"老子母亲管理体系"的理论模型，根据现代企业管理的活动内容进行分解，然后应用到一个刚成立不久的小型加工企业中进行检验，最终证明了研究成果的基本可行性。同时，通过检验，也对理论研究中一些需要改进的地方进行了修正，从而使研究成果更加适应于现代企业管理实践的需要。

10.2.2　实验研究方法的设计

老子管理思想是中国古代管理思想中最为优秀的部分,我希望通过本课题的研究,能够让更多的现代企业管理者更加方便地了解和运用老子管理思想,使其"无为而治"的管理思想为现代企业带来更为高效、宽松、和谐的管理效果。

抱着这一目的,我对老子管理思想进行了认真梳理。通过深入细致的研究,我对老子管理思想的本质、人性假设、管理规范、理论体系等方面,都有了新的认识。我认为,老子管理思想具有鲜明的"母亲管理"特色,"人性自然论"假设是老子管理思想的主要人性假设,"道""德""自然""柔弱""慈爱""守静""无为""崇俭""不争""知止"等是老子管理思想的主要思想范畴。我还根据这些基本范畴之间的关系,在现代管理理论的指导下,以"母亲管理"为核心对老子管理思想体系进行了重新建构。同时,我还对这个老子母亲管理思想体系如何运用于现代企业管理的问题进行了探讨,从而形成了一套便于现代企业管理者理解和运用的理念与方法论体系。通过这一体系,管理者可以更加清晰、准确地认识老子管理思想,还能非常便捷地运用于现代企业管理实践,从而解决了以前很多企业管理者对于中国古代管理智慧"看着好,用着难"的困境。

但是,当我将这一体系基本建成后,就自然遇到了一个非常棘手的问题,这就是:我如何对这一体系的现实可行性和有效性进行检验,从而使众多企业管理者认识到它的真实价值?显然,运用传统的统计调查方法是很难进行的,只有通过实验法,将这套在老子母亲管理思想指导下设计出的企业管理方法论体系,应用于现代企业管理实践,才能检验其可行性、实用性和有效性。

为了便于对实验结果进行检验,我决定选择一家新成立或刚成立不久的中、小型企业进行实验。因为这样的企业在管理制度上一般不会特别健全,对新方法的接受相对较为容易,而且受其他干扰因素的影响也较小,实验的结果会比较明显。基于这种考虑,我最终选择了一家刚成立不久的小型加工企业进行实验。该企业刚刚成立两个多月，员工及管理人员共有一百多人，整体文化水平不高，基层员工多为从农村进城务工的 20 岁左右的青年人。企业的管理机制还很不健全，存在的问题较多，急需进行深入的管理变革，正好符合我进行管理实验的要求。

经过沟通，我与企业管理层达成了在企业进行管理实验的协议，为期半年。实验期间，由我向企业管理层提供免费的管理咨询，管理层对我的建议经讨论通过后方可实施，若效果较好就继续进行，一旦发现不良影响则立即终止。

为了使实验能够顺利进行，在实验之前，我预先做了一些精心准备。首先，我对公司的基本情况进行了详细的问卷调查和访谈，重点了解了公司管理的基本情况和存在问题，员工对企业管理现状的认识、意见及建议，公司的营业状况，客户对公司产品及服务的满意度等。通过调查，我对公司的情况有了初步了解，为实验的开展提供了重要依据，也为实验结束后进行效果评估提供了对比数据。调查结果显示，该公司的管理状况比较糟糕，员工对管理层的意见较大，甚至存在严重的敌对情绪；公司的产品质量很不稳定，残次品率较高，客户满意度较低；企业浪费严重，原材料管理混乱，且存在个别员工恶意破坏的现象。

了解到这些情况以后，我又以实习生的身份进入公司基层做进一步的深入考察。我先后在公司最为核心的加工车间和销售部实习了一个多月，与员工一起"同吃、同住、同劳动"，以便能够准确地了解公司的真实情况，为制定详细的实验方案做准备。我每天白天与员工一起工作，晚上将观察和了解到的情况进行详细记录，并进行初步分析，寻求改进措施。

经过一个多月的调研，我对公司的情况有了更为深入的了解，我发现公司的问题主要出在用人上。员工对公司用人唯亲，管理人员素质低、赏罚不明、管理手段粗暴，对待员工过于苛刻、缺乏人情味等问题，有很大意见，员工的士气和归属感都较低。针对这些问题，我基于由自己设计的"老子母亲管理思想体系"，着手对公司管理优化的实施方案进行设计。我将老子的管理思想通过具体的实施手段，自然地融入到了企业的文化、制度、规范和工作流程之中，细化到企业的每个环节、部门和人员，并配备了全面的评价指标体系，形成了一个"企业管理优化执行手册"。在手册的制定过程中，我广泛地征求了企业管理层和员工的意见和建议，对手册进行了反复的修改和调整，前后共花费了近半个月的时间，完稿后的手册得到了管理层的一致认可。

10.2.3　实验研究的实施

手册制定完成后，便开始进入实施阶段。为了便于开展工作，公司总经理在员工大会上正式任命我为公司人事副总，全面负责企业管理优化的实施工作。

为了管理优化的顺利进行，我首先利用各种机会在公司开展了广泛深入的宣传工作。除了利用各种会议和座谈的方式将我的优化方案对公司管理层和员工进行宣讲外，我还组织一些有文字功底的员工创办了公司的企业文化报，并开设企业文化宣传栏，还开展了丰富多彩的文化活动，开通了公司内部网和外部宣传网，使公司上下充满了焕然一新的气息，为管理优化提供了良好的文化环境。

看到优化的时机已经成熟，我便开始根据手册的内容，着手逐条实施。

首先，针对员工反映最为强烈的任人唯亲问题，我决定率先着手对企业的用人制度进行优化。为了减小优化阻力，对于那些居于管理层的公司领导的亲戚老表们，我并不是采取简单地一换了之，而是首先在企业推行广泛的竞争上岗制度，凡副总经理以下的所有职位，均采取全体职工竞聘上岗的方式进行。开始，公司的领导层对于此项优化存在一定疑虑，认为公司员工的素质都比较低，竞聘肯定很难成功。很多员工对此也抱怀疑态度，认为这项制度无非是用来唬人的，根本不会真正实行。为了打消员工的顾虑，我首先以公司文件的形式将此项决定下发到车间，又先后多次在员工大会上进行动员，还进行了有关竞聘事项的培训。当大家都认识到此项工作势在必行时，公司上下立刻掀起了参加竞聘的热潮，很多基层员工积极地准备参加竞聘，那些原来担任中层管理职位的人员也不得不抓紧时间准备应战。经过周密的安排，竞聘工作顺利进行，在竞聘中，一些优秀的基层员工脱颖而出，走上了管理岗位。由于大家都是在大庭广众之下公平竞争，因此不管职位是上是下，大家都很服气，从而在公司形成了一种和谐竞争的氛围。

有人说：老子讲"不争"，你为什么还要在公司提倡竞争呢？我认为，老子讲"不争"，是说要领导者不要与员工"争"，他说："夫唯不争，故天下莫能与之争。"领导者不去与员工争权争利，让其自主地发展，尽情地发挥自己的才能，因而使企业得到更好的发展，不是比"争"更好吗？通过这次竞聘，也使企业的领导者充分认识到，其实公司并不是缺少人才，很多员工在竞聘中表现非常优秀，连公司领导都非常吃惊，这使他们也充分认识到老子"是以圣人常善救人，故无弃人。常善救物，故无弃物"（第 27 章）的道理。正如"世上本不缺少美，而是缺少发现一样"，企业本不缺少人才，也只是缺少发现，只要领导者能够给下属以机会，就会有更多的人才突显出来。

接着，根据老子"慈爱"管理的思想，针对员工反映的伙食、住宿及停车等问题，我与相关部门协调，均得到了圆满的解决：员工食堂实行招标制度，彻底扭转了原来饭菜价格高、质量差的问题；为员工宿舍安装了空调、电扇，并有专人负责打扫卫生，还配备了洗衣机，彻底改变了员工宿舍脏乱的面貌；为员工修建了专用的自行车停车棚，并配备了充电及打气筒等设施。针对员工劳动强度大，生产过程中存在空气污染和人身安全等问题，公司增设了车间的通风设备，并给每位员工配发了相应的防护用具，强制其工作时间必须穿戴，还安排员工定期进行身体检查。为杜绝一些管理者对员工管理的粗暴行为，公司在企业管理规范中，明确规定管理人员不得对员工实行打骂，不得以强硬的口气命令员工，不得当众批评员工，不得对员工无故处罚。鼓励管理人员与员工谈心、交朋友，关心员工的生活，解决员工的困难。老子说："慈，故能勇。"（第 67 章）企业管理者只有对员工采取"慈爱"的管理手段，才能够赢得员工的心，才能增强企业的凝聚力，才能使企业无往而不胜。通过以上这些措施，员工对企业的归属感明显增强了，员工主动加班、自觉维护企业形象的现象逐渐增多，整个公司充满了欣欣向荣的景象。

其次，根据老子"为实不为虚"的思想，重点在提高员工收入上下功夫。根据调查中员工反映工资水平偏低且形式单一的问题，在与公司领导协商后，建议将员工的工资与企业的经济效益挂钩，增加奖金的发放力度，使员工所得与企业的发展直接相联，真正体现员工利益与企业利益的一致性，从而使员工真正感受到"厂赢我赢"的连带关系，自觉为企业发展做贡献。

另外，根据老子"我无为而民自化"的思想，为调动全体员工参与企业管理的积极性，我还与领导层一起，制定了员工参与管理的奖励措施，鼓励员工为企业的发展献计献策。通过这一措施，员工提出的建议一下子增加了许多，企业存在的很多问题都暴露出来。公司对这些意见和建议进行了有效的回复和采纳，使很多潜在问题得到了解决，员工与企业的关系更加密切了。针对员工反应比较强烈的企业家族制色彩浓厚的问题，尽量在企业中少用或不用亲属从事重要岗位工作，企业领导的家属不能搞特殊化，重要岗位实行竞聘上岗，避免出现任人唯亲的现象。

在生产管理上，针对以前浪费严重的问题，根据老子"崇俭"的思想，公司加大生产节俭的宣传力度，鼓励员工改进工艺、节约原料，并将其与奖金挂钩，凡是节俭的班组，即给予相应的奖励。针对产品在生产和安装过程中客户反应的质量问题，根据老子"图难于其易，为大于其细"的思想，强化精细化管理，将生产及安装过程标准化、程序化、精细化，加大了员工的培训力度和职业教育，树立为客户着想，对企业和个人负责的工作态度，提高了产品的质量和客户满意度。

在营销管理上，借鉴老子"夫唯不争，故天下莫能与之争"的思想，在处理与其他企业竞争问题上，避免与其发生正面的竞争矛盾，重在自身产品和服务质量上下功夫，从而赢得客户的依赖，真正实现"不争而争"。同时，公司还发挥自身的科研优势，加强了新产品的研发力度，努力做到"人无我有，人有我优，人优我转"，占据行业领先地位，积极开辟新的市场。

10.2.4 实验研究的总结

通过以上这些措施的实施，经过半年左右时间的努力，公司上下发生了巨大变化，各方面情况均有所好转。公司员工的抱怨少了，辞职的人少了，工作积极性提高了，产品质量大幅度提升，浪费现象得到了有效遏制。公司领导与员工之间经常沟通交流，遇到问题相互谅解，公司整体形象得到了显著改善。这说明，老子管理思想是可以应用于现代企业管理当中的，而且能够收到良好的管理效果。当然，在实施过程中，我并没有完全固守于老子管理思想，而是根据企业管理的现实需要，进行了适当的调整和修改，但基本管理理念还是遵循老子管理思想的。这就是，要通过建立一个宽松、自由、愉快、和谐的管理氛围，最终实现企业员工自我管理的目的。通过这次企业管理的实验研究，我得出了以下几点体会：

第一，实验研究方法对企业管理研究来说，是非常需要和必要的。首先，企业管理研究是一项实践性很强的工作，研究中许多假设只有在实践中才能得到相应的检验，光靠主观臆测是不行的；其次，研究中虽然有些假设可以通过调查统计和逻辑推导得出，但很多时候这些研究方法往往不能完全满足研究的需要，必须有实验方法加以补充。

第二，在实验中，研究者要注意自己身份的合理性，最初应以普通员工的身份深入企业，先到基层进行实践，深入了解企业的实际情况。只有充分掌握了企业情况的第一手资料，才能对症下药，保证设计出的实验方案真正符合企业管理的实际。如果只依靠对企业管理者的访谈和对企业的问卷调查就提出自己的实验方案，往往会出现以偏概全的现象，严重影响研究成果的科学性和有效性。

第三，实验中，跟企业领导及员工的随时沟通非常重要，因为只有他们才真正了解企业的真实情况，他们对企业管理的认识通常都非常深刻，在与他们的交谈中经常可以得到许多有益的启发。同时，实验过程中，还必须赢得他们的大力支持，实验者必须采取谦虚、耐心的态度，虚心向他们请教，认真听取他们的意见，争取他们的全力配合。切不可以为自己的水平很高，总想去批评、指导别人，这样必然会导致企业领导及员工的反感和抵触，不利于实验的顺利进行。

第四，实验中，一定要养成随时记录的习惯，把自己看到和想到的东西及时记录下来，以便形成完整的实验记录，便于后期检验和实验报告的撰写，并为下一次的实验提供借鉴。

本次的实验研究，由于时间和精力等方面的原因，只选在一个企业中进行，且实验的时间较短，对于实验结果的检验显然是不够的。今后还将选择不同的企业，做进一步的实验研究，以期对本课题的研究成果进行更加深入广泛的检验。本次实验研究，使我更加深刻地认识到实验研究对企业管理研究的重要，在今后的研究中，我们应该大力推广这种研究方法，以使我们的研究成果更加符合现代企业管理实践的需要，更好地为现代企业管理服务。

10.3　实用验证：如何用老子"无为"思想管理企业"80 后"员工

10.3.1　"80 后"员工缘何让老板头疼

在攻读博士期间，我还兼任某大学的管理学教师，由于工作原因平时与公司老板们接触的机会较多。在与一些老板交流时，他们对如何管理"80 后"员工的问题谈得较多，而且普遍认为"80 后"员工不好管，有些甚至说今后再也不招"80 后"员工了。

为什么他们对"80 后"员工如此反感呢？本人总结了一下，究其原因无外以下几点：（1）认为 80 后员工个性太强，喜欢顶嘴，不服管教；（2）认为他们责任心不强，缺乏敬业精神，动不动就辞职；（3）认为他们心浮气躁，工作潦草，不踏实；（4）认为他们眼高手低，只图享乐，缺乏创业精神；等等。

10.3.2　"80 后"员工难管究竟谁之过

以上这些，应该是多数管理者对"80 后"员工的主要诟病。对于这些诟病，本人并不太认同。当时我教的学生大多是"80 后"，我并没有这些感觉。首先，说"80 后"员工个性强，不服管，我觉得说得有些绝对。对于我所教的学生，我不仅没觉得不好管，反而觉得管起来还很轻松。在我的课堂上，大家都非常配合，气氛也很活跃，我交给他们的作业、任务，也都完成得非常出色。我觉得他们比我在他们这个年龄时，不知要强多少倍。他们从小接触的信息就多，知识面广，思维活跃，独立性强，敢于挑战权威，不像我们六七十年代的人，大多谨小慎微、唯唯诺诺，思想过于僵化和保守。

再者，说他们只图享乐，缺少创业精神，我也不敢苟同。某学期，我给本科二年级的学生上课时，让他们谈一下自己今后的打算。我发觉很多同学都有创业想法，有些计划还很完善，显然是经过深思熟虑的。比如，有同学针对当前社会"老龄化"问题，提出要做老年家政服务；有同学想利用家乡丰富的自然资源搞农产品开发；也有同学想把城市里火爆的婚庆模式搬回乡下老家；还有同学想进行动漫、大学生娱乐网等文化产业开发，应该说这些项目都还是比较具有可行性的。也许有人会说他们的创业想法过于理想，不切实际。但当我与他们深入交谈时，发现他们的想法都相当务实，对创业可能遇到的困难、问题也认识得比较清楚，并不像我们想象的那样幼稚。

以上仅是我在教学中对"80 后"学生的印象，可能与企业员工不太一样。但我想说的是，每一代人都有每一代人的特点，如果你用旧的方法管理新一代员工，那样肯定是不行的。一个好的管理者应该善于根据不同管理对象的特点，随时进行管理方法的调整，这样才能做到得心应手，而不是一味地埋怨管理对象不合自己的要求。老子说："圣人常善救人，故无弃人。常善救物，故无弃物。"（第 27 章）人与人、物与物之间肯定存在着差异，我们无法要求每个人、每件事都顺从自己的意愿。只有顺应被管理者的变化进行转变，才是明智的选择。老子说："人法地，地法天，天法道，道法自然"（第 25 章），天地万物同"道"一样，都要按自然之法运行，管理者也应根据不同对象随时进行自我调整。只要我们能够根据不同管理对象的特点，随时调整我们的管理方法和管理策略，就没有不好管的人，也没有不好用的物。80 后员工同六七十年代员工相比，肯定有所不同，如果管理者仍然用管理六七十年代员工的方法来管理他们，则无异于"刻舟求剑"，就只能是管理者自身的问题了。

10.3.3　如何用老子"无为"思想管理"80 后"员工

当然，不同时代的人群，也会有那个时代的总体特征。根据本人观察，以及众多管理者的反映，本人将"80 后"员工的特点主要概括为"三强一弱"，即：独立性强、自主性强、自尊心强和团队意识弱。本人认为，针对"80 后"员工的这些特点，用老子"无为"管理的方式进行管理，更为适合，可以收到意想不到的效果。下面就将我在教学中，运用老子"无为"管理思想管理"80后"学生的例子进行一下介绍，以期对现代企业管理者管理"80后"员工有所帮助。

第一，针对"80后"员工独立性强、不愿接受管理的特点，管理者对他们要充分放权，让他们自己管理自己。老子讲："我无为而民自化，我好静而民自正，我无事而民自富，我无欲而民自朴。"（第57章）好的管理者并不是事无巨细什么都要管，而是要充分调动被管理者的积极性和主动性。老子认为，你越是"不管"（即"无为"，让民自为），管理的效果反而会越好。牧羊人都有一个经验，他们绝不单独管理羊群中的每一只羊，而是从中选出一只头羊，只要管好这头羊，其他羊就自然会跟着走了。

在教学中，我非常重视学生的"民主管理"。在第一堂课的时候，我就跟学生说把班上的同学分成若干小组，每组建议10人左右，自由组合，然后自己选出组长，每个组还可以给自己的组起一个自己喜欢的名字，在下次上课时告诉我。同时我还让同学自荐作我的教学助理，负责我与同学之间的联络和活动组织。这样一来，很快就形成了学生自己组成的组织机构，在接下来的教学中，我只需分配任务即可，一切管理和组织工作，都由各组的组长和教学助理完成，根本不用我操太多的心。既圆满地完成了教学任务，学生也得到了应有的锻炼，两全其美，又何乐而不为呢？

其实，企业管理也应如此。"80后"员工既然不愿意别人管他们，为什么不让他们"自己管理自己"。你管他们不听，由他们自己选出的"领导"管起来却会很有效。管理者可以让员工自愿组成若干小组，由他们自己选出组长，并规定好相应的权利、义务，然后你就只管分配任务就可以了。至于他们怎样完成，基本不用去管，你只负责最后的目标考核就可以了。这里需要注意的是：第一，各组的组长一定要由员工们自己选出，这样才能服众。管理者切不可越俎代庖，否则反而会给自己增添更多的麻烦。第二，管理者一定要学会放权，给员工充分的权力空间，不能什么事都不放心。要允许员工犯错误，这样才能锻炼队伍，慢慢地管理就变得很轻松了。

第二，针对"80后"员工自主性强的特点，管理者必须对他们的人格给予充分的尊重，使他们能够切实感受到你对他们的重视，这样他们才愿意接受你的管理。老子说："圣人无常心，以百姓心为心。"（第49章）就是说，管理者不要总以为自己的能力很强，喜欢把自己的意志强加于人；而要充分尊重被管理者的权利，顺应被管理者的意愿。权利和义务应该是对等的，你只有给被管理者充分的权利，他们才会回报你相应的义务。有管理者说，"80后"员工很难管，说什么他们都不听。我想，难道员工是管出来的吗？不是！员工应该是引导出来的。就像一头牛，你如果在后面推它，很难使它前进；而如果你在它的头上拴根绳子，只要轻轻一拉，它就乖乖地跟你走了。

对待不同的管理对象，应该采取不同的管理策略。既然"80后"员工不服管、不好管，那就索性不要去管他，而由他们自己管理自己，也就是实行所谓的"自主管理"。我在给学生上课时，就非常重视自主管理。每学期第一堂课，我都要在学生面前申明自己的"三原则"。但这三个原则并不是要求学生的，而是要求我自己的。第一条就是："以学生为主的原则"。我说，学生是课堂的主人，同学们对课程的内容、授课方式有什么要求，都可以跟我说，我会尽量满足大家。第二条是："课堂要活跃的原则"。我说，我做人的原则就是"己所不欲，勿施于人"。我上学时，有些老师讲课就像"催眠曲"，一上课教室就趴倒一大片，我不想搞成这样。我希望课堂能活跃些，只有课堂活跃了，脑子才能活跃，同学可以随时跟老师交流，而不用起立和报告。第三条是："讲不好就下课的原则"。所谓"下课"，并不是说我讲得不好，这堂课就结束；而是说如果同学们觉得我讲得不好，我就自动"下课"（四川话，有"辞职"之意）。同时，我还鼓励学生"弹劾"老师，我说：学生是课堂的主人，是消费者，你们付出了时间和金钱，有权对自己的服务进行选择。如果你们觉得老师讲得不好，学不到什么东西，就要主动向校方反映，把老师换掉，否则就是你们自己的损失。我这样一说，一方面拉近了自己与学生的感情，另一方面也显示了对学生的尊重，学生成了课堂的主人，自然就会自觉维护课堂秩序，根本不用管理了。因此，课堂秩序活泼有序，大家在快乐中学习成长，老师和学生都感到很轻松。

老子讲："善用人者为之下"（第68章）。一个优秀的管理者就应该像水一样"善处下位"，以谦卑的姿态对待自己的员工，那么他一定会受到员工的爱戴。就像国家领导人一样，越是亲近民众，平易近人，人民越是拥护他、爱戴他。

　　第三，针对"80后"员工自尊心强，抗挫折能力弱的特点，管理者一定要尽量关心爱护他们，使他们感受到组织的温暖。老子讲："慈故能勇"（第67章），你只有很好地关心和爱护员工，员工才会真心地付出他们的聪明和才智。我们经常看到，很多企业都要求员工要"爱厂如家"，但究竟有哪个企业真正像家庭一样爱护自己的员工了呢？老子讲："将欲取之，必固与之"（第36章）。企业要想员工怎样对待企业，就要怎样对待员工。

　　最近，有个企业老板跟我说，他培养的一个"80后"业务骨干前几天突然辞职了。就是因为他这个月业务上出现了点儿问题，老板当着其他员工的面，把他批评了一顿。没想到，这个员工第二天就向他提出了辞职。开始，这位老板还在为80后员工不敬业而生气，后来才知道，原来这位员工最近母亲生病，员工却并没有请假，仍然坚持工作。但他心里自然会惦着家里的事，所以才会出现失误。而老板却不分青红皂白地批评他，员工当然会觉得委屈了。那位老板说，想到这件事，自己现在都还觉得非常后悔。自己只知道让员工好好工作，对员工的关心却非常不够；只知道批评员工，却没有考虑员工的苦衷。以后要多从员工角度思考，给员工创造一个舒适温馨的工作环境，让员工在企业感受到家的温暖。

　　在企业里，如何对待员工是很有学问的。如果企业总是对员工一味地苛刻、压榨，员工怎么能真心地对待企业呢？孟子曾经说过："君视臣如手足，臣视君如腹心；君视臣如犬马，臣视君如国人；君视臣如粪土，臣视君如寇仇。"（《孟子·离娄下》）感情是相互的，你怎样对待员工，员工也会怎样对待你。企业要想让员工爱厂如家，就应该像家一样真心地关心和爱护员工，否则就只能是"舍本逐末""缘木求鱼"。

　　第四，根据"80后"员工团队意识差，合作能力不强的特点，企业管理者应调整好企业的业务流程，使员工自觉纳入相应的运行轨道，按部就班地把事情做好。老子讲："万物并作，吾以观复。夫物芸芸各复归其根。"（第16章）万事万物的发展都有其自身规律，企业的运转也不例外。管理者只要把握住企业的运行规律，并按这一规律安排好各个环节的工作，管理起来就会非常顺畅。因此，一个合格的企业管理者，最重要的任务就是明确各环节的业务分工和工作流程，确保各环节井然有序地运行。俗话说："蓬生麻中，不扶则直。"只要企业拥有了这样一套合理的运行机制，不管"80后"员工，还是其他员工，都将自觉纳入这一体系并自行运转，根本不用管理者操心了。

在这点上，我自己深有体会。某年，我受一个朋友之邀，到一家管理咨询公司接掌某服务项目的管理工作。此前，该项目的运转非常混乱，服务质量很差，甲方意见很大。我去之后，首先对该项目的具体要求和员工情况进行了深入了解，然后根据工作需要和员工特点进行了重新分工，并设计了新的业务流程和工作规范，还对员工进行了必要的培训。之后，仅用了不到一个月的时间，整个项目质量就有了很大起色，甲方对我们的工作也越来越满意，彻底扭转了被动局面。而我自己又非常轻松，一般每周只有一两天待在公司，只对一些棘手的情况作一下指导。

其实，很多时候，管理者认为员工不好管，很大程度上与企业的工作职责和流程安排不当有关。管理效果的好坏绝不能依赖于个别员工的素质，而是依靠集体合力。就像一台发动机并不是靠单个零件的效能起作用一样，必须靠严密的组织体系将各个零件紧密地联系在一起，才能形成发动机的整体效能。管理者必须着重在企业建造这样一个能够保证企业正常运转的健康体系，使员工只要进入这个体系，就必须按设定好的程序前进。从员工进入公司的第一天起，就要让其熟悉和适应这个体系，使其逐步成为一名符合这一体系需要的员工。否则，即使一名非常优秀的员工，由于进入了一个体系和流程都不健全的企业，也不会产生所谓敬业精神的，或者即使开始有敬业精神，也会逐渐被消磨掉。可见建立良好的运行机制，对于企业管理是何等重要。

10.3.4　总结：最好的管理就是"不管理"

由以上分析可知，管理好"80后"员工其实并不难，只要管理好管理者自身就行了。老子认为，管理者有四个层次，即"太上，不知有之；其次，亲而誉之；其次，畏之；其次，侮之。"（第17章）最好的管理者应该是让被管理者根本感觉不到他的存在，而组织却能照常运行。换句话说就是：最好的管理就是"不管理"。这里的"不管理"，并不是真的什么都不管，而是要管理者按照组织的性质和人员的构成，建立良好的运行机制和工作流程，使各环节都能有序地自觉运行。因此，也可以说这种管理是一种"顺势管理"。就像《庄子》"庖丁解牛"故事中所说的"游刃有余"一样，管理者依据企业的发展规律，按照不同管理对象的特性进行灵活管理，这样既能保证企业运行顺畅，又不至于搞得精疲力竭，应该是一种比较理想的管理方式。在这种管理中，管理者看似一个无所作为的"旁观者"，但正是由于他的正确组织、协调和控制，才使企业形成了一种和谐的管理氛围，从而使各种要素均能在企业中发挥出最大效能，因此他又称得上是一位"卓有成效的管理者"。对于企业的"80 后"员工，管理者只要能真心地尊重、信任、关心和爱护他们，并在管理中大力推行民主管理、柔性管理和人本管理，相信管理好他们并不难，而且还能使他们比其他员工发挥出更大的作用。

10.4 老子母亲管理思想现代应用的局限性

通过以上的理论和实践研究可知，老子提出的"无为而治"的管理目标，在现实中是完全可以实现的。老子母亲管理思想在现代企业管理实践中，一定能够发挥重要作用。但是，任何管理思想都不可能是万能的，我们在看到老子母亲管理思想的众多优点时，也要看到其自身存在的一些局限和不足。这些局限和不足，主要体现在适用对象、管理风格、方法手段等几个方面。

10.4.1 老子母亲管理思想适用对象的局限性

在本书的开篇就已明确指出，《老子》是一部写给管理者看的书，其目的主要是指导管理者如何轻松高效地实现对被管理者的管理。因此，某些从管理者角度看是正确的观点，从被管理者角度看就会感觉有问题。

比如"无为"。老子有关"无为"的论述，都是针对管理者而言的，如"是以圣人处无为之事，行不言之教"（第 2 章）、"是以圣人之治，虚其心，实其腹，弱其志，强其骨；常使民无知无欲，使夫智者不敢为也。为无为，则无不治"（第 3 章）、"爱国治民，能无为乎""道常无为，而无不为。侯王若能守之，万物将自化"（第 37 章）、"故圣人云我无为而民自化，我好静而民自正，我无事而民自富，我无欲而民自朴"（第 57 章）、"是以圣人无为故无败，无执故无失"（第 64 章），等等。这里所说的"圣人""侯王"等，相对于"万物"和"民"，显然都是管理者。老子"无为"的意思就是，管理者在管理过程中，要顺应被管理者的本性，不过多地干涉和频繁地发号施令，要让被管理者在宽松自由的环境中按照本性自然发展。这样，虽然管理者好像没有做什么，但最终结果却是"我无为而民自化，我好静而民自正，我无事而民自富，我无欲而民自朴"的理想管理境界。如果管理者反其道而行之，"强作妄为"就会非常危险。因此老子说"不知常，妄作凶"，管理者不懂得"无为"的道理，随意妄为，最终结果会比较悲惨。

现实管理中，这样的例子很多。很多管理者都抱怨被管理者能力不强，干劲不足，究其原因，还是管理者自身的问题。在现实管理中，管理者如果对被管理者做事的结果不太满意，往往都是自己动手去做，或者对被管理者大加批评。这样时间长了，就会养成被管理者的惰性，让他有所依赖，认为自己做不好也有人保底，从而降低了自己的责任心；同时，管理者的批评还会极大地打击被管理者的积极性，让他觉得无论自己再努力，都会遭到管理者的批评，与其这样，还不如开始就不好好做。长此以往，管理者的担子越来越重，越来越痛苦，被管理者反而变得轻松愉快，这样的企业肯定管理不好。

当然，肯定有些人会提出，我们公司目前的规模还比较小，如果老板和中层管理者都不干活，那是不可能的。这是对的。如果企业的规模比较小，企业的中层管理者可能既是管理者又是执行者。但总体上说，不管是什么规模的企业，不同层级的员工都要发挥所在岗位的最大价值。

10.4.2　老子母亲管理思想管理风格的局限性

老子哲学一个最大的特点是充满了辩证法思想。《老子》中的很多概念都是相对应出现的，如"有无相生，难易相成，长短相形，高下相倾，音声相和，前后相随"等等。有人统计，《老子》一书中出现的类似对应词汇，不下 40 多对。因此，老子被称为中国辩证法思想发展史上的第一人。

但是，老子虽然强调了事物发展的两面性和相对性，在自己思想上却没有把这一点坚持到底。也许他当时过于对阳刚、有为、争夺现象进行批判，在《老子》一书的字里行间，往往过于强调阴柔、无为和不争，而忽视或贬抑了阳刚、有为和竞争。因此说也具有一定的片面性。

早在先秦时期，就已经有人对老子的这一现象进行过揭示。如《庄子·天下篇》说老子所守的是"雌"（柔弱之意）、是"辱"（受垢之意）；而所取的是"后"、是"曲"，是"人皆取实，己独取虚"。《荀子·天论》篇也说："老子有见于诎，无见于信。"这"诎"就是屈曲的"屈"字，而"信"即是"伸"字，就是说老子只见到"屈"的一面，而没有见到"伸"的一面。《吕氏春秋·不二》篇只用一个字概括老子的思想，说"老聃贵柔"。从先秦时这些人对老子思想的看法即可看出老子思想存在一定的片面性。

我们说，任何管理思想都不是万能的，也不能放之四海而皆准。正如老子本人所言："有无相生，难易相成，长短相形，高下相倾，音声相和，前后相随，恒也。"（第2章）凡事都是相对应而存在的，在某些方面的"长"，在另外的方面就可能是"短"。老子思想确实充满了辩证法，他看到了不同概念之间的这种相反相成的关系，是非常难得的。但他在处理相反概念之间的关系时，却没有能够把这种辩证法坚持到底，而是过于强调了"阴柔"的一面，而贬抑"阳刚"的一方。他在处理"柔与刚""静与躁""轻与重"的关系时，总是过于强调"柔""静""重"的作用，而忽视了"刚""动""轻"的反作用，具有明显的片面性。"阴"与"阳"、"柔"与"刚"等本来都是平等的范畴，他们之间并没有强弱之分，正如水滴可以穿石，巨石亦可以挡水一样，所谓的强弱都是相对的。但老子在承认事物的对立统一关系的前提下，却将目光过多地投向了事物发展中柔弱、无为、不争的一面，而忽视了阳刚、有为、进取的一面，我们在应用中应该加以注意。正如潘潂先生所指出的："老子的'道'是以母性崇拜为其根本特质的。老子学说在根本上体现了母性人文关怀的永恒价值。只要人类社会存在，就永远需要伟大的母爱，老子学说就有其存在的价值。但只注重这一点，则会导致民族人格的弱化，如荀子批评'老子有见于屈，无见于伸'（《荀子·天论》）那样。这是需要引起我们注意的。"①

10.4.3　老子母亲管理思想管理手段的局限性

　　一种管理思想绝不是凭空存在的，必然要通过一系列的管理手段和管理方法加以贯彻实施，才能实现其预想的结果。在《老子》一书中，不仅提供了内容丰富的管理智慧，也提供了大量具体的管理手段和管理方法。如 "不尚贤，使民不争。不贵难得之货，使民不为盗。不见可欲，使民心不乱。是以圣人之治，虚其心，实其腹，弱其志，强其骨。常使民无知无欲，使夫智者不敢为也"（第 3 章）、"古之善为道者，非以明民，将以愚之。民之难治，以其智多。故以智治国，国之贼。不以智治国，国之福"（第 65 章），等等。这里的 "不尚贤" "不贵难得之货" "不见可欲" "虚其心，实其腹，弱其志，强其骨" "非以明民，将以愚之" 等，都是老子认为的有效管理方法和手段。

　　但是，从以上列出的这些手段来看，虽然历来对这些语句的理解不一，但都无法掩饰其中所蕴涵的部分消极色彩。如 "不尚贤"，虽然有人认为 "贤"是指 "有德行的人"，也有人认为是 "富有的人"，但不管怎样，如果一个社会不鼓励和崇尚 "贤人"，必然会缺少前进的动力，只能在原始的状态下徘徊。再如 "不贵难得之货" "不见可欲"，虽然这样可以使百姓免受外界的诱惑，便于国家和社会管理，但对于提升国家和社会的物质生活水平，也是不利的。而 "虚其心，实其腹，弱其志，强其骨" "非以明民，将以愚之"，虽然有人指出老子并没有 "愚民" 的意思，是希望百姓保有纯朴的本性，但用这种消极方式得到的结果，只能使百姓处于蒙昧的状态，也是不利于社会进步的。

　　由此看来，老子所期望的管理结果虽然美好，但由于其所处时代的局限，他所能想到的管理手段却存在着较大的局限性。老子的理想国度并不是希望通过积极努力，推动物质的极大丰富，以实现一种更高层次的回归；而是希望通过倒退的方式，退回到原始的自然状态，使百姓无知无欲，借以实现原始的理想社会。这自然与他所处时代的生产力水平极度低下有关。因为在他

---

① 潘澈. 论老子 "道" 的母性崇拜特质[J]. 长春：社会科学战线，2006（2）：306.

那个时代，要想通过高度的发展，来实现他所向往的"无为而治"的理想状态几乎是不可能的。马克思主义哲学告诉我们，事物的发展是一个波浪式前进、螺旋式上升的过程，并不是一种简单的重复。要想实现老子所期望的"无为而治"理想社会，一种方法就是像老子所说的简单的回归，另一种则是更高层次的超越。正如马克思主义所提出的"共产主义社会"是对"原始共产主义社会"的更高层次的回归一样，现代企业的管理，也可以通过一种积极的手段，通过不断地发展，以实现企业管理的这种"无为而治"的理想状态。现代企业注重"以人为本"的柔性化管理，从某种意义上说就是对老子母亲管理思想那些消极管理手段的一种更高层次的超越。

10.4.4　老子母亲管理思想应用并不是无条件的

人们探讨老子管理思想，始终有一个困惑，就是老子讲究"无为而治"，是不是就真的放弃管理？主张"柔弱""慈爱"，是不是就不重视制度、规范？其实这种理解是错误的。

首先，老子讲"无为而治"，并不是不做任何事情，而是要管理者认识"道"、把握"道"，顺应"道"来管理。老子讲"无为"，是想告诫管理者不能背道而为，不要频繁地干涉被管理者的正常活动。这正是"我无为而民自化，我好静而民自正，我无事而民自富，我无欲而民自朴"的深层含义。

老子主张管理者要有所为有所不为，"为"就是要管理者按照"道"的要求去为，否则就要"不为"。比如，他说管理者要"处无为之事，行不言之教"（第2章）、"虚其心，实其腹，弱其志，强其骨"（第3章）、"道生之，德蓄之……长之育之，亭之毒之，养之覆之。生而不有，为而不恃，长而不宰"（第51章）、"为之于未有，治之于未乱"（第64章）。这些句子中的"处""行""虚""实"等都是在"为"，但由于是顺"道"而为，不违背事物的本性，因此又可以称是"无为"，这也正是有人将"无为"称为"无违"的原因。也就是说，合于道的"为"就是"无为"；违反道的"为"就是"有为"，即"妄为"。合于道的"为"就应该大力提倡，违反道的"为"就应该坚决制止。这就是老子所说的"为无为"，他说："为无为，则无不治"（第3章）。只要你顺"道"而为，就没有什么不好治理的。结合到企业管理，就是要管理者认真学习企业管理知识，掌握企业管理之道，根据企业的具体情况，灵活地加以管理。

　　其次，老子的"无为而治"也并不是什么制度、规范都不遵守。老子反对违反自然"道""德"，而人为设计的"仁义礼"等规范，而是极力主张遵守符合自然本性的"道"与"德"。因此老子说："失道而后德，失德而后仁，失仁而后义，失义而后礼。夫礼者忠信之薄而乱之首"（第 38 章）、"法令滋彰盗贼多有"（第 57 章）。"仁义礼""法令"这些人为的规范，是"道""德"缺失后的产物，是天下大乱的根本。"道""德"与"仁义礼法"的最大区别之处，就在于是否符合人类的"自然"本性。符合自然本性的"道"和"德"，就应该遵守；否则那些束缚人自然本性的"仁义礼"和"法令"，就应该废除。因此老子说："是以万物莫不尊道，而贵德。道之尊，德之贵，夫莫之命而常自然。"（第 51 章）"道"与"德"之所以受到万物的尊重，就因为它们是符合万物自然本性的。同样，依据老子母亲管理思想进行现代企业管理，也并非取消任何制度、规范，而是要看这些制度、规范是否符合人类的自然本性，符合人类本性的就是"道"和"德"，就要遵守，否则就应该废除。

　　以前很多人都以为，老子管理思想强调"无为""柔弱""慈爱""不争"，要对被管理者实行柔性、宽松的管理，就应该废除制度和规范。这种观点是错误的。实际上，老子虽然主张"无为""慈爱"，但并不否定制度、规范的存在。老子提出"无为""慈爱"等管理手段，恰恰是以一定的制度、规范为前提的，这些制度规范就是老子提出的"道"和"德"。无论管理者还是被管理者都要以"尊道而贵德"为前提，否则就无法实现"无为而治"的管理局面。从另一个角度讲，企业管理者的首要任务就是认识和研究管理之道，了解行业和人性的发展规律，并依此来设计企业的管理规范和管理手段，也就是企业的管理之"德"，这样才能推动企业管理向"无为而治"的目标发展，否则必然陷入混乱的困境。因此老子说："知常曰明，不知常，妄作凶。"（第 15 章）只有了解和掌握了这些规律，才不会犯错，才能确保企业的基业长青。所以老子接着又说："知常容，容乃公，公乃全，全乃天，天乃道，道乃久，没身不殆。"（第 15 章）

　　再次，不同企业和企业的不同发展时期，采取的方法手段也应有所不同。

应用老子母亲管理思想进行管理，并不是说任何企业、任何时期所采用的方法手段都是一成不变的。老子母亲管理思想的精髓就是"顺应自然"，就是要管理者根据不同企业或同一企业的不同发展时期，采取不同的管理方法和管理手段。比如，一个传统加工型企业与一个做软件设计的知识型企业所采取的管理方法和手段就应该有所不同。做软件设计的公司采取的管理手段可能相对宽松一些，而加工型企业的管理就相对要严格得多。以人们津津乐道的谷歌（google）公司为例，公司设计得就像家庭一样，有免费使用的厨房、娱乐室、健身房，员工没有固定的上下班时间，不要求穿正装，甚至可以带宠物上班。如果把这一系列做法，原封不动地搬到以流水线作业为主的加工型企业，肯定会弄得异常混乱。

同时，企业的不同发展时期，在管理方法上也会存在差异。一些管理学家认为，企业组织的成长如同人的成长一样，也要经历不同的发展阶段。这种思想便是近年兴起的"企业生命周期"理论。这一思想最早由美国哈佛大学葛瑞纳（Larry E.Greiner）教授提出，他认为一个企业的生命周期大致可以分为创业阶段、聚合阶段、规范化阶段、成熟阶段、再发展阶段或衰退阶段。后来美国的奎因（Robort E.Quinn）和卡梅隆（Kim Cameron）又将其概括为创业阶段、集合阶段、规范化阶段和精细阶段四个阶段。不同时期遇到的管理问题有所不同，企业的组织结构、领导方式、管理体制也要做出相应的调整。创业阶段，企业的规模较小，关系单纯，企业的精力主要放在生存和单一产品的生产和服务上，企业呈现非官僚化和非规范化的特点。集合阶段，企业规模得到发展，各种职能部门得到建立或调整，企业的任务是如何使基层管理者能够更好地开展工作，企业运转开始呈现程序化特点。规范化阶段，企业可能会大量增加人员，并通过清晰的层级制和专业化分工进行规范化、程序化工作，企业的主要目标是提高内部稳定性和扩大市场，逐渐呈现官僚化特征。精细化阶段，企业的规模继续扩大，官僚化进一步加强，如不进行适时改革，可能会使企业步入僵化的衰退期。

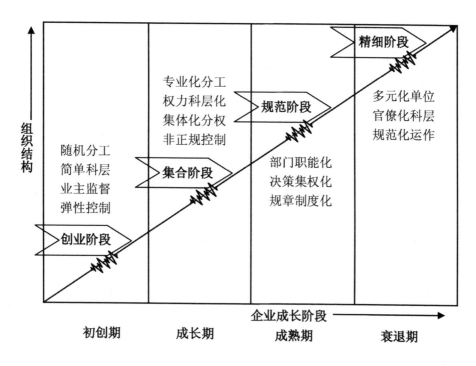

图 10.3　企业成长阶段与组织结构变化

　　因此说，运用老子母亲管理思想进行现代企业管理，必须要考虑到这些因素的影响，根据不同企业和企业的不同发展时期，适时适当地加以调整。当然，无论任何企业、任何发展阶段，管理侧重点虽然有所不同，优秀的企业管理都是"柔性管理"和"刚性管理"共同作用的结果，只是各自所占的比重不同而已。而且，任何企业的任何发展阶段，企业管理者都要遵循"慈""俭""不敢为天下先"的基本管理规范，否则不管"刚性管理"，还是"柔性管理"，都很难能使企业走向成功。

10.5　老子母亲管理思想现代应用的建议

　　《易经》讲："一阴一阳之谓道"，事物的发展都是阴阳两种力量共同作用的结果，企业管理也不例外。所有企业的管理都是阴阳（刚柔）两种管理风格共同起作用的，只不过不同企业两种风格的相对比例有所不同，有些企业管理非常严格，类似部队；有些企业管理相对比较宽松温馨，类似家庭。

我们可以把这两种类型的管理思想概括为"刚性管理"和"柔性管理"。所谓"刚性管理",就是指"以规章制度为核心",凭借制度约束、纪律监督、奖惩规范等手段对企业员工进行管理。这是 20 世纪比较通行的管理模式,如泰勒管理理论将人看作"经济人"和"机器的附件",采取非常严格的制度进行管理。"柔性管理"则是指"以人为中心",根据企业的共同价值观和文化、精神氛围进行的人格化的管理,它是在研究人的心理和行为规律的基础上,强调民主决策,充分挖掘人的潜力,调动人的积极性和创造性。如梅奥的行为科学理论,认为人是"社会人",提高生产效率的关键是满足员工的社会欲望、提高员工的士气。从实际管理效果看,刚性管理和柔性管理各有所长,刚性管理易于维护企业正常的工作秩序,对员工进行量化管理;柔性管理则能满足员工的高层次需要、激发工作斗志,挖掘更深的潜力。[①]

老子母亲管理思想在现代企业管理中的应用,具有很多明显的优势,如可以增强企业的凝聚力、促进企业的和谐安定、提升员工的工作自觉性等,但由于其过于强调柔弱、慈爱、无为、不争等阴性特征,而忽视刚健、有为、竞争、进取等阳性特征,如果使用不当,有使企业陷入员工散漫放任、企业战斗力不强、竞争力减弱的危险。因此,现代企业在应用老子母亲管理思想进行管理时,一定要遵循刚柔相济的原则,根据企业的行业特点和不同的发展时期,辩证地加以运用。

正如《追求卓越》一书所指出的,卓越企业都具有"宽严并济"的特点,"经营得有声有色的企业都不是集权或是分权,而是两者巧妙结合。不论是过去还是现在,卓越企业的大多数层面都是'宽松'的,让人员享有极大的自由,自主做事。与此同时,卓越企业的少数几个关键性层面却又是高度中央集权的"[②]。过去,很多企业为了在市场竞争中取得胜利,往往倾向于采取积极进取的刚性策略,管理比较严格,有些企业甚至过分地强调军事化管理,在企业中培养狼性文化,使员工始终处在紧张疲惫的状态下,就像长时间绷紧的弓容易折断一样,是不能长久的。

---

① 黄晓兵,王曙光. 柔性管理与刚性管理的融合[J]. 北京: 管理学文摘,2005(11).
② [美]汤姆.彼德斯,罗伯特.沃特曼. 追求卓越[M]. 北京: 中信出版社,2007: 新版序.

在中国历史上，就曾经有过关于"刚性管理"与"柔性管理"之争的讨论，如汉初陆贾就曾跟汉高祖刘邦讨论可以在马上打天下，不能在马上治天下的问题，强调只有"文武并用"才能实现长治久安。据史载，即使在"惟欲清静，使天下无事"的唐太宗"贞观之治"期间，号称"夜不闭户"，也依然有罪犯，也依然不废刑罚。贞观四年是刑罚施行较少的一年，判死刑依然有 29 人，这也可以算是对于"无为"与"治""法"并行不悖的一个注脚吧①。因此，我们学习老子母亲管理思想，也要避免出现过于强调柔性而忽视刚强的问题，争取做到阴阳互补、刚柔相济，这样才能更好地实现我们的管理目标。《黄老帛书》上讲"文武并行，则天下从矣"（《黄老帛书·经法》），在现代企业管理过程中，我们既要借鉴以阴柔、无为、不争为主要特征的老子母亲管理思想，也要借鉴以刚健、有为、进取为主要特征的制度管理思想，从而达到阴阳互补、文武并行的目的，实现企业的健康发展。

在管理上，并不存在刚性管理和柔性管理哪个更好的问题，关键是要顺应"自然"，根据不同的管理环境和管理对象加以改变。这也正是老子管理思想的核心，即"道法自然"，一切从企业管理的客观现实出发，合理地选择适宜的管理方式和管理方法，因地、因时、因势制宜，灵活运用，如水之就势，庖丁之解牛，做到"运用之妙，存乎一心"，以达到最佳的管理效果。

---

① 张志安. "治大国若烹小鲜"——老子管理思想管窥[J]. 北京：中国公务员，1999（7）：47.

第 11 章　结论与展望

11.1　研究的结论

通过以上各章的研究，我们可以得出以下一些结论：

第一，老子管理思想具有鲜明的"母亲管理"特色。

《周易》讲："一阴一阳之谓道。"世界上的万事万物，都是相对应而存在的。在管理风格上也是如此，有阴就会有阳。如果我们把倾向于通过规章制度等手段进行强制管理的模式称为"阳性管理"，把通过文化道德教化等手段进行柔性管理的模式称为"阴性管理"的话，老子管理思想显然属于"阴性管理"的范畴。《老子》一书中存在着大量两两相对的概念，如阴—阳、强—弱、刚—柔、高—下、有—无、奢—俭、动—静、轻—重、正—反、先—后、争—不争等，而老子总是倾向于阴柔的一面，而贬抑阳刚的一面，具有典型的"阴性"特征。同时，老子管理思想还特别"重母"，老子整个管理思想建立的基础——"道"即为"天下母"，老子所提倡的各种管理规范，如"慈爱""守静""无为""知止""不争"等，也都具有鲜明的"母性"倾向。因此，老子管理思想具有鲜明的"母性"特征是不可否认的，用"母亲管理"来概括老子管理思想是比较贴切和恰当的。

第二，"人性自然论"是老子管理思想的基本人性假设。

《老子》全书虽然没有一个"性"字，也没有直接明确讨论"人性"的文字，但并不是说老子对这个问题没有关心。任何社会的管理最终都是对人的管理，任何管理理论都要建立在一定的人性假设基础之上，老子母亲管理思想也概莫能外。在对老子管理思想人性假设的探讨上，存在"性善论""性恶论""性超善恶论"和"人性自然论"等几种观点。在这几种观点中，本人比较认同"人性自然论"的观点。这是因为，老子本身就非常反对进行人性善恶的划分，认为人性善恶的标准是后天人为的设置，是社会衰落的表现，善恶的划分会导致社会的混乱。其次，老子认为人与万物一样，都是"道"的产物，"道"的属性即是"自然"，即自然而然，那么万物的属性也应该是"自然"。再次，老子主张万物和人应该回复于"朴"和"婴儿"的原始状态。所谓"朴"就是指没有经过加工的木头，"婴儿"即是人刚出生时的阶段，这个阶段都是没有受到后天影响的，体现的是人的纯然本性，因此也是没有善恶之分的。所以说老子母亲管理思想的人性假设是一种"人性自然论"假设，这也是相当肯定的。

第三，老子母亲管理思想是一个非常完整的管理体系。

本书通过对老子母亲管理思想的层层梳理，把老子母亲管理思想的管理范畴，最终归纳为道、德、自然、柔弱、慈爱、守静、无为、崇俭、知止、不争等十个管理范畴，并对它们各自的含义和相互关系进行了详细阐述。通过层层梳理，发现这些范畴之间存在着非常明显的逻辑关系，共同构成了老子母亲管理的思想体系。其中"道"是老子母亲管理思想体系的哲学基础，"德"是老子母亲管理思想体系的管理规范，"自然"是老子母亲管理思想的人性假设，"柔弱、慈爱、守静、无为、崇俭、知止、不争"是老子母亲管理思想体系具体的管理手段和管理规范，"无为而治"是老子母亲管理思想体系的管理目标。我们无论从老子母亲管理思想的逻辑推导，还是从老子母亲管理思想各范畴之间相互关系的论证，都可以看出这样一个非常完整的管理思想体系。也就是说，老子管理思想看似零乱，但这样一个相对完整的管理思想体系确实是存在的。因此，《老子》一书本质上就是一部"管理学著作"，这也许正是中国古代把《老子》看成是"君人南面之术"的深层原因。

第四，老子管理思想可以运用于现代企业管理实践，并能发挥重要的指导作用。

老子管理思想虽然诞生于距今两千多年的中国春秋战国时期，但其管理智慧具有广泛的指导意义。人类社会进入 21 世纪以来，知识经济成为社会经济发展的主导方向，柔性管理成为现代企业管理发展的重要趋势。老子母亲管理思想以"慈爱""崇俭""不争"等管理规范作为管理手段，具有鲜明的柔性特色，完全可以为现代企业管理提供借鉴。本书通过对老子母亲管理诸多范畴在现代企业管理应用的逐一探讨，为现代企业借鉴老子母亲管理智慧进行现代企业管理实践提出了建议。实践中，国内外众多企业，如美国的谷歌、微软，日本的索尼、丰田，芬兰的诺基亚，中国的蒙牛、海尔、万通等企业的柔性管理实践，进一步证明老子母亲管理思想完全可以应用于现代企业管理实践，并能取得良好的管理效果。

第五，老子管理思想也具有一定的局限性，必须辩证地加以运用，才能收到更好的效果。

任何管理思想都不是万能的，老子母亲管理思想虽然具有很强优越性，尤其适合现代知识型企业柔性管理的需要，但由于其自身的局限性，也一定要辩证地加以运用，取长补短、刚柔相济，才能发挥更大的作用。人类的管理实践是不断发展的，管理思想也会不断地更新。我们对老子母亲管理思想的学习和借鉴，是对现代管理思想的丰富和完善。老子管理思想经历了中国几千年实践的检验，证明其具有很强的实效性。我们辩证地将老子母亲管理思想运用于现代企业管理实践，必然能够使老子管理思想在现代企业管理中再次焕发出新的光彩。

11.2 展望：中国现代企业管理思想体系形成的路径探讨

老子母亲管理思想研究是我的导师黎永泰教授"中国传统文化与现代管理研究"课题的子课题，本人在导师的精心指导下，对老子管理思想的母亲管理特色、老子母亲管理思想体系梳理、老子母亲管理思想的现代应用等方面，做了一定的思考和探索。由于自己能力和水平的限制，研究得还非常肤浅，与导师的要求相去甚远，自己感到非常惭愧。

"中国传统文化与现代管理研究"是一个非常有时代感的重要课题，对于满足中国现代企业发展需要，弘扬优秀的中国文化传统，建设有中国特色的企业管理理论体系，具有重要的理论和现实意义。

近年来，关于如何建设中国现代企业管理理论体系问题，国内外学者进行了非常多的探索，也涌现出了一系列重要思想和优秀作品。美籍华人、哈佛大学哲学博士、夏威夷大学哲学系成中英教授提出的"C 理论"，就是其中一个典型代表。成中英教授认为，"C 理论"中的"C"，是指"中国（China）《易经》（Change）的创造性（Creativity）"。它表明，C 理论的管理哲学是"以中国的文化历史经验为背景，以中国哲学思想为基础，对现代管理问题所做的思考与回答"。中国哲学，特别是《易经》哲学是"C 理论"的哲学基础。《易经》哲学讲"一阴一阳之谓道"，可以把西方的理性管理作为"阳"，把日本的人性管理作为"阴"，使二者相互结合，在整体性（即"道"）的基础上把握全面的管理①。成中英教授以"易经"为统率的"C 理论"管理思想，体现了他希望以中国传统文化为基础，实现中西文化在管理思想上融合的美好愿望。

　　曾仕强教授的"中国式管理"，近年来在国内外的影响较大。他认为，"中国式管理"就是："以中国管理哲学来妥善运用西方现代管理科学，并充分考虑中国人的文化传统以及心理行为特性，以达成更为良好的管理效果"。他认为，中国式管理就是合理化管理，是修己安人的历程：它以"安人"为最终目的，因而更具有包容性；以易经为理论基础，合理地运用"同中有异、异中有同"的人事现象；主张从个人的修身做起，然后才有资格从事管理，事业只是修身、齐家、治国的实际演练②。曾教授的"中国式管理"思想，对中国传统文化的认识非常独到，与中国企业管理现实结合紧密，受到众多中国现代企业管理者的喜爱。

　　复旦大学的首席教授、东亚管理学院院长苏东水教授，经过几十年的潜心研究，创建了在国内外均有较大影响的"东方管理学"。苏教授将东方管理学的本质概括为"以人为本，以德为先，人为为人"12 个字。他认为，东方管理学以继承优秀的中华传统文化为主，汲取东方管理文化中儒家、道家、佛家、兵家、法家等合理管理思想，结合华商管理实践与中国改革开放的成就，融合西方行为管理、过程管理、决策管理、权变管理、知识管理等管理理论的精华，形成了较为完善的东方管理理论体系。

　　西安交通大学副校长、管理学博士生导师席西民教授，以中国传统文化

---

① [美]成中英.C 理论：中国管理哲学[M]. 北京：东方出版社，2011:自序.
② 曾仕强.中国式管理[M]. 北京：中国社会科学出版社，2005:内容简介.

中"和"的思想为基础，从系统角度探讨建立一种通过和谐机制减少内耗、提高组织管理绩效的"和谐管理"理论，试图从和谐的角度寻找减少内耗、提高社会经济运行和管理绩效的途径。他指出，和谐管理就是要"以人为本，以德为先，以和为贵，以法为教，中庸之道，无为而治。"他认为"和谐管理最高的境界就是要达到无为而治的状态"，而"只有儒家和法家思想的有机结合，才可能达到道家畅想的'无为而治'。"

史璞认为，有中国特色的现代管理科学理论，应是在继承中国传统管理思想和方法精华的基础上，借鉴西方国家的管理科学，兼顾国情与管理的共性规律，广泛适应市场化过渡与现代化中的企业管理实践和未来管理学发展趋势的管理理论和方法体系。其最大特点是：以"人学"发轫，实现哲学与管理学的结合，使管理学原理得到完善；以管理科学（管理技术与方法）、管理艺术（管理谋略与技巧）、管理功夫（管理修养、修炼、悟道与制胜）、管理咨询（诊断与策划）为方法体系，实现管理方法论与应用的科学化[①]。

与这些理论研究相呼应的是，国内许多企业在实践中也不断进行尝试。国内一些大中型企业如海尔、TCL、华为、联想、恩威等，将中国传统优秀管理思想融入企业的现代管理中，取得了可喜的成效。海尔集团总裁张瑞敏认为，管理中国企业只能用中国式的管理模式。海尔的管理模式公式即：日本管理（团队意识和吃苦精神）+美国管理（个性舒展和创新竞争）+中国传统文化中的管理精髓=海尔管理模式。华为集团总裁任正非在《致新员工书》中写道："华为的企业文化是建立在国家优良传统文化基础上的企业文化，这个企业文化黏合全体员工团结合作，走群体奋斗的道路。"《华为基本法》的起草人之一、中国人民大学彭剑锋教授指出："从华为文化的特点来看，其来源有三：一是国内外著名企业的先进管理经验；二是中国传统文化的精华；三是现有华为企业家创造性思维所产生的管理思想。"[②]这些企业自觉地将中国传统文化运用于企业管理实践之中，不仅为企业发展提供了助力，也为中国传统文化与现代企业管理结合的研究工作提供了良好的佐证和案例素材。

---

① 史璞. 管理学哲理：系统、愿景、人本和权变的管理[M]. 北京：机械工业出版社，2006.
② 彭剑锋. 华为企业文化与管理的关系[J]. 北京：中外管理，2000（10）.

总结以上专家学者和企业对中国现代管理思想体系建构的思考与实践，我们可以看到这样一条清晰的思想路径。大家都认为：中国现代企业管理思想体系必须是古今中外各种优秀管理思想，以及现代企业管理实践经验共同结合的产物，缺少任何一种都是不行的。这条路径可以表述为：现代企业充分借鉴中国传统管理思想和西方现代企业管理思想的优秀成果，结合中国现代企业管理实践的优秀经验，在中国现代企业管理实践的过程中不断进行取舍和提炼，最终完成有中国特色的现代管理企业理论体系的建构（见下图）。

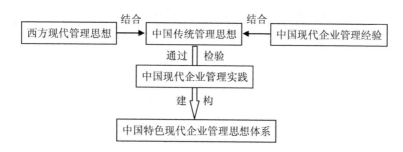

图 11.1　有中国特色的现代管理理论体系的建构

当然，这一管理思想体系的形成是任重而道远的，需要几代人的共同努力和实践。但我们有理由相信，随着中国经济的发展和企业的腾飞，这一管理思想体系的建立必将成为现实。随着中国企业走出国门，中国式管理思想也会成为 21 世纪的显学，成为世界各国企业争相学习的理论经典。

附　录

《老子（道德经）》管理范畴梳理

主题概括	原文	概念归类
道	第一章　道可道，非常道。名可名，非常名。无名天地之始，有名万物之母。故常无欲，以观其妙；常有欲，以观其徼。此两者同出而异名，同谓之玄，玄之又玄，众妙之门。	道
无为	第二章　天下皆知美之为美，斯恶已。皆知善之为善，斯不善已。故有无相生，难易相成，长短相较，高下相倾，音声相和，前后相随。是以圣人处无为之事，行不言之教；万物作焉而不辞，生而不有，为而不恃，功成而弗居。夫唯弗居，是以弗去。	无为
不争/无为	第三章　不尚贤，使民不争；不贵难得之货，使民不为盗；不见可欲，使民心不乱。是以圣人之治，虚其心，实其腹，弱其志，强其骨。常使民无知无欲。使夫智者不敢为也。为无为，则无不治。	不争　无为
道	第四章　道冲而用之或不盈，渊兮似万物之宗；挫其锐，解其纷，和其光，同其尘，湛兮似或存。吾不知谁之子，象帝之先。	道
不仁/守中	第五章　天地不仁，以万物为刍狗；圣人不仁，以百姓为刍狗。天地之间，其犹橐籥乎？虚而不屈，动而愈出。多言数穷，不如守中。	无为
道	第六章　谷神不死，是谓玄牝。玄牝之门，是谓天地根。绵绵若存，用之不勤。	道
无私	第七章　天长地久。天地所以能长且久者，以其不自生，故能长生。是以圣人后其身而身先；外其身而身存。非以其无私邪，故能成其私。	不争
不争	第八章　上善若水。水善利万物而不争，处众人之所恶，故几于道。居善地，心善渊，与善仁，言善信，正善治，事善能，动善时。夫唯不争，故无尤。	不争
知止	第九章　持而盈之，不如其已；揣而锐之，不可长保。金玉满堂，莫之能守；不若其已。富贵而骄，自遗其咎。功成身退，天之道也。	不争
婴儿/无为/为雌/无知	第十章　载营魄抱一，能无离乎？专气致柔，能婴儿乎？涤除玄览，能无疵乎？爱国治民，能无知乎？天门开阖，能为雌乎？明白四达，能无为乎？生之，畜之。生而不有，为而不恃，长而不宰，是谓玄德。	自然　无为
无	第十一章　三十辐共一毂，当其无，有车之用。埏埴以为器，当其无，有器之用。凿户牖以为室，当其无，有室之用。故有之以为利，无之以为用。	道

续表

主题概括	原文	概念归类
务实	第十二章　五色令人目盲，五音令人耳聋，五味令人口爽；驰骋畋猎，令人心发狂，难得之货，令人行妨。是以圣人为腹不为目，故去彼取此。	自然
无私	第十三章　宠辱若惊，贵大患若身。何谓宠辱若惊？宠为下，得之若惊，失之若惊，是谓宠辱若惊。何谓贵大患若身？吾所以有大患者，为吾有身，及吾无身，吾有何患？故贵以身为天下，若可寄天下；爱以身为天下，若可托天下。	不争
道	第十四章　视之不见名曰夷，听之不闻名曰希，搏之不得名曰微。此三者，不可致诘，故混而为一。其上不曒，其下不昧。绳绳兮不可名，复归于无物。是谓无状之状，无物之象，是谓惚恍。迎之不见其首，随之不见其后。执古之道，以御今之有。能知古始，是谓道纪。	道
静不盈	第十五章　古之善为士者，微妙玄通，深不可识。夫唯不可识，故强为之容：豫兮，若冬涉川，犹兮，若畏四邻，俨兮，其若客，涣兮，若冰之将释，敦兮，其若朴，旷兮，其若谷，浑兮，其若浊。孰能浊以静之徐清？孰能安以久动之徐生？保此道者不欲盈，夫唯不盈，故能蔽不新成。	静无为
守静	第十六章　致虚极，守静笃。万物并作，吾以观复。夫物芸芸，各复归其根。归根曰静，是曰复命。复命曰常，知常曰明。不知常，妄作凶。知常容，容乃公，公乃王，王乃天，天乃道，道乃久，没身不殆。	无为
自然	第十七章　太上，不知有之，其次亲而誉之，其次畏之，其次侮之。信不足焉，有不信焉。悠兮其贵言，功成事遂，百姓皆谓：我自然。	自然
朴	第十八章　大道废，有仁义；智慧出，有大伪；六亲不和，有孝慈；国家昏乱，有忠臣。	自然
朴	第十九章　绝圣弃智，民利百倍；绝仁弃义，民复孝慈；绝巧弃利，盗贼无有。此三者以为文不足，故令有所属：见素抱朴，少私寡欲。	自然
婴儿	第二十章　绝学无忧，唯之与阿，相去几何？善之与恶，相去若何？人之所畏，不可不畏。荒兮，其未央哉！众人熙熙，如享太牢，如春登台。我独泊兮，其未兆，如婴儿之未孩；儽儽兮，若无所归。众人皆有余，而我独若遗。我愚人之心也哉！沌沌兮，俗人昭昭，我独昏昏。俗人察察，我独闷闷。澹兮其若海，飂兮若无止。众人皆有以，而我独顽似鄙。我独（欲）异于人，而贵食母。	自然
道	第二十一章　孔德之容，惟道是从。道之为物，惟恍惟惚。惚兮恍兮，其中有象；恍兮惚兮，其中有物。窈兮冥兮，其中有精；其精甚真，其中有信。自今及古，其名不去，以阅众甫。吾何以知众甫之状哉？以此。	道
不争	第二十二章　曲则全，枉则直，洼则盈，敝则新，少则得，多则惑。是以圣人抱一为天下式。不自见故明，不自是故彰，不自伐故有功，不自矜故长。夫唯不争，故天下莫能与之争。古之所谓：曲则全者，岂虚言哉！诚全而归之。	不争

续表

主题概括	原文	概念归类
自然	第二十三章 希言自然。故飘风不终朝，骤雨不终日。孰为此者？天地。天地尚不能久，而况于人乎？故从事于道者，道者同于道，德者同于德，失者同于失。同于道者，道亦乐得之；同于德者，德亦乐得之；同于失者，失亦乐得之。信不足焉，有不信焉。	自然
不争	第二十四章 企者不立，跨者不行，自见者不明，自是者不彰，自伐者无功，自矜者不长。其在道也，曰余食赘行。物或恶之，故有道者不处。	不争
道 自然	第二十五章 有物混成，先天地生。寂兮寥兮，独立而不改，周行而不殆，可以为天下母。吾不知其名，字之曰道，强为之名，曰大。大曰逝，逝曰远，远曰反。故道大，天大，地大，王亦大。域中有四大，而王居其一焉。人法地，地法天，天法道，道法自然。	道 自然
静	第二十六章 重为轻根，静为躁君。是以圣人终日行不离辎重。虽有荣观，燕处超然。奈何万乘之主，而以身轻天下？轻则失本，躁则失君。	无为
慈爱	第二十七章 善行，无辙迹，善言，无瑕谪；善数，不用筹策；善闭，无关键而不可开，善结，无绳约而不可解。是以圣人常善救人，故无弃人；常善救物，故无弃物，是谓神明。故善人者，不善人之师；不善人者，善人之资。不贵其师，不爱其资，虽智大迷，是谓要妙。	慈爱
朴	第二十八章 知其雄，守其雌，为天下溪。为天下溪，常德不离，复归于婴儿。知其白，守其黑，为天下式。为天下式，常德不忒，复归于无极。知其荣，守其辱，为天下谷，常德乃足，复归于朴。朴散则为器，圣人用之，则为官长，故大制不割。	自然
无为	第二十九章 将欲取天下而为之，吾见其不得已。天下神器，不可为也，为者败之，执者失之。故物或行或随，或歔或吹，或强或羸，或挫或隳。是以圣人去甚，去奢，去泰。	无为
非兵 知止	第三十章 以道佐人主者，不以兵强天下。其事好远。师之所处，荆棘生焉。大军之后，必有凶年。善者果而已，不以取强。果而勿矜，果而勿伐，果而勿骄。果而不得已，果而勿强。物壮则老，是谓不道，不道早已。	不争
非兵	第三十一章 夫佳兵者，不祥之器，物或恶之，故有道者不处。君子居则贵左，用兵则贵右。兵者不祥之器，非君子之器，不得已而用之，恬淡为上。胜而不美，而美之者，是乐杀人。夫乐杀人者，则不可以得志于天下矣。吉事尚左，凶事尚右。偏将军居左，上将军居右，言以丧礼处之。杀人之众，以哀悲泣之，战胜，以丧礼处之。	不争
朴 知止	第三十二章 道常无名，朴虽小，天下莫能臣也。侯王若能守之，万物将自宾。天地相合，以降甘露，民莫之令而自均。始制有名，名亦既有，夫亦将知止，知止可以不殆。譬道之在天下，犹川谷之于江海。	自然 不争

主题概括	原文	概念归类
知足	第三十三章　知人者智，自知者明。胜人者有力，自胜者强。知足者富。强行者有志。不失其所者久。死而不亡者寿。	不争
无私	第三十四章　大道泛兮，其可左右。万物恃之而生而不辞，功成而不有。衣养万物而不为主，常无欲，可名于小；万物归焉而不为主，可名为大。（圣人之能成其大也，）以其终不自为大，故能成其大。	不争
道	第三十五章　执大象，天下往。往而不害，安平泰。乐与饵，过客止。道之出口，淡乎其无味，视之不足见，听之不足闻，用之不可既。	道
柔弱	第三十六章　将欲歙之，必固张之；将欲弱之，必固强之；将欲废之，必固兴之；将欲夺之，必固与之。是谓微明。柔弱胜刚强。鱼不可脱于渊，国之利器不可以示人。	柔弱
无为/朴 无欲/静	第三十七章　道常无为而无不为。侯王若能守之，万物将自化。化而欲作，吾将镇之以无名之朴。无名之朴，夫亦将无欲。不欲以静，天下将自定。	无为自然 不争
德 无为 不争	第三十八章　上德不德，是以有德；下德不失德，是以无德。上德无为而无以为；下德为之而有以为。上仁为之而无以为；上义为之而有以为。上礼为之而莫之应，则攘臂而扔之。故失道而后德，失德而后仁，失仁而后义，失义而后礼。夫礼者，忠信之薄，而乱之首。前识者，道之华，而愚之始。是以大丈夫处其厚，不居其薄；处其实，不居其华。故去彼取此。	德 无为 不争
守一 谦下	第三十九章　昔之得一者，天得一以清，地得一以宁，神得一以灵，谷得一以盈，万物得一以生，侯王得一以为天下贞。其致之（一也），天无以清将恐裂，地无以宁将恐发，神无以灵将恐歇，谷无以盈将恐竭，万物无以生将恐灭，侯王无以贵高将恐蹶。故贵以贱为本，高以下为基。是以侯王自称孤、寡、不谷。此非以贱为本邪？非乎？故致数舆无舆，不欲琭琭如玉，珞珞如石。	道 不争
道/柔弱	第四十章　反者道之动，弱者道之用。天下万物生于有，有生于无。	道/柔弱
道	第四十一章　上士闻道，勤而行之；中士闻道，若存若亡；下士闻道，大笑之。不笑，不足以为道。故建言有之：明道若昧，光而不耀。进道若退，夷道若纇，上德若谷，大白若辱，广德若不足，建德若偷，质真若渝，大方无隅，大器晚成，大音希声，大象无形，道隐无名。夫唯道，善贷且成。	道
道 不争 柔弱	第四十二章　道生一，一生二，二生三，三生万物。万物负阴而抱阳，冲气以为和。人之所恶，唯孤、寡、不谷，而王公以为称。故物或损之而益，或益之而损。人之所教，我亦教之。强梁者不得其死，吾将以为教父。	道 不争 柔弱
柔弱 无为	第四十三章　天下之至柔，驰骋天下之至坚。无有入无闲（间），不言之教，无为之益，天下希及之。	柔弱 无为
知足 知止	第四十四章　名与身孰亲？身与货孰多？得与亡孰病？是故甚爱必大费，多藏必厚亡，知足不辱，知止不殆，可以长久。	不争

续表

主题概括	原文	概念归类
清静	第四十五章　大成若缺，其用不弊。大盈若冲，其用不穷。大直若屈，大巧若拙。大辩若讷。　大辩因物而言，己无所造，故若讷也。　躁胜寒，静胜热。清静为天下正。	无为
非兵知足	第四十六章　天下有道，却走马以粪。　天下无道，戎马生于郊。　祸莫大于不知足；咎莫大于欲得。故知足之足，常足矣。	不争
无为	第四十七章　不出户，知天下；不窥牖，见天道。其出弥远，其知弥少。是以圣人不行而知，不见而名，不为而成。	无为
无为	第四十八章　为学日益，为道日损。损之又损，以至于无为。无为而无不为。取天下常以无事，及其有事，不足以取天下。	无为
慈朴	第四十九章　圣人无常心，以百姓心为心。善者，吾善之；不善者，吾亦善之，德善。信者，吾信之；不信者，吾亦信之，德信。圣人在天下，歙歙为天下。浑其心，百姓皆注其耳目，圣人皆孩之。	慈自然
无私	第五十章　出生入死。生之徒，十有三；死之徒，十有三；人之生，动之死地，亦十有三。夫何故？以其生生之厚。盖闻善摄生者，陆行不遇兕虎，入军不被甲兵；兕无所投其角，虎无所措其爪，兵无所容其刃。夫何故？以其无死地。	不争
道德/自然不争	第五十一章　道生之，德畜之，物形之，势成之。是以万物莫不尊道而贵德。道之尊，德之贵，夫莫之命而常自然。故道生之，德畜之。长之育之，亭之毒之，养之覆之。生而不有，为而不恃，为而不有。长而不宰。是谓玄德。	道德自然不争
母柔弱	第五十二章　天下有始，以为天下母。既得其母，以知其子，既知其子，复守其母，没身不殆。塞其兑，闭其门，终身不勤。开其兑，济其事，终身不救。见小曰明，守柔曰强。用其光，复归其明无遗身殃，是为习常。	道柔弱
道	第五十三章　使我介然有知，行于大道，唯施是畏。大道甚夷，而民好径。朝甚除，田甚芜，仓甚虚；服文彩，带利剑，厌饮食，财货有余。是为盗夸。非道也哉！	道
德	第五十四章　善建者不拔，善抱者不脱，子孙以祭祀不辍。　修之于身，其德乃真；修之于家，其德乃余；修之于乡，其德乃长；修之于国，其德乃丰；修之于天下，其德乃普。故以身观身，以家观家，以乡观乡，以国观国，以天下观天下。吾何以知天下然哉？以此。	德
赤子知止	第五十五章　含德之厚，比于赤子。蜂虿虺蛇不螫，猛兽不据，攫鸟不搏。骨弱筋柔而握固。未知牝牡之合而全作，精之至也。终日号而不嗄，和之至也。知和曰常，知常曰明。益生曰祥。心使气曰强。物壮则老，谓之不道，不道早已。	自然不争
朴	第五十六章　知者不言，言者不知。塞其兑，闭其门，挫其锐，解其分，和其光，同其尘，是谓玄同。故不可得而亲，不可得而疏；不可得而利，不可得而害；不可得而贵，不可得而贱，故为天下贵。	自然

续表

主题概括	原文	概念归类
无为 好静 朴	第五十七章　以正治国，以奇用兵，以无事取天下。吾何以知其然哉？以此。天下多忌讳，而民弥贫；民多利器，国家滋昏；人多伎巧，奇物滋起；法令滋彰，盗贼多有。故圣人云："我无为而民自化，我好静而民自正，我无事而民自富，我无欲而民自朴。"	无为 自然
朴	第五十八章　其政闷闷，其民淳淳；其政察察，其民缺缺。祸兮福之所倚，福兮祸之所伏。孰知其极？其无正。正复为奇，善复为妖。人之迷，其日固久。是以圣人方而不割，廉而不刿，直而不肆，光而不耀。	自然
德	第五十九章　治人事天，莫若啬。夫唯啬，是谓早服；早服谓之重积德；重积德则无不克，无不克则莫知其极；莫知其极，可以有国；有国之母，可以长久。是谓深根固柢，长生久视之道。	德
道	第六十章　治大国，若烹小鲜。以道莅天下，其鬼不神；治大国则若烹小鲜，以道莅天下则其鬼不神也。非其鬼不神，其神不伤人；非其神不伤人，圣人亦不伤人。夫两不相伤，故德交归焉。	道
静 不争	第六十一章　大国者下流。天下之交。天下之牝，牝常以静胜牡，以静为下。故大国以下小国，则取小国；小国以下大国，则取大国。故或下以取，或下而取。大国不过欲兼畜人，小国不过欲入事人。夫两者各得其所欲，大者宜为下。	无为 不争
道	第六十二章　道者万物之奥。善人之宝，不善人之所保。美言可以市尊，美行可以加人。人之不善，何弃之有？故立天子，置三公，虽有拱璧以先驷马，不如坐进此道。古之所以贵此道者何？不曰：求以得，有罪以免邪？故为天下贵。	道
无为 无事	第六十三章　为无为，事无事，味无味。大小多少，报怨以德。图难于其易，为大于其细；天下难事必作于易，天下大事必作于细。是以圣人终不为大，故能成其大。夫轻诺必寡信，多易必多难。是以圣人犹难之，故终无难矣。	无为
无为	第六十四章　其安易持，其未兆易谋。其脆易泮，其微易散。为之于未有，治之于未乱。合抱之木，生于毫末；九层之台，起于累土；千里之行，始于足下。为者败之，执者失之。是以圣人无为故无败，无执故无失。民之从事，常于几成而败之。不慎终也。慎终如始，则无败事。是以圣人欲不欲，不贵难得之货；学不学，复众人之所过。以辅万物之自然，而不敢为。	无为
朴	第六十五章　古之善为道者，非以明民，将以愚之。民之难治，以其智多。故以智治国，国之贼；不以智治国，国之福。知此两者亦稽式。常知稽式，是谓玄德。玄德深矣，远矣，与物反矣，然后乃至大顺。	自然
不争	第六十六章　江海所以能为百谷王者，以其善下之，故能为百谷王。是以欲上民，必以言下之。欲先民，必以身后之。是以圣人处上而民不重，处前而民不害。是以天下乐推而不厌，以其不争，故天下莫能与之争。	不争

主题概括	原文	概念归类
慈 俭 不争	第六十七章　天下皆谓我道大，似不肖。夫唯大，故似不肖。若肖，久矣其细也夫！我有三宝，持而保之。一曰慈，二曰俭，三曰不敢为天下先。慈故能勇；俭故能广；不敢为天下先，故能成器长。今舍慈且勇，舍俭且广，舍后且先，死矣！夫慈以战则胜，以守则固。天将救之，以慈卫之。	慈 俭 不争
不争	第六十八章　善为士者不武，善战者不怒，善胜敌者不与，善用人者为之下，是谓不争之德，是谓用人之力，是谓配天，古之极。	不争
不争	第六十九章　用兵有言："吾不敢为主而为客，不敢进寸而退尺。"是谓行无行，攘无臂，扔无敌，执无兵。祸莫大于轻敌，轻敌几丧吾宝。故抗兵相加，哀者胜矣。	不争
无知	第七十章　吾言甚易知，甚易行。天下莫能知，莫能行。言有宗，事有君。夫唯无知，是以不我知。知我者希，则我者贵。是以圣人被褐怀玉。	无为
不知	第七十一章　知不知上，不知知病。夫唯病病，是以不病。圣人不病，以其病病，是以不病。	无为
不争	第七十二章　民不畏威，则大威至。无狎其所居，无厌其所生。夫唯不厌，是以不厌。是以圣人自知不自见；自爱不自贵。故去彼取此。	不争
不争	第七十三章　勇于敢则杀，勇于不敢则活，此两者或利或害。天之所恶，孰知其故？是以圣人犹难之。天之道，不争而善胜，不言而善应，不召而自来，繟然而善谋。天网恢恢，疏而不失。	不争
无为	第七十四章　民不畏死，奈何以死惧之？若使民常畏死，而为奇者，吾得执而杀之，孰敢？常有司杀者杀，夫代司杀者杀，是谓代大匠斫，夫代大匠斫者，希有不伤其手矣。	无为
无为	第七十五章　民之饥，以其上食税之多，是以饥。民之难治，以其上之有为，是以难治。民之轻死，以其求生之厚，是以轻死。夫唯无以生为者，是贤于贵生。	无为
柔弱	第七十六章　人之生也柔弱，其死也坚强。万物草木之生也柔脆，其死也枯槁。故坚强者死之徒，柔弱者生之徒。是以兵强则不胜，木强则兵（折）。强大处下，柔弱处上。	柔弱
无私	第七十七章　天之道，其犹张弓与？高者抑之，下者举之；有余者损之，不足者补之。天之道，损有余而补不足。人之道则不然，损不足以奉有余。孰能有余以奉天下，唯有道者。是以圣人为而不恃，功成而不处，其不欲见贤。	不争
柔弱	第七十八章　天下莫柔弱于水，而攻坚强者莫之能胜，其无以易之。弱之胜强，柔之胜刚，天下莫不知莫能行。是以圣人云："受国之垢，是谓社稷主；受国不祥，是为天下王。"正言若反。	不争
无私	第七十九章　和大怨，必有余怨，安可以为善？是以圣人执左契，而不责于人。有德司契，无德司彻。天道无亲，常与善人。	不争

续表

主题概括	原文	概念归类
朴	第八十章　小国寡民。使有什伯之器而不用，使民重死而不远徙。虽有舟舆，无所乘之，虽有甲兵，无所陈之。使人复结绳而用之，甘其食，美其服，安其居，乐其俗。邻国相望，鸡犬之声相闻，民至老死，不相往来。	自然
不争	第八十一章　信言不美，美言不信。善者不辩，辩者不善。知者不博，博者不知。圣人不积，既以为人己愈有，既以与人己愈多。天之道，利而不害；圣人之道，为而不争。	不争

参考文献

外文文献

[1]   Binh The Quach. The formative and transformative power of symbol: Water in the Gospel of John and the Laozi，Dissertation Abstracts International, Volume: 63-05, Section: A, page: 1874.;Coordinator: Edmond Yee.

[2]   Huo Jianying，Laozi and His Legacy. China Today; Oct2006, Vol. 55 Issue 10, p60-63, 4p.

[3]   Shankman, Steven，The Daodejing of Laozi – Philip J. Ivanhoe Dao De Jing: The Book of the Way – Moss Roberts. Journal of Chinese Philosophy; Jun2006, Vol. 33 Issue 2, p303-308, 6p.

[4]   Lee, Hyo-Dong, PhD，Spirit and Dao: Two politico-ecological dialectics of freedom in Hegel and Laozi (Georg Wilhelm Friedrich Hegel) ，DAI-A 66/09, p. 3341, Mar 2006.

[5]   THE nameless AND FORMLESS DAO AS METAPHOR AND IMAGERY: MODELING THE DAO IN WANG BI'S LAOZI. By: Jude Chua Soo Meng. Journal of Chinese Philosophy, Sep2005, Vol. 32 Issue 3, p477-492, 16p.

[6]   Robert G. Henricks. Lao Tzu 's Tao Te Ching: A Translation of the Startling New Documents Found at Guodian. New York, Columbia University Press, 2000, x+241 pp., $21.95 ISBN 0 231 11816 3.Sarah Allan and Crispin Williams (eds). The Guodian Laozi: ... By: Kohn, Livia. Religion, Jan2004, Vol. 34 Issue 1, p78, 3p.

[7]   From Bamboo Slips to Received Versions: Common Features in the Transformation of the Laozi. By: Xiaogan, Liu. Harvard Journal of Asiatic Studies, Dec2003, Vol. 63 Issue 2, p337-382, 46p.

[8]   The Great One, Water, And The Laozi: New Light From Guodian. By: Allan, Sarah. T'oung Pao, 2003, Vol. 89 Issue 4/5, p237-285, 49p, 2 charts, 1 diagram.

[9]   Heidegger and Laozi: Wu (Nothing)—on Chapter 11 of the DaoDeJing. By: Wohlfart, G.. Journal of Chinese Philosophy, Mar2003, Vol. 30 Issue 1, p39-59, 21p.

[10]   The Abduction of Vagueness: Interpreting the Laozi. By: Coutinho, Steve. Philosophy East & West, Oct2002, Vol. 52 Issue 4, p409, 17p.

[11]   Moral Rules and Moral Experience: a comparative analysis of Dewey and Laozi on morality. By: Mou, Bo. Asian Philosophy, Nov2001, Vol. 11 Issue 3, p161-178, 18p.

[12]   Heng Dao and Appropriation of Nature—a hermeneutical interpretation of Laozi. By: Wang, Qingjie. Asian Philosophy, Jul2000, Vol. 10 Issue 2, p149-163, 15p.

[13]   Laozi Debate. By: S.P.M.H.. Archaeology, Nov/Dec98, Vol. 51 Issue 6, p20, 2p.

[14]   The looks of Laozi. By: Kohn, Livia. Asian Folklore Studies, 1996, Vol. 55 Issue 2, p193, 44p.

[15]   New look of Laozi's hometown. By: Wang Fuguo; Wang Wentong. China Today, Mar1996, Vol. 45 Issue 3, p20, 3p, 2bw; (AN 9603250416)

[16]   Luyi, home of philosopher Laozi. By: Shulin, Deng. China Today, Jul94, Vol. 43 Issue 7, p30, 2p, 2bw.

[17]   The philosophy of the virtue of humbleness in the " Tao Te Ching " (Lao Tzu).by Roberts, Holly Harlayne.;Ph.D.Source: Dissertation Abstracts International, Volume: 65-12, Section: A, page: 4592.

[18]   Heidegger and Laozi: Wu (Nothing)—on Chapter 11 of the DaoDeJing. By:

Wohlfart, G.. Journal of Chinese Philosophy, Mar2003, Vol. 30 Issue 1, p39-59, 21p.

[19] Celebrating the Limits of Knowledge: A Comparison of Nietzschean and Daoist Thought. By: Froese, Katrin. Conference Papers -- American Political Science Association, 2002 Annual Meeting, Boston, MA, p1-23, 23p.

[20] The uses of quietism. By: Derbyshire, John. New Criterion, Apr2002, Vol. 20 Issue 8, p70, 6p.

[21] Moral Rules and Moral Experience: a comparative analysis of Dewey and Laozi on morality. By: Mou, Bo. Asian Philosophy, Nov2001, Vol. 11 Issue 3, p161-178, 18p.

[22] Ultimate Concern and Language Engagement: A Reexamination of the Opening Message of the Dao-De-Jing. By: Mou, Bo. Journal of Chinese Philosophy, Dec2000, Vol. 27 Issue 4, p429, 11p.

[23] Heng Dao and Appropriation of Nature—a hermeneutical interpretation of Laozi. By: Wang, Qingjie. Asian Philosophy, Jul2000, Vol. 10 Issue 2, p149-163, 15p.

[24] Tomas Peterson，The Benefit and Arts of Leadership，Cambridge：Basil Blackwell，P195-202.

[25] Tony M. Guiness and Robert E. Morgan. Strategy，dynamiccapabilities and complex science：management rhetoric vs reality.Strategic Change，9，p.209 -220（2000）.

[26] Bussiness Weekly，1999-8-30.

中文文献

[1]　[奥]弗洛伊德，梦的解析[M]. 台北：志文出版社，1973：295.

[2]　[德]恩格斯，自然辩证法[M]. 北京：人民出版社，1984：49.

[3]　[德]哈肯.协同学[M]. 北京：原子能出版社，1984：240-241.

[4] [德]马克思，恩格斯.马克思恩格斯选集（第 1 卷）[M]. 北京：人民出版社，1995：57.

[5] [美]爱德华 E.劳勒三世.最终竞争力[M]. 北京：机械工业出版社，2005：4-10.

[6] [美]彼得.圣吉.第五项修炼[M]. 上海：三联出版社，1994.

[7] [美]彼得.德鲁克.卓有成效的管理者[M]. 北京：机械工业出版社，2005：前言.

[8] [美]成中英.C 理论：中国管理哲学[M]. 上海：学林出版社，1999.

[9] [美]弗朗西斯. 福山.大分裂：人类本性与社会秩序的重建[M]. 北京：中国社会科学出版社，2002：241.

[10] [美]杰克.韦尔奇.创新经营实战全书[M]. 哈尔滨：黑龙江人民出版社，2002：101.

[11] [美]克里斯托弗. 巴特利特.个性化的公司[M]. 南京：江苏人民出版社，1999.

[12] [美]林语堂.中国印度之智慧（中国卷）[M]. 西安：陕西师范大学出版社，2006：13.

[13] [美]迈克尔.哈默.管理结束之后[C]//罗文.吉布森.重思未来.海口：海南出版社，1999：117.

[14] [美]汤姆.彼德斯，罗伯特.沃特曼.追求卓越[M]. 北京：中信出版社，2007：新版序.

[15] [美]威廉. 大内.Z 理论：美国企业界怎样迎接日本的挑战[M]. 北京：中国社会科学出版社，1984：67－72.

[16] [美]詹姆斯. 柯林斯，杰里.波拉斯.基业长青[M]. 北京：中信出版社，2004.

[17] [美]张绪通. 道学的管理要旨[M]. 成都：四川大学出版社，1992：20.

[18] [清]魏源. 老子本义[M]. 上海：上海书店，1987：3.

[19] [日]盛田昭夫. 日本制造[M]. 北京：三联出版社，1988.

[20] [日]盛田昭夫. 日本制造[M]. 上海：三联出版社，1988：156-200.

[21] [意]贺荣一. 老子之朴治主义[M]. 北京：百花文艺出版社，1994：10-15.

[22] [英]李约瑟. 中国科学技术史（第 2 卷）：科学思想史[M]. 北京：科学
出版社，1990：116.

[23] [汉]司马迁.史记.老子韩非列传[M]. 长沙：岳麓出版社，1988：498.

[24] [汉]司马迁.史记.太史公自序[M]. 长沙：岳鹿书社，1988：944.

[25] [清]戴震.孟子字义疏证[M]. 北京：中华书局，1961：21、43.

[26] [清]康熙.康熙政要.论君道[M]. 北京：中共中央党校出版社，1994.

[27] 白寿彝.中国通史：第 3 卷[M]. 上海：上海人民出版社，1989：275.

[28] 白奚."小国寡民"与老子的社会改造方案——《老子》八十章阐微[J].
合肥：安徽大学学报（哲学社会科学版），2000（4）.

[29] 卞华舵. "水"性管理的六大要素[J].北京：现代企业教育，2007（7）.

[30] 陈鼓应，白奚.老子评传[M]. 南京：南京大学出版社，2001：33.

[31] 陈鼓应.老子今注今译[M]. 北京：商务印书馆，2003：172.

[32] 陈鼓应.老子注释及评价[M]. 北京：中华书局，1984：320.

[33] 陈雅依.经济转型期中国企业短命综合症之我见[J].桂林：改革与战略，
2002（11）.

[34] 程伟礼.《老子》与中国"女性哲学"[J].上海：复旦学报（社会科学版），
1988（2）.

[35] 邓羊格，杨光.分享"榜样大餐"[J].北京：中外管理，2005（3）.

[36] 方维.放羊式管理[M]. 北京：中国纺织出版社，2007：4.

[37] 冯友兰.中国哲学史新编（第二册）[C]//冯友兰.三松堂全集（第八卷）.
郑州：河南人民出版社，2001.299.

[38] 改革开放 30 年报告之一：大改革 大开放 大发展.[EB/OL].北京：国家
统计局网站，2008-10-27.

[39] 高罗佩.中国古代房内考[M]. 上海：上海人民出版社，1990：10.

[40] 高明.帛书老子校注[M]. 北京：中华书局，1996：150.

[41] 高秀昌.《老子》"无为而治"思想阐释[J].北京：社会科学研究，1995：
70.

[42] 葛荣晋.道家文化与现代文明[M]. 北京：中国人民大学出版社，1991：
137.

[43] 葛荣晋.道家哲学智慧与企业柔性管理[J].徐州：徐州建筑职业技术学院学报，2004（12）.

[44] 郭沫若.甲骨文字研究释祖妣[M]. 大东书局，1931：10.

[45] 郭咸纲.西方管理思想史（第三版）[M]. 北京：经济管理出版社，2006.

[46] 胡适.中国哲学史大纲[M]. 上海：上海古籍出版社，1997：46.

[47] 黄克剑.老子道论价值趋向辩略[J].北京：哲学研究，2001（6）：32.

[48] 黄晓兵，王曙光. 柔性管理与刚性管理的融合[J].北京：管理学文摘，2005（11）.

[49] 黄钊.道家思想史纲[M]. 长沙：湖南师范大学出版社，1991：14-31.

[50] 姜国柱，朱葵菊. 中国历史上的人性论[M]. 北京：中国社会科学出版社，1989：23.

[51] 姜璐，时龙.自组织管理理论[M]. 北京：北京师范大学出版社，1995.

[52] 蒋锡昌.老子校诂[M]. 成都：成都古籍书店，1988：409.

[53] 黎红雷.儒家管理哲学[M]. 广州：广东高等教育出版社.1993：237.

[54] 黎永泰，黎伟.创业企业文化设计[M]. 北京：清华大学出版社，2005：114-115.

[55] 黎永泰，黎伟.企业管理的文化阶梯[M]. 成都：四川人民出版社，2002：1.

[56] 李刚. 道治与自由[M]. 北京：社会科学出版社，2005.

[57] 李靖. 重新解读老子"小国寡民"的理想社会[J].杭州：中共杭州市委党校学报，2003（5）.

[58] 李若晖."小国寡民"探微：老子通往理想社会途径的设想[J].烟台：烟台大学学报（哲学社会科学版），2006（7）.

[59] 林伯野. 老子评解[M]. 北京：中国文史出版社，2006，序言.

[60] 刘笑敢. 老子之自然无为概念新诠[M]. 北京：中国社会科学，1996（6）.

[61] 刘尧汉. 彝族文化对国内外宗教、哲学、科学和文学的影响[C]//彝族文化研究文集.昆明：云南人民出版社，1985：65.

[62] 卢育三. 老子释义[M]. 天津：天津古籍出版社，1987：281.

[63] 吕思勉. 辨梁任公《阴阳五行说之来历》[C]//《古史辨》第五册.上海：

上海古籍出版社，1982：369.

[64] 罗尚贤. 老子与当代中国人[M]. 广州：广州出版社，2002：130.

[65] 罗晓光，申静. 《老子》中的管理思想[M]. 哈尔滨：黑龙江人民出版社，1998：12.

[66] 马涛. 传统的创新——东方管理学引论[M]. 石家庄：河北人民出版社，2001：242.

[67] 马秀贞. 当辉煌已成往事——浅析中国名牌企业"短命"现象[J].北京：中外管理导报，2000（9）.

[68] 牟钟鉴. 道教通论——兼论道家学说[M]. 济南：齐鲁书社，1993：162.

[69] 牟钟鉴. 老子的学说[C]//道教通论——兼论道家学说.济南：齐鲁书社，1993：152.

[70] 南怀瑾. 老子他说[M]. 北京：国际文化出版公司，1994：2.

[71] 潘澈. 论老子"道"的母性崇拜特质[J].长春：社会科学战线，2006（2）：306.

[72] 潘承烈，虞祖尧等. 中国古代管理思想之今论[M]. 北京：中国人民大学出版社，2001：7.

[73] 潘乃樾. 老子与现代管理[M]. 北京：中国经济出版社，1996，序言.

[74] 彭剑锋. 华为企业文化与管理的关系[J].北京：中外管理，2000（10）.

[75] 王弼等. 道德真经集注[C]//四部要籍注疏丛刊老子（上下）. 北京：中华书局，1998：540.

[76] 全金. 无为管理：经理人的快意管理学[M]. 北京：中国时代经济出版社，2008：1.

[77] 任继愈. 老子新译[M]. 上海：上海古籍出版社，1978：130.

[78] 任继愈. 中国哲学发展史（先秦）[M]. 北京：人民出版社，1983：252.

[79] 任志新. 系统自组织理论在企业管理中的运用[J].北京:商业时代，2006（5）.

[80] 容肇祖. 王安石老子注辑本[M]. 北京：中华书局，1979，5.

[81] 史璞. 管理学哲理：系统、愿景、人本和权变的管理[M]. 北京：机械工业出版社，2006.

[82] 田云刚，郭日军.老子守柔思想与企业柔性化管理[J].太原：山西高等学校社会科学学报，2003（7）.

[83] 田云刚，张元洁.老子人本思想研究[M]. 北京：中国社会科学出版社，2005：13.

[84] 王德清. 中国管理思想史[M]. 重庆：重庆大学出版社，2005：3.

[85] 王利明. 古代管理思想与现代企业的人本管理[M]. 太原：山西财经大学学报，2001（1）.

[86] 吴彤.自组织方法论研究[M]. 北京：清华大学出版社，2001：13

[87] 席西民，尚玉钒.和谐管理理论[M]. 北京：中国人民大学出版社，2002：38.

[88] 萧兵，叶舒宪.老子的文化解读[M]. 武汉：湖北人民出版社，1994：561.

[89] 肖兵，叶舒宪.老子的文化解读[M]. 武汉：湖北人民出版社，1994：603.

[90] 熊礼汇，袁振明.老子与现代管理[M]. 上海：学林出版社，1999，丛书总序.

[91] 修平. 老板与老子的对话[M]. 北京：中国经济出版社，2006：152.

[92] 徐复观. 中国人性史论先秦篇[M]. 上海：三联书店，2001：300-301.

[93] 许建良. 先秦道家的道德世界[M]. 北京：中国社会科学出版社，2006：3.

[94] 许抗生. 帛书老子注释与研究[J].杭州：浙江人民出版社，1986：161.

[95] 杨先举. 老子管理学[M]. 北京：中国人民大学出版社，2005：18.

[96] 杨泽如. 节俭管理提升我国银行业竞争力[J].北京：现代商业，2008（12）.

[97] 余元洲. 老子新编[M]. 北京：新华出版社，2007.

[98] 虞祖尧等.管理思想探源[M]. 北京：新华出版社，1990：230.

[99] 曾仕强.中国式管理[M]. 北京：中国社会科学出版社，2005.

[100] 詹剑峰.老子其人其书及其道论[M]. 武汉：湖北人民出版社，1982.

[101] 张爱军，彭新武.自组织与 " 无为而治 " [J].武汉：湖北教育学院学报2006（3）.

[102] 张岱年，方克立.中国文化概论[M]. 北京：北京师范大学出版社，1994：

83.

[103] 张岱年.中国古典哲学概念范畴要论[M]. 北京：中国社会科学出版社，
1989：81.

[104] 张岱年.中国哲学大纲[M]. 北京：中国社会科学出版社，1982：194、
196.

[105] 张德，吴剑平.文化管理——对科学管理的超越[M]. 北京：清华大学
出版社，2008：20.

[106] 张锦明.老子智慧与经营管理[M]. 上海：学林出版社，1991：160.

[107] 张军.《老子》思维结构刍议[J].长春：长白学刊，1996（1）.

[108] 张立文，张绪通，刘大椿.玄境——道学与中国文化[M]. 北京：人民出
版社，1996：52.

[109] 张松如.老子说解[M]. 济南：齐鲁书社，2003：6-7.

[110] 张松如.老子校读（第一册）[M]. 北京：人民出版社 1962：249.

[111] 张忆.老子白话今译[M]. 北京：中国书店，1992：40.

[112] 张志安."治大国若烹小鲜"——老子管理思想管窥[J].北京：中国公
务员，1999（7）：47.

[113] 张智彦.老子与中国文化[M]. 贵阳：贵州人民出版社，1996：121.

[114] 赵靖.《老子》管理哲学的启示[J].北京：经济纵横，1991（3）.

[115] 赵南元：谈谈中国文化在 21 世纪对全世界的影响[J]. 北京：科学对社
会的影响，2007（2）.

[116] 赵玉玲.重析"小国寡民"：谈道家的现代意义[J].武汉：武汉大学学报
（人文科学版），2006（1）.

[117] 郑涌.以海德格尔为参照点看老庄[C].道家文化研究（第二辑），上海：
上海古籍出版社，1992.

[118] 周斌，杜军.管理思想发展的趋势研究综述[J].武汉：中国水运，2007
（6）.

[119] 周德宝.老子和谐社会思想多重向度探析[J].南京：江苏科技大学学报
（社会科学版），2007（9）：12.

[120] 周三多.管理学基础[M]. 北京：高等教育出版社，2000：3.

[121] 周予同. "孝"与"生殖崇拜"[C]//周予同经学史论著选选集.上海：上海人民出版社，1993：86.

[122] 朱森溥. 道德经治国方略解析[M]. 成都：四川人民出版社出版，2004.

[123] 朱晓鹏. 智者的沉思：老子哲学思想研究[M]. 杭州：杭州大学出版社，1999.

[124] 祝士苓. 工作分析与组织设计[M]. 北京：中国劳动社会保障出版社，2007：161.

[125] 李怀祖. 管理研究方法论[M]. 西安：西安交通大学出版社，2000：128.

[126] 万迪昉，谢刚，乔志林.管理学新视角：实验管理学[J].北京：科学学研究，2003（2）.

[127] 瞿宝忠. 管理实验启示录[M]. 上海：上海科学技术出版社，1989（5）.

[128] 黄煜峰. 管理学要十分重视实验研究[J].上海：华东经济管理，2001（6）.

后　记

　　本书是在我博士论文的基础上修改完成的，博士论文的写作完成，很大程度上得益于我的导师黎永泰教授。从论文的选题，到提纲设计，以及文章的反复修改，都倾注了导师大量的心血。导师在糖尿病、高血压和眼疾等多种疾病的困扰下，仍然对我的论文给予了耐心细致的指导，提出了许多宝贵的修改意见。导师的这份恩情，我永生难忘。

　　虽然我很早就非常喜欢老子思想，但对老子管理思想的研究，却并不如想象中那么容易。首先，老子的作品距今年代久远，很多语句在理解上都存在较大分歧，给老子管理思想研究造成了很多不便；其次，当前对老子管理思想的研究成果已相当丰富，要想推陈出新实为不易；再次，老子管理思想博大精深，凭自己的知识水平和阅历，很难有更深刻的理解和认识。由于这些主客观方面的局限，本书还存在很多不足，还望大家批评指正。

　　本书写作过程中一个最大的缺憾是实证不足。研究前期，我对中国某通信集团成都分公司进行了详细调研，了解了中国传统管理思想在现代企业管理应用的现实需求与可行性；研究后期，又通过实验法，对老子母亲管理思想在现代企业管理中应用的有效性进行了检验。我深入到成都某建筑材料公司一线，与员工们同吃、同住、同劳动近两个月的时间，借鉴老子母亲管理思想，对公司管理进行了部分变革，如在制度硬性管理基础上加入柔性管理成分、加强领导与员工沟通、改善员工工作和生活环境等，都收到了很好的现实效果。但由于时间和条件的限制，本人仅对这一家公司进行了检验，样本量不够充足，成为本课题研究的一大遗憾。同时，本人还在大学工作期间的教学工作中，积极尝试用老子母亲管理思想管理学生，也产生了意想不到的效果，并结合现代企业管理 80 后员工难的问题，写成了《如何用老子"无为"思想管理 80 后员工》的文章，对现代企业管理者提供建议和帮助。

对老子管理思想的研究，越是深入，越感到其智慧的深邃。博士毕业后，我在管理咨询和管理实践中，将博士期间研究的成果用于工作实践，确实收到了意想不到的效果。我曾指导一家企业进行管理体系优化，仅用一年时间，便实现企业规模和企业效益翻一番；曾经指导多家企业进行管理优化与变革，实现相对的"无为而治"，帮助企业二次腾飞！这些都充分体现了老子母亲管理思想在现代企业管理实践中应用的可行性和有效性。

在管理实践中，我越来越感受到老子管理思想巨大的现实魅力，无论在与朋友的日常交往中，还是在一些培训课堂上，我都会不遗余力地推荐大家学习老子管理思想。我说，《老子》在古代被称为"君人南面之术"，是"管理学圣经"，每个现代管理者，或是有志于从事管理实践和研究的人，都应当深入学习和研读《老子》，从中汲取营养。

本书在出版过程中得到众多师长和朋友的帮助，如黎永泰教授、黄德昌教授、徐升国老师、廖彦女士、父母及家人等；离不开中国书籍出版社编辑老师和众书网工作人员的辛勤付出；也离不开对前人研究成果的借鉴，本人在此一并致以深深的谢意！

卢志民

2017 年 3 月